夜雨修书

陈超和他的朋友们 往来书简

霍俊明 编

江苏凤凰文艺出版社
JIANGSU PHOENIX LITERATURE AND ART PUBLISHING

图书在版编目（CIP）数据

夜雨修书：陈超和他的朋友们往来书简/霍俊明编.
--南京：江苏凤凰文艺出版社，2024.10
ISBN 978-7-5594-7520-6

Ⅰ.①夜… Ⅱ.①霍… Ⅲ.①陈超-书信集 Ⅳ.①K825.6

中国国家版本馆 CIP 数据核字（2023）第 013724 号

夜雨修书：陈超和他的朋友们往来书简
霍俊明 编

出 版 人	张在健
策划编辑	于奎潮
责任编辑	孙楚楚
书名题字	欧阳江河
装帧设计	周伟伟
责任印制	杨 丹
出版发行	江苏凤凰文艺出版社
	南京市中央路 165 号，邮编：210009
网　　址	http://www.jswenyi.com
印　　刷	苏州市越洋印刷有限公司
开　　本	880 毫米×1230 毫米　1/32
印　　张	15.5
字　　数	300 千字
版　　次	2024 年 10 月第 1 版
印　　次	2024 年 10 月第 1 次印刷
书　　号	ISBN 978-7-5594-7520-6
定　　价	69.90 元

江苏凤凰文艺版图书凡印制、装订错误，可向出版社调换，联系电话 025-83280257

1988 年 10 月 | 陈超与杜栖梧结婚照

1994年 | 在白洋淀大淀头村,左起:吴思敬、芒克、陈超、张旭、林莽

1999年12月 | 陈超与陈仲义、唐晓渡、王家新、安琪

2004 年 | 陈超与霍俊明在首都师大

2005 年 5 月 | 在鼓浪屿舒婷家中。自上而下：徐丽松、舒婷、路也、李木马、蔡其矫、大解、林莽、卢卫平、陈超、刘福春

2006 年 | 在中国作协第七次代表大会上。左起：郁葱、陈超、杨克、于坚、食指

2007 年 | 陈超与西川在美国

2011年1月 | 浙江慈溪"天问"中国新诗新年峰会与会者合影,包括陈超、潘洗尘等共24人

2011年9月 | 亚洲诗歌节期间,陈超与蓝蓝、沈苇、梁晓明等在韩国

陈超与欧阳江河、赵野

陈超兄：

祝鸡年大吉！

你要我挑10首我自己满意的诗，这让我感到为难。以前我自己也曾试着想挑出10首诗，但挑来挑去，总挑不满10首。这不是那种吹牛不上税的人，敢于亮出自己已经写了许多许多省事省物够自永垂不朽。我知道什么是好诗，否则我白痴地写多年书。

如果不是选了挑别，那我总能选本自己比较满意之诗有几十首：

① 《夕光中的蝙蝠》（《倾向》第3期，另见《九十年代》1991下半）

西川致陈超的信

敬爱的牧神,以及本地的一切神衹,请保佑我具有内在灵魂的美,保佑我内外和谐、表里如一。让我把认识智慧即是富足,让我朋有对于生活节制者足够以其终的财富。

赠张烨——
我亲近的朋友。
陈超 92.11

陈超致张烨短简

目 录

001　书信：先锋时代的终结与手写体档案（代序）
　　　霍俊明

041　陈超致杜栖梧（2通）
　　　1981年12月21日
　　　1982年3月4日

046　《诗刊》社致陈超（1通）
　　　2001年1月7日

047　牛汉致陈超（1通）
　　　1999年10月10日

049　昌耀致陈超（1通）
　　　1988年11月22日

054　贾平凹致陈超（1通）
　　　2000年4月8日

056　唐祈致陈超（1通）
　　　1988年7月4日

059　陈超致寇宗鄂（4通）
　　　1990年2月13日
　　　1990年2月18日

1990年3月10日
1990年5月1日

069　邵燕祥致陈超（3通）
1993年7月19日
1993年8月5日
1993年10月11日

072　谢冕致陈超（1通）
1991年8月2日

074　钱理群致陈超（1通）
1993年12月13日

075　林莽致陈超（1通）
1988年10月5日

077　钟鸣致陈超（1通）
1999年1月29日

079　陈超致舒婷（2通）
1982年11月17日
1983年9月1日

083　陈仲义致陈超（6通）
1990年2月28日
1991年4月1日
1992年5月5日
1995年5月10日
1998年2月19日
2003年7月11日

097 陈超致何锐（3通）
1999年5月3日
2004年1月18日
（？年）6月17日

102 伊蕾致陈超（2通）
1989年8月29日
2009年3月24日

105 陈超致伊蕾（5通）
1987年8月
1989年9月29日
1989年10月19日
1990年9月2日
1991年11月1日

110 陈超致张烨（1通）
1992年11月

112 西川致陈超（7通）
1992年12月24日
1993年1月24日
1993年7月28日
1996年8月24日
1997年5月24日
1999年1月9日
2002年5月7日

132 韩东致陈超（11通）
1988年6月25日
1988年7月24日
1988年9月14日

1988年10月20日
1989年12月24日
1992年12月9日
1993年2月27日
1993年3月29日
1993年5月2日
1993年6月3日
1993年8月6日

151　陈超致王家新（11通）
1992年12月18日
1993年8月6日
1994年4月20日
1994年5月11日
1994年5月25日
1994年12月24日
1995年5月23日
1996年8月9日
1996年8月25日
1996年9月26日
1999年8月14日

169　王家新致陈超（9通）
1990年7月14日
1990年12月21日
1991年2月18日
1991年12月26日
1993年1月8日（比利时）
1993年7月21日（伦敦）
1994年3月31日
1994年5月18日
1994年7月15日

202　欧阳江河致陈超(6通)
　　1989年5月8日
　　1991年2月21日
　　1991年4月19日
　　1995年3月2日
　　1995年5月8日
　　1995年7月14日

221　于坚致陈超(13通)
　　1987年6月27日
　　1988年5月28日
　　1988年9月3日
　　1988年9月10日
　　1989年2月25日
　　1989年4月17日
　　1990年2月10日
　　1990年11月10日
　　1993年10月10日
　　1994年6月6日
　　1995年7月9日
　　1998年2月5日
　　2001年10月21日

244　程光炜致陈超(1通)
　　1990年1月3日

246　陈超致程光炜(4通)
　　1993年5月21日
　　1993年6月9日
　　(？年)12月24日
　　2004年2月18日

252　**唐晓渡致陈超**(8通)
1989年3月17日
1989年8月6日
1990年4月30日
1991年11月23日
1992年6月17日
1993年7月21日
1993年9月1日
1996年1月15日

267　**崔卫平致陈超**(3通)
1993年8月12日
1993年9月1日
1995年5月12日

273　**徐敬亚致陈超**(3通)
1995年10月15日
1996年5月22日
1997年12月9日

278　**周伦佑、蓝马、杨黎、刘涛致陈超**(1通)
1987年夏

279　**周伦佑致陈超**(15通)
1988年11月23日
1989年1月6日
1989年1月29日
1989年5月5日
1989年8月7日
1992年4月8日
1992年4月28日
1992年11月20日

　　　　　1993年3月3日
　　　　　1993年3月18—19日
　　　　　1993年6月8日
　　　　　1994年4月23日
　　　　　1995年1月23日
　　　　　2000年12月18日
　　　　　2001年1月16日

315　　周亚琴致陈超（1通）
　　　　　1995年5月21日

318　　李亚伟致陈超（1通）
　　　　　1989年6月2日

319　　杨黎致陈超（3通）
　　　　　1987年6月5日
　　　　　1989年6月26日
　　　　　1993年2月12日

322　　何小竹致陈超（1通）
　　　　　1990年4月9日

324　　陈超致杨黎、何小竹（1通）
　　　　　1996年1月24日

326　　朱文致陈超（2通）
　　　　　1993年2月7日
　　　　　1993年2月20日

330　　万夏致陈超（1通）
　　　　　1990年2月12日

331 陈东东致陈超(2通)
1993年1月12日
1993年5月21日

334 王寅致陈超(2通)
1993年10月16日
1994年7月24日

338 宋琳致陈超(1通)
1989年1月3日

340 陈超致郑单衣(1通)
1997年8月15日

344 郑单衣致陈超(5通)
1996年3月11日
1996年4月3日
1996年5月6日
1997年1月14日
1999年7月3日

357 陈超致梁晓明(2通)
1993年11月15日
1994年6月1日

362 梁晓明致陈超(2通)
1993年11月20日
1994年11月4日

367 陈超致刘翔(9通)
1994年3月18日
1994年7月21日

1994年8月4日
1994年9月4日
1994年10月27日
1994年11月12日
1994年11月14日
1994年11月21日
1995年2月5日

384　刘翔致陈超（8通）
1993年12月15日
1994年8月21日
1994年10月17日
1994年12月12日
1995年8月28日
1996年11月14日
1997年1月11日
1997年6月16日

408　周涛致陈超（1通）
1993年4月2日

410　沈苇致陈超（1通）
2004年4月17日

412　车前子致陈超（2通）
1988年6月16日
1988年11月28日

418　叶舟致陈超（1通）
1993年8月20日

419 巴铁致陈超（1通）
     1990年2月18日

421 老木致陈超（2通）
     1988年9月26日
     1989年3月24日

424 南帆致陈超（1通）
     1993年4月22日

425 陈晓明致陈超（1通）
     1993年7月11日

426 刘东致陈超（1通）
     1995年8月28日

427 张颐武致陈超（1通）
     1993年2月8日

428 沈奇致陈超（1通）
     1999年12月20日

429 西渡致陈超（1通）
     1999年6月7日

431 臧棣致陈超（11通）
     1994年10月25日
     1997年1月4日
     1997年4月2日
     1997年4月24日
     1997年12月1日
     1997年12月21日

1998年12月12日
1999年3月12日
1999年9月30日
2002年2月6日
2003年5月2日

446 王晓明致陈超(2通)
1993年4月3日
1993年8月25日

448 李劼致陈超(2通)
1993年3月2日
1996年1月17日

452 黑大春致陈超(2通)
1993年7月31日、8月11日
2000年1月7日

456 孟浪致陈超(2通)
1991年10月5日
1996年1月24日

459 李震致陈超(1通)
1992年12月16日

461 伊沙致陈超(1通)
1994年5月10日

464 阿坚致陈超(1通)
1999年12月30日

466　岛子致陈超（1通）
　　　1990年2月28日

468　张曙光致陈超（1通）
　　　2004年6月18日

470　刑天致陈超（1通）
　　　1990年9月7日

472　陈超致张洪波（4通）
　　　1992年1月15日
　　　1995年5月30日
　　　2003年6月9日
　　　2004年11月18日

476　陈超致杨克（1通）
　　　1999年2月3日

477　庞培致陈超（2通）
　　　1994年3月24日
　　　1996年4月12日

481　蔡天新致陈超（1通）
　　　1993年11月21日

483　高星致陈超（1通）
　　　1995年8月21日

书信：先锋时代的终结与手写体档案（代序）

霍俊明

四声杜鹃在窗外的微雨中一直叫着，只闻其声，不见其形。这多像世界本身，我们看到的、听到的、感受到的只是冰山显露的极其微小的那一部分。面对着案头1981年至2014年间陈超先生所写与所收的这些发黄变脆的书信，我想到了从25岁开始就弃绝社交的艾米莉·狄金森所说的："一封信总给我一种永生似的感觉，因为它是没有有形朋友时的孤独的心。"显然，信件与日记一样属于非虚构性质的个人文本，其私密性、对话性、指向性以及真实性、纪实性、复杂性对于揭示当事人的"性格"具有不可替代的价值。围绕着与陈超先生相关的这些书信，我们看到的是异常生动、复杂的私人叙事和深度透析的精神全息图景对"正史""主流史"以及"公共叙事"的撬动甚至挑战。这些书信进而还原甚至构建出20世纪80年代以来另一种面貌的诗学景观和知识分子档案，通过一个个片段和现场尤为生动地展现了诸多诗人、作家、学者们差异性的人格、处世态度以及精神际遇和时代氛围，而陈超个体的生活史、交往史、阅读史、写作史以及繁复的灵魂图式也得以最为深邃、全面地凸显。

1

然而，"见字如面"的手写体书信作为曾经最为重要的交流方式已然终结，写信的人和收信的人都被封存进历史的黑匣子之中。"信使"不再，人们被迅速席卷到全媒体时代的数字化乌托邦和屏幕化社交的狂欢或自溺之中。这是我们必须正视的事实，尽管它的确很残酷。携带性格、体温、呼吸和命运轨迹的书信时代和手写体时代宣告落幕，自20世纪70年代末开启的英雄主义、理想主义与怀疑主义、个体主体性并置的先锋时代和诗歌黄金时代也迎来了毫不乐观的结局。

然而，当重新翻检、晾晒、打开和阅读当年陈超与同时代人的一封封信件，我们穿越时空来到那个远去年代的现场以及一代人真实不虚的身旁，他们的喜怒哀乐以及一个个细微的表情又生动起来。我们已然看到他们在夜晚伏案写信的情形，听到他们怦怦不已的心跳，目睹了他们因为真诚、理想、激情以及怀疑、孤独、痛苦、愤怒而微微鼓胀和变形的脸庞。这些手写体的文字是有生命力和灵魂的，一代人的身影、命运和精神肖像也在这些书信中越来越清晰、生动、感人……

就80年代以降的中国先锋诗歌而言，陈超的信件是那个异常复杂而又变动不居的时代不可多得的见证和物证，它们甚至构成了一座精神体量极其庞大的先锋诗歌博物馆。其所包含的个人信息以及历史信息体积极大，也展现了先锋诗歌历史场域中不为人知的诸多横断面、侧面以及样本、切片，而它们正是构成"历史叙述"不可替换的关键部件，它们是"真实""历史"以及"诗性正义"本身。

《夜雨修书——陈超和他的朋友们往来书简》收入陈超在34年间与文

坛好友间的重要往返书信219通，展现出蔚为壮观又繁复异常的当代先锋文学景观，其史料价值极高，这本书信集的出版为当代先锋文化研究提供了新的空间。

大体而言，这些书信涉及重要的诗人、作家、翻译家、评论家、编辑、文化学者，比如作家贾平凹，比如评论家、文化学者谢冕、钱理群、何锐、唐晓渡、程光炜、陈晓明、王晓明、崔卫平、南帆、陈仲义、李震、李劼、巴铁、沈奇、张颐武等。陈超的诗人朋友则涉及面非常广，比如牛汉（七月派诗人）、唐祈（九叶派诗人）、昌耀、邵燕祥、舒婷、伊蕾、张烨、徐敬亚、西川、韩东、于坚、欧阳江河、王家新、钟鸣、周伦佑、万夏、杨黎、李亚伟、孟浪、宋琳、王寅、陈东东、老木、朱文、何小竹、车前子、梁晓明、刘翔、林莽、寇宗鄂、周涛、张曙光、张洪波、杨克、伊沙、臧棣、西渡、沈苇、郑单衣、叶舟、岛子、黑大春、刑天、蔡天新、庞培、阿坚、高星等。人世有代谢，往来成古今。在通信的这些诗人、作家中，牛汉、唐祈、昌耀、邵燕祥、伊蕾、何锐、孟浪、老木以及陈超已经过世。

据现存资料，与陈超通信相对频繁的是王家新（21通）、于坚（21通）、周伦佑（17通）、刘翔（17通）、韩东（11通）、臧棣（11通）、伊蕾（8通）、唐晓渡（8通）、欧阳江河（7通）、西川（7通）、陈仲义（7通）、郑单衣（7通）、徐敬亚（6通）、梁晓明（5通）、程光炜（5通）、寇宗鄂（4通）、张洪波（4通）。极其遗憾的是当年陈超写给北岛、于坚、周伦佑及欧阳江河等人的信件却因为当事人的原因——比如特殊的时代背景、搬家以及家庭纠纷等——而散佚，根据陈超在日记中的记述，他曾经与海子和骆一禾有通信往来，但极其遗憾的是在他留存下来的信件中没有找到痕迹。

透过这份长长的名单，我们发现围绕着陈超所展开的不止是先锋诗歌史，还有极为丰富的中国当代文学史、文化史、思潮史以及社会史，而陈超与几十位先锋作家尤其是与"朦胧诗""第三代"诗人的深入交往和多年友谊是同时代其他人所无法追及的。甚至其中很多诗人在书信中所附的一些诗作以及文章已成为孤本，其中有的诗作并未公开发表和出版，有的文本则与后来公开刊行的版本存在着比较大的差异，因而具有诗歌史和版本学的重要研究价值。

在1978—1999年间，各种民刊（不止是诗歌刊物）对推动先锋文学的发展起到了至为重要的作用。陈超的这些信件就涉及当时整个文学界的诸多官刊、民刊（包括刊物的约稿函）以及报纸，比如《诗刊》《人民文学》《中国》《中国作家》《诗神》《诗选刊》《诗探索》《飞天》《艺术潮流》《艺术新闻》《文化艺术论坛》《中国电视》《星星》《扬子江诗刊》《作家》《花城》《十月》《山花》《读书》《北京文学》《河北文学》《天津文学》《外国文学评论》《作品与争鸣》《小说评论》《大家》《清明》《美文》《滇池》《天涯》《江南》《青春》《文学自由谈》《百家》《百花洲》《光明日报》《文艺报》《文论报》《诗歌报》《作家报》《中华读书报》《中国图书商报》《读者导报》《厂长经理报》以及海外的刊物《美国诗歌评论》《芝加哥评论》等，涉及《今天》《他们》《非非》《非非评论》《中国当代实验诗歌》《巴蜀现代诗群》《声音》《阵地》《理想》《倾向》《开拓》《发现》《反对》《大骚动》《九十年代》《北回归线》《一行》《南方诗志》《汉诗》《诗人报》《汉诗编年史》《现代汉诗》《现代汉诗年鉴》《小杂志》《银河系》《外省评论》《中国诗选》《中国诗歌评论》《创世纪》（陕西）、《海内外》《北门》《地平线》《审视》等重要民刊。此外，这些书信还涉及一些重要的诗集、小说、专著以及选本，比如舒婷的《双桅船》、昌耀的《命运之书》《昌耀抒情诗集》、铁凝的《玫瑰门》以及《新诗三百首》《生命诗学论稿》《中国探索诗鉴赏辞典》《中国当代诗选》《以梦为马——新生代诗选》《海子诗全编》《中国先锋诗导读》《先锋辞典》（其中有的只是当事人在信中提及的出版计划而最终未能实现）。

无论官刊还是民刊，在90年代社会转型和经济转型的过程中办刊的难度是前所未有的，个人诗集出版（多为自费）以及同人办刊都面临严峻挑战，比如时任《山花》主编的何锐在与陈超的通信中就数次谈到办刊的经济压力。所以就出现了在通信中朋友们夹带诗集和民刊的征订广告、启事和邮购说明的情况，比如昌耀、于坚、陈仲义、王寅以及《非非》《非非评论》《北回归线》《艺术新闻》《后朦胧诗全集》等的编者都存在这一现象。

这些书信涉及1978年以来诸多重要的诗人、作品、现象、诗学问题以及大规模的文学争论（论战），比如"朦胧诗""地下写作""第三代""先锋诗歌""后朦胧诗""后新诗潮""女性诗歌""海外写作""四川五君""后现代主义""大众文化""传统""古典主义""新浪漫主义""台湾现代诗""纯诗""北方诗派""河北乡土诗""90年代诗歌""民间写作""知识分子写作""写作伦理"以及"当代诗歌批评"的现状、生态、问题、分化和转向等，甚至周伦佑在给陈超的信中还谈及了包括金庸在内的武侠小说作家及武侠小说。这些通信还涉及一些重要的诗歌会议和活动，这对还原历史现场和诗学问题的发生、发展具有重要意义，比如兰州会议、运河笔会、扬州笔会、榴花诗会、86诗歌大展、汝州诗会、贵州红枫湖诗会、华北五省市青年诗会、1988年诗歌创作座谈会、盘峰诗会、龙脉诗会、全国青年作家创作会议、1991年中国当代诗歌创作研讨会、首届"幸存者"诗歌艺术节、文采阁座谈会、青年诗歌研讨会、洛夫国际诗歌节、石虎诗会、孔孚诗会、乡土诗会、"后现代主义与当代中国"研讨会等。

2

那时的诗人都在通信中极其严肃、认真甚至较劲儿地谈论着创作、评论、阅读、文化、哲学以及情感、人生、社会问题，甚至有的信件本身就构成了极具诗学洞见、锐见以及精神重量和思想载力的文章，比如韩东从80年代开始在与陈超的通信中所深入探讨的诗歌的语言、结构以及功能等问题，其中很多观点今天看来仍然具有重要的启发性："我设想的诗歌也许是一种不同的东西，这里可以肯定的是它是一种关系，不仅是语句间的关系，更重要的是语句与事物间的关系。当我们否定了作为工具的语言，语言自身必须从对它工具性质的游戏中产生。除此之外，语言自身无从建立一种关系，它的运动亦不能成立。所以我设想的也许只是一种转移，而语言中所有可变因素都应予以保留。至此，诗歌揭示性的目的在于给出一个独一无二的结构。这样，诗歌就不再是一种语言分裂的产物，它合二为一了，它仅仅是一种新的东西，全新的东西。"（1989年12月24日韩东致陈超）

80年代和90年代的诗人在书信中谈论比较多的一个话题就是读书，那是一代人在逐渐开放的文化空间中不可或缺的阅读史、对话史以及写作关系史，甚至西川在1989年的后半年竟然累计阅读了高达400万字的书。当时西方的诗学、哲学、社会学以及方法论对中国诗歌界和文化界的影响是巨大的，比如《当代思想家访谈录》《20世纪欧美文论丛书》《现代西方学术文库》《20世纪西方哲学译丛》《汉译世界学术名著丛书》《国外马克思主义和社会主义研究丛书》，比如"现代主义""结构主义""后现代""存在主义""新批评"等。当时好多朋友在书信中及时地互通有无，时时交流各自近期的阅读书目和心得体会，甚至还主动提及要帮助对方买书。与此同时，各种思想和文化风潮的涌进也使得中国诗坛存在着大量模仿式、速成式、贩卖化、知识化的写作倾向。陈超对这种写作和评论所存在的问题是非常审慎和尖锐的批评者，也是最早的反思者之一，他认为当时一些作家和评论家普遍存在着智力障碍和良知障碍。西川在1997年5月24日给陈超的长信中非常详尽地谈到了自己的阅读经验，这实则也是一代人的阅读史。西川对当时阅读经验的反思则非常及时而可贵，写作者不能简单和盲目地通过阅读去追附、模仿以及致敬，"上海人民出版社出版的《福柯访谈录》《哈贝马斯访谈录》《德里达访谈录》《布尔迪厄访谈录》我都读了一遍（未读《利奥塔访谈录》），觉得前两种比后两种要有价值得多。福柯代表了法国学界的'拆解'，哈贝马斯代表了德国学界的'整合'，两人虽有共同之处，但对立之处也很明显。由于我从前一直不自觉地倾向于'整合'，因而对哈贝马斯心领神会。但福柯的确是一个带给我们礼物的天才，他使我们熟悉的世界变成了陌生的世界，他使我们的定势思维发生地震，这正是我目前的写作所需要的刺激。不过，我肯定不会像××一样急急火火地向福柯致敬，福柯关于作者不存在的观点是我不能同意的。福柯和德里达从不同侧面对于西方知识系统所做的颠覆工作看来已受到了西方其他一些理论家的挑战。"

差不多每一个作家和诗人都有公开发表的文本以及属于自我的私密文本（"抽屉文学"），在诸多文本中最特殊、隐秘、内在、真实的无疑是书信，这揭示了一个人最为真实的性格、心理状态以及三观。在书信构成的"私人文本"和"传记材料"中，我们更易于与那些真正意义上的生命和灵魂相遇。"我向来喜欢读伟大作家的信件、对话录，读他们的思想，读关于他们性格、习惯、生平的一切细节；特别是当这些文字没有被其他人编撰过，没被别人根据自己的喜好构建过时。"（圣伯夫《文学肖像·狄德罗》）书信是一种私密而特殊的"文体"，甚至在郁达夫和周作人等人看来书信并不是单纯的实用文体而是具备"文学"的特质。书信是面向了更为真实和复杂的自我的档案或精神掩体，"不要小看了这两部小小的书，其中哪一个字哪一句不是从我们热血里流出来的？将来我们年纪大了，可以把它放在一起发表，你不要怕羞，这种爱的吐露是人生不易轻得的。"（陆小曼《爱眉小札·序》）

从1981年开始一直到去世的2014年，陈超与朋友的交往更多的是通过信件来完成的，受媒介的影响，后期用邮件和电话交流较多。陈超择友是苛刻的、谨慎的，而他为人的真挚、平和、纯粹、有趣是有目共睹的。

今夜细雨如织

我正好给你复信

你知道我不大复信

尤其是在夏天

可是今晚雨丝缠绵

窗外响着好听的声音

我要给你复信

我要把心思抻得很长很长

有一些隐情

是要到下雨的时候才萌芽的

想象你后天读我信的样子

我就温柔起来了朋友

我要写上我的歉疚

我的过失

被我伤害过的心灵

在落雨的时候听我忏悔听得深沉

在陈超的《夜雨修书》这首诗中我们目睹了一个人时而快乐、平静，时而暗翳、纠结的内心世界，感受到了一颗在干涸中紧绷而又渴望朋友慰藉和等待甘霖的心，还有对自己性格和生活中过失的自责和深深忏悔。而诗中提到的"你"，显然是陈超非常值得信赖的心灵朋友，但也可能正是诗人自己。细雨在酷夏的降临更像是人生际遇的恰切隐喻。溽热的夏天，突然降临的细雨在瞬间将坚硬软化，将干燥润湿，将"暴戾"的性格转化为自审。在陈超的一生中，那些真正的朋友恰如暴烈、燥热、焦躁之际降临的柔润的细雨、和风，他们恰如荒漠甘泉带来的抚慰。"同一位久别重逢的友人握手。我甚至觉察不到这是一种触及快乐还是痛苦的感觉：正像一个盲人用手杖一端直接感觉事物那样，我直接感觉到友人的在场。无论什么生活境遇都是如此。"(西蒙娜·薇依《重负与神恩》)

在陈超的阅读中，《重负与神恩》以及《荒漠甘泉》占有特殊的位置。1995年，陈超家里遭遇诸多变故，他几乎每天奔波在学校、医院以及深夜回家的路上，当时评教授职称也受挫。更不幸的是儿子陈默（后改名为陈扬）被确诊孤独症，陈超和妻子杜栖梧为此承受了巨大的心理压力，但在当时仍然抱有一丝信心和幻想，"这种病没有治愈可能，但我相信有改善希望，孩子自己也在努力，语言的进步比较明显，愿上帝保佑他。"(陈超日记)在这一年的最后一天，新年的钟声即将敲响的冬夜里，陈超静静独坐，回顾这一年以及近年来的诸多波折，身心疲惫，但也只能尽力面对，"1995年快过去了。近几年我对时间已失去敏感，心境平和……三十七岁已过，真是到了中年，意识中相对主义成分更大。生活使我厌倦，但凭习惯还能认真对待身边的、手头的事情。人活着没有什么可兴奋的，但死更无聊。有多少死去的人其实还是以活人的价值观为基准的。否则，用不着死。"(陈超日记)在岁月流转、新桃换旧符的那一刻，陈超许下一个愿望："1996年，唯愿上帝和圣子保佑陈默进步。这是我唯一的牵挂。以马内利！阿门。"陈超身边的朋友不乏基督教徒和神学修习者。一位朋友在1995年春天给陈超的信中附带了一本美国著名灵修大师、基督教神学专家考门夫人（1870—1960）的《荒漠甘泉》。这本书犹如一封长信使得陈超重新认识人生、自我以及命运的渊薮——

这年我一家频遭颠踬 / 命运沉着地完成着 / 它令人费解的计划 / 你寄来一些钱和这本书 / ——《荒漠甘泉》// 多么好的名字 / 神,仿佛要用一个朴素的喻象 / 勉励和安慰他虚弱的众儿女 // 往返于忙碌的医院和寥落的家之间 / 这本书始终与白色保温饭盒为伴 / 外出携带着它,但从未阅读 / 一是没有时间 / 再者,是出于莫名的恭敬—— / 颠踬的我本来一直没有信仰 / 临时,我怎能让神服务于人? / 我要在无所祈求时读它 / 比如今天,阳光照耀着 / 刚刚整理干净的家 / 我倒掉了未用完的 / 许多药片与几盒针管儿 / 我读了这本书 / 在给你写信 // 我的朋友 / 钱我刚寄还,请查收 / 而这本书,让我诚实地说 / 不如我期待中的那么好 / (因我已读过数遍《重负与神恩》) / 但它的书名我永志不忘 / 浮生如寄 / 而友情也就是 / 荒漠甘泉

——陈超《信:荒漠甘泉》

信件面对的是具体指向的"个别读者",具有明显的指向性和私密性质,而书信也是对"命运伙伴"和"灵魂朋友"的寻找。 书信是两个灵魂之间"对话"的产物,是朋友之间获得交流以及慰藉的最好媒介,而每一个人的性格以及生活都是多层面的,都是紧张与松弛、悲苦与欣慰、黑暗与亮光、重负与神恩等矛盾体彼此交集、纠结的复杂化过程。

四川诗人周伦佑在十年的时间里写得最长的一封信就是给陈超的,他也是诸多朋友中最早认识到陈超诗歌写作重要性且对其评价甚高的少数人

中的一位，"我以为你的诗歌写作不仅对于你自己，而且对于当代诗歌的品质转变都具有重要的意义。"（1993年3月18日周伦佑致陈超）1997年5月24日，西川写给陈超的信竟多达5000字，深入剖析了当时很多重要的诗歌问题。 朋友给陈超的信中最短的一封是于坚在1993年2月20日写的，只有寥寥36个字："陈超好！ 新年曾寄一贺年片给你，收到了吧? 遵嘱寄上诗几首。 我会给你打电话的。 祝好！ 于坚。"如果电报也算作特殊书信（加急的信）的话，欧阳江河给陈超的电报只有8个字（电报当然是字数越少越省钱）："上级决定，会议取消。"

3

这些书信在中国先锋诗歌史上简直就是不可复制的奇迹，是书信、手稿时代的全息记忆与最后投射。 它们最为真实、立体、复杂、深刻地展现了80年代以降三十余年间中国先锋诗歌的衍生、发展、分化、转捩、内耗、博弈以及消隐的运动轨迹，揭示了一代知识分子绝不轻松的心灵履历，见证了激荡岁月中他们灵魂的生动纹理和命运潮汐，凸显了深邃且不乏戏剧性的社会文化场域的内核和机制，透析出代表性的诗人、诗作、观点、文章、现象、活动、运动与波动不已的现实之间的深入互动关系。

陈超的书信让我们看到了当时以"朦胧诗"和"第三代"为主的重要先锋诗人对于人生、社会以及写作的态度，也折射出个体的性格、癖好以及为人处世的差异性法则。 与陈超交流、交往的这些诗人、作家和批评家，和陈超的个别观点与文学观念甚至是冲突的，在旁人看来他们处于水火不容的"阵营"，至于各自的为人、禀性更是千差万别，但是他们都在陈超的包容心和凝聚力中共时性地呈现了多元发展的中国当代先锋诗歌的真相。质言之，陈超以深度参与和开放包容的态度见证了中国先锋诗歌最后的手稿时代和书信时代。之所以像舒婷、陈仲义、徐敬亚、唐晓渡、西川、韩东、于坚、王家新、欧阳江河、周伦佑、杨黎、李亚伟、孟浪、梁晓明、陈东东、王寅、臧棣、伊沙等都能够成为陈超的好友，这离不开陈超个人的魅力、凝聚力以及诗歌美学的尺度、辨识度、包容力——而不是站队、排斥和打压、攻讦。

这些信件涉及一些当事人的自我评价以及对旁人的态度，其中有的是中肯的，当然也排除不了龃龉、相悖的成分和意气之争。这也让我们看到了先锋诗歌内部的差异之处，甚至涉及同一个人、同一个诗歌流派以及同人刊物在不同阶段的变化和矛盾，比如当时同属"他们"的韩东和于坚之间的差别，"于坚喜欢长的、大的。他改诗总是越改越长，而我总是越改越短。"（1988年10月20日韩东致陈超）就先锋诗歌的"裂变"而言，于坚就说道："我则仍企图通过诗来和所谓第三代人、先锋决裂。"先锋诗歌也因内部动因和社会文化的裂变而处于不断调整、否定和修正的过程之中，"人在各个时期，想法不同，甚至自相矛盾，我也常常如此。这是好事，不断自我否定、自我调整，为的是更近真理。"（1998年2月5日于坚致陈超）这些信件涉及一些诗人在不同时期自身写作风格的转变，比如西川在给陈超的信中以长诗《致敬》《厄运》等为例谈及自己诗歌在90年代的明显转向，"《厄运》写得已经不太像诗歌了，所以我有点不安。 如果你对这篇'四不像'不满意，就请把它退还给我。"（1996年8月24日西川致陈超）

其中一部分信件涉及80年代和90年代的社会文化转型的复杂背景，而当时一些诗人和翻译家纷纷远赴海外，比如北岛、江河、顾城、多多、杨炼、张枣、宋琳、老木、孟浪、李笠、赵毅衡以及短期出国的欧阳江河、王家新、翟永明等，那时无论是在精神境遇还是在写作关系上他们都处于跨文化跨语际交流的影响与焦虑之中。 当然，这也是"对话诗学"的开启时期，而中国诗歌话语场也开始了"向外"倾斜和转向，很多诗人主动或不自觉地踏上了"西游记"的过程。 一部分诗人即使暂时寄居或游学海外也与陈超保持着书信往来，比如王家新在欧洲，欧阳江河在美国，孟浪在美国布朗大学，臧棣在美国加州大学戴维斯分校，蔡天新在美国弗雷斯诺。1995年5月8日，远在华盛顿的欧阳江河给陈超寄来一封信。 这封信是用毛笔写的小楷，按传统信札的形式由上而下、由右往左书写，并随信附上欧阳江河写的三幅字，"我在这里没有文房四宝，毛笔仅一支（写信及写那三幅字用的是同一支笔，我喜用大笔写小字）。 还好，买到了纸，问题是我的印鉴不在美国。 我给你出个主意，若兄对这些字尚感兴趣，不妨自己找朋友或朋友的朋友刻一印章（欧阳江河），我想这在石家庄并不困难，在美国则难如上青天（找不到刻字的金石家）。

印刻出后，可找一写字或作画的朋友盖在字上，这会使字变得好看一些。由于笔的限制（这是一位学中文的美国人赴中国前送我的，典型的初学者之笔），我只强调书卷气的一面，但愿能合兄之口味。"

90年代的社会转型尤其是市场经济大潮和物质主义的影响对诗歌界（不止诗歌界）形成了剧烈冲击，生存、写作和精神的分化、裂变时期开始了，比如当时很多朋友在与陈超的通信中都谈到了海子、骆一禾和顾城的死。很多诗人改弦更张，有的放弃诗歌而转向小说或其他文体的写作，比如这本书信集中涉及的韩东、朱文、李劫、梁晓明、刘翔、郑单衣等人。当1991年陈超陆续在刊物上读到韩东的十几篇小说时，他的第一感觉是有点儿蒙和震惊。尽管陈超认为韩东的这些小说技巧成熟并且非常出色，但是他当时不免发出疑问，韩东为什么不再写诗了？诗歌使韩东厌倦了吗？韩东不仅就小说与诗歌的关系以及为什么自己要转向小说写作专门向陈超谈及内中因由，而且在1992至1993年间韩东数次写信给陈超反复、深入地交流这些问题，"感谢你的来信。如此热情地论及我的诗集，十分让我感动。一年多来，我的时间主要花在小说上。从今年夏天起我已辞职在家，专事写作。此举可谓'逆历史潮流而动'，因此很可能成为一个'时代的牺牲品'。你知道，我的写作亦不可能以赚钱为目的。好在写出来的东西十之六七能发。最重要的问题仍在小说内部。"（1992年12月9日韩东致陈超）1992年韩东选择辞职而专事写作是冒了极大的风险的，为此心理上的压力和经济上的不安全感是显而易见的。

1993年8月6日，韩东在致陈超的信中谈及小说的重要性，而对诗歌意义上的"史诗"表达了不信任感，"关于小说，我尚没有发言权，而且这件事正在进行中，我不便脱出来做一番审时度势的研究。你知道我仍然爱着诗，所以相信小说不过是这个时代里的一种史诗。史诗以小说的形式出现，这便是我的发现。我还想说一句：如今小说形式以外的'史诗'，都具有某种程度上的不可理解的虚假性。"实际上不止是韩东，当时很多诗人都在尝试着诗歌之外的散文、小说、批评等不同的文体，这对个体综合写作能力的提升是有裨益的，当然更多是写作内部的驱动而非文体之间的层级权重，即文学观念与写作经验的更新和拓展，"我这几年一直想写一批小说。倒不是写诗的人写小说被认为是种时髦，而是一种需要。我在用散文语言来缓解那个过分紧张的自我，没料到一写就没完没了。刚写完一个叫《低烧的鱼群》的中篇，接着就是层出不穷的构思与臆想，天知道会怎样。"（1999年7月3日郑单衣致陈超）值得注意的是，即使是同一文体内部的变化也呈现出复杂性和陌生化的一面，比如90年代初以西川、于坚为代表的"反常规""反美文""反抒情""反诗歌"的长诗写作实验，其中笔记、随感、杂谈、小说等非诗的元素大量渗透进诗歌当中。西川有一首诗名为《小说家》，非常戏剧化地谈论了小说创作，"两条必将相遇的道路上走着两个／必将相遇的男人。他们握手的姿势／被桥梁模仿；他们吹牛，叹气／并且煞有介事地探讨起道德的含义／他们并不知道是你让天空阴沉着脸／是你让夜晚下起了小雨／／……你暗自发笑，躲进垃圾箱／你创造的人物朝你倾倒垃圾／他们互不相识因而互相提防／只有你掌握他们各自的心理秘密。"陈超在与韩东和西川的通信过程中也意识到诗歌与小说之间的互动、"对话"可能会获得完全不同的精神视角、语言可能以及写作的活力，甚至会有意想不到的收获。这种特殊的"互文"对批评家们来说也有重要的启发效果，"我现在'移情别恋'于小说评论，也是基于同样的原因。不要以诗观诗，要以广义的文学'书写'或'写作'这一视域观诗，我们会发现诗歌在日益变成狭隘的'孤芳自赏'。缺乏结构中的互否、盘诘，缺乏具体生活的真容，缺乏幽默的历史想象力。"（陈超《南方诗·北方三人谈》）那时陈超也搞过一段小说评论，比如关于铁凝的作品。在1993年出版的《以梦为马——新生代诗卷》中，陈超在自己的简历上还特意强调了一句"另有随笔及小说评论发表"。

　　事隔多年再来看，以韩东为代表的由诗转向小说的诗人从另外的角度重新审视了当代人的写作、文体、观念、文化症候等深层问题。李劼在当时的跨度更大，直接由文艺评论转向了写作电视剧，"这种活儿不像写论著，得花大量的时间去跟人谈判，因此它带有一定的商业性。"（1996年1月17日李劼致陈超）一部分诗人和作家则放弃得更为彻底，比如万夏、张小波、李亚伟等人直接转战商海成为中国最早的那批个体书商，此外还有开餐馆、办酒吧、建客栈、跑业务、拉赞助的，"那是一种什么生活呢？隐秘的诗人生活。公开的身份是教授、书商、餐馆老板、小说家、自由撰稿人、记者、编辑、酒徒、混子，而暗地里却是一个诗人。"（何小竹《柏桦与张枣》）而仍在苦撑坚持写作的一批诗人则不得不在突变的市场天气中主动或被动地调整，而这一调整过程掺杂了诸多分裂、矛盾和戏剧化的成分，其中最典型的例子当属柏桦。那时的柏桦一边在撰写《左边——毛泽东时代的抒情诗人》，一边给《厂长经理报》做编辑，并给一些个体书商做策划兼撰稿人。是的，写作（精神）与生存的分裂时刻已经猝然降临，甚至这种戏剧化的分裂感很快就会被强大的物质力量所迅速弥合、消解，"不正常"的现象将很快成为见怪不怪的文化常态和社会潮流，"柏桦有好多年都过着艰苦的生活，给书商做稿子做到完全没有脾气。有次老朋友聚会，不常出门的柏桦喝醉了，很兴奋，主动要求跟我们转台，并不停地说，我还是很颓废的，这么认真地做一件无聊的事情，就是一种颓废。"（何小竹《柏桦与张枣》）陈超与柏桦的交往最初也是通过通信。那时的柏桦工作调动频繁，柏桦一会儿成都，一会儿重庆，一会儿南京，所以陈超的信往往被退回。陈超认为尽管柏桦是重庆人，但是却天生有着江南才子般阴凄、幻美的性格。陈超在1986年才读到了柏桦写于1981年10月的《表达》，"我要表达一种情绪／一种白色的情绪／这情绪不会说话／你也不能感到它的存在／但它存在／来自另一个星球／只为了今天这个夜晚／才来到这个陌生的世界。"1988年12月1日，于坚在给陈超的信中对此时代诗人的"转型"表达了强烈的不满，"久未见信，近况如何，是否穷坏了。现在诗人纷纷落马，挣钱去了。人就是如此虚弱。这时代，只有坚强的灵魂才经得住折腾。"在社会转型期诗人们在信中谈论比较多的是商业社会对人文精神的冲击，比如陈超、陈仲义、徐敬亚、唐晓渡、王家新、于坚、周伦佑、郑单衣等都反复提到了这一问题。

在90年代初，陈超在北京与王家新有过一次彻夜的长谈，按陈超的说法这是"彻骨交流"，而诗人之间倾心的纯粹的"交谈时刻"很快在此后发生断裂，荒诞不稽将成为常态。王家新的《转变》《日记》《卡夫卡》成为这一时期知识分子精神遭际的有力见证，它们是切斯瓦夫·米沃什意义上的"见证之诗"，"《日记》比较偏爱，那里有一种接近本质的东西，一种美，不是从别处而是从写作中开始的。一平对这首诗特别赞赏，说许多人可以写出类似《卡夫卡》这类深刻的诗，却写不出《日记》这类。他的话有道理，也让人沉思。《卡夫卡》虽然他也很肯定，我想我们刚进入一个卡夫卡的世纪，虽然他已离去多年，也可以说，我们的日子刚开始变黑，而这似乎已和外在（的）时代无关，而是和我们自己的呼吸、写作，个人的隐私、内心障碍及神学相关。起码对我个人来说，分离与荒诞感愈来愈强，而写作似乎只成为一个对黑暗与死亡的进入过程。当然，所谓'存在的勇气'也就体现在这里。记得另一个朋友谈到卡夫卡时讲到卡夫卡是他的'英雄'，我当时一愣，但又的确如此。"（1994年3月31日王家新致陈超）值得注意的是，西川、于坚、王家新、欧阳江河、刘翔等人在与陈超的通信中都谈到了卡夫卡——甚至王家新直接通过《卡夫卡》《卡夫卡的工作》等诗文来处理这一"对话""互文"关系，但他们切入的角度和理解的程度、侧重点却不尽相同。 在西川看来，他人（包括阅读经验）是不能替代个人的经验和生命的，而一部分中国诗人是缺乏创造力的，他们借助卡夫卡、庞德、奥登、布罗茨基、维特根斯坦、海德格尔等来感受中国的问题（1997年5月24日西川致陈超）。 这一时期中国诗人"卡夫卡"式的精神境遇除了与整体性的时代氛围相关外，自然也与诗歌内部机制的转换密切关联，"我甚至感到这是一个需要卡夫卡那样的写作者的时代。 你很难说他是一个'小说家'或是'随笔作家'，或是格言、断片、书信的写作者，但他却是一个能够'对文学说话'的人。 这也就是拉康所说的'话语创始人'。 相形之下，许多人把他们的'诗歌'或'小说'自身弄得很是精美、完善，但却不能对整个文学说话，更不要说开创出新的边界或话语的可能性了。"（1994年7月15日王家新致陈超）

4

这些信件印证了同时代诗人"进入"或"处理"时代在写作方式以及认知方式上的差异。 这首先来自个体对"时代"和"写作"的不同理解，至于文学表达的差异更是霄壤之别。 我们更多看到了一代人的探索和实验以及在此过程中他们的迷惘、分裂、痛苦和孤独，他们对当时写作现状以及整个文化生态的不满与批评——比如西川谈及的当代诗人与传统和文化的关系，当然也让我们目睹了一代人的丰富性和复杂程度。 总而言之，那是一代人通过阅读和写作寻找对称或对抗的时代，也是校正精神和自我启蒙的时代。

陈超与西川在80年代后期开始通信，陈超是西川那一时期自我诗歌革命的直接见证人、倾听者以及不可替代的谈伴和建言人。真正有益的交往和彼此兄弟般的信任确实只能属于极少数人，"前些日子河北电视台来了几个人，找我和姜杰。那个摄像说是你的学生。我便慷慨地送了他一本《大意如此》。以后我再见到你的学生，一定要他出示你手写的证明（证明你认他作你的学生），否则我只送他《中国的玫瑰》。"（1999年1月9日西川致陈超）

西川对陈超的评论文字极其信任，"读到你的溢美之词，我心想，什么时候才能为这家伙'两肋插刀'干一回呢？我绝不希望你倒霉，我祝你好运连连。可我什么时候才能向你显示我的'侠肝义胆'呢？你看，生活中真的到处是'两难'！"（1999年1月9日西川致陈超）陈超对西川的诗歌特质的"提前关注"更是同时代批评家中少见的，这是一个"诗人批评家"的精敏、卓识、特异的感受力、语言直觉以及开阔的诗学视野所致，"1986年初春，在林冲发配之地沧州的'华北五省市青年诗会'上，我见到西川。那时他面孔白皙、身材高大硬朗、长发飘拂、精力充沛。但和善的表情和专注于诗歌审美的发言，加上身穿蓝色中式对襟罩衫和灯芯绒裤，却稍稍掣住些他的青春英气，显得成熟而大方，古典而又前卫。这个形象与他的诗歌给我的感觉吻合了。80年代初至中期，西川诗歌质地精纯而稳定,特别是长诗《雨季》等带来的反响,使西川在'本体诗'的向度上成为诗坛独特的'一元',被称为'西川体',并影响了许多诗人的'艺术主题'陈述和形式自律意识。"(陈超《让蒙面人说话——西川诗歌论》)在陈超的个人通信史上,回信长度之最当属西川。1997年5月24日,西川给陈超写了一封5000余字的长信,可见两个人之间互信的程度和交往之深笃。在西川看来陈超不但为人诚实而有趣,而且是真正懂得先锋诗歌秘密的少数人。在这封信中,西川尤其谈到他非常珍视和看重陈超的阅读感受和建议,因为在西川看来陈超具备很多批评家所不具备的特殊品质和卓异才能,"收到你4月20日的来信后我非常高兴,这不仅是因为你对我的褒奖(我不否认我的虚荣心),也因为你使我感到我们之间友谊的珍贵。你信中提到我把《广场上的落日》一诗改糟了,看来如将来再有机会出版此诗,我得恢复此诗从前的旧貌。我也听到其他人对我改动此诗的意见,我大概做了一件蠢事。将来我是否应在《广场上的落日》诗后注上一条:我是听了你的意见才将此诗恢复原状的?事实上,你是我最敬重的批评家和诗人。在你身上蕴藉着对于思想、历史、文化、艺术的广泛关怀,而这却是其他一些搞批评的人所不具备的。阅读其他人的批评文章时我总有一种气短的感觉,那其中只有临时性的策略术语,却没有对于文明的穿透,因而看不出作者的知识品位、灵魂修养和个人创造力。"2014年1月,江苏文艺出版社推出西川的短诗集《小主意》,在正文之前的说明文字中西川又特意提及自己对旧作的态度:"在某种程度上我是个悔少作的人。我敝帚自珍的感觉不算强烈。"西川尤其谈到一个人在修改旧作的过程中可能存在的风险，为此他特意谈到陈超对他修改《广场上的落日》一诗的建议，"修改也有修改的危险：你有可能把一首不太好的诗修改得更糟糕。本诗选中《广场上的落日》以前就遇到过这种情况：我曾经对该诗原稿做过改动，但在修改稿被收入《西川的诗》后，批评家陈超提出了反对意见，认为我把诗改坏了。这一次，我部分恢复了原稿的风貌。"(《小主意·说明》)在该诗集的正文中，西川在《广场上的落日》下特意加了一个注："本诗两稿。陈超先生认为诗二稿改坏了。现部分恢复初稿。本诗以此稿为准。——西川，2021.4"。通过陈超与西川的交往，我们看到的是诗人与批评家之间极其难得的命运伙伴般的关系，这无论是对具体的写作实践还是一个时代整体的诗歌观念的推动都大有裨益且不可替代。重读这些信件，我们深切地感受到那一时期知识分子之间的交往方式和信任程度，他们彼此精进、相互砥砺、精神相通，真挚、脱俗而又"迂阔"得可爱。

陈超之所以能够赢得这么多的知心朋友，在于他的诗学观念是包容的、开放的——其核心则是"生命诗学"和"文本细读"，所以他的文学朋友从性格、风格来看差异巨大，比如和西川的写作完全不同的韩东、于坚也是陈超多年的书信伙伴。

尽管韩东是哲学系毕业，但他从来不在诗歌中炫弄知识和智力，而恰恰是在"日常""口语"中完成日常精神现象学的深度还原。敏锐的陈超精准地指出韩东作为"他们"的领军人物自然有"领袖欲",但是韩东的可贵之处在于他仅仅是提供一种姿态或可能性就赶快摆脱追随者而继续向前。 陈超与韩东的首次见面是在1988年淮阴的"运河笔会"(全国当代新诗研讨会)上,当时已经是渐渐潮热起来的5月。 那时韩东还穿着高帮鹿皮靴,他留给陈超的印象是时而用手去扶滑下来的深红色的玳瑁眼镜。 当时陈超感觉韩东更像是一个中规中矩、历经沧桑的老三届学生。与体质略显单薄、白皙,态度持重的日常形象不同,韩东在此次会议上的发言《三个世俗角色之后》却是不留余地、咄咄逼人的,他对以往诗人作为政治动物、文化动物和历史动物给出了极为尖锐的批判。 就诗人与日常生活的关系而言,以韩东、于坚为代表的"日常写作""市民精神"重新发现了诗歌的另一重秘密,并在诗歌中以"日常精神事件"的方式再次激活和命名了多层次的"生活"以及"现实感"。 通过这次"运河笔会",陈超非常欣赏韩东的犀利、诚实、直接,从此二人在书信交往中的信任感与日俱增,甚至建立起不可替代的"知音"关系。 在1988年6月25日的信中韩东对陈超做出了非常高的评价:"一直想给你写信,'运河笔会'上你几乎是唯一可以信任的人,我早已把你视为朋友。"显然,这是建立于彼此的真诚个性和诗歌互信的基础之上的,"你肯定我的诗我相当得意,因为是你而不是别人。 我零零星星地看过你的一些文章,觉得特别好。……读你的文章是一种享受,只是我很少有这样的机会。 你能否给我寄一些来?"(1988年9月14日韩东致陈超)尽管很多年间陈超和韩东的见面只"运河笔会"这一次,但韩东已把陈超视为不可多得的好友,"节后遇到唐晓渡,说你曾到了上海、杭州一趟,为何不来南京找我玩?也许是离不开大队人马——我为你开脱了。很想念你!虽然你我只见过一次,且通信不多,你亦没有写过我的专论(欠着!),但我总以为若有机会我们会成为真正的好朋友的。也就是说,所有见过的又没再见的人中我最想见的就是你。别人我总是躲着,而他们认为我做作——看来是永远不能理解和原谅了。"(1993年2月27日韩东致陈超)

平心而论,每一位作家都像韩东这样期待着可遇而不可求的终极意义上的"知音读者""至上的读者"出现,这一特殊读者在完备的意义上深度理解这个写作者的个性、风格乃至生活、情感等内在的秘密。1989年的平安夜,住在南京瑞金北村的韩东给陈超写下了这样一封特殊的信——

寄出《他们》后我一直有一种感觉:你会给我来信的。这和我写诗时潜在的读者形象有关。我总觉得有这样一个至上的读者,我努力取悦于他。我想他读到某处时会由衷地叫好,这样我就没有白写。这个读者既是上帝,同时又具体化为我的朋友,我所信任的那些人。虽然他不具体是谁,但肯定包括了你。虽然已隔三年,我仍记得你的样子,包括我从未见过的你读到喜欢的作品时的样子,就是这个道理。

陈超正是韩东眼中的那位难得的最值得信赖和托付的"终极读者",

"我最好的东西发不出,自我感觉又越写越好,这的确是个压力。给你寄的这几首是我最满意的诗里的一部分,不是有意挑出来的,只是手边有它们。这么说是想让你看我作品的全部,但我又不可能尽数抄去。这样吧,什么时候你来南京,我一首一首地拿给你看。我现在越写得自信就越只能要求个别的读者了。大众承认我是另一个意思,与我本人现在的诗歌几乎无干。我直觉上感到你可能是我最好的'读者'。"(1988年7月24日韩东致陈超)

经过韩东的介绍,陈超还结识了吕德安、朱文、刘立杆等人,而陈超给朋友们的印象一直都是温暖、会心、智慧而充满激情的,"收到你的信,总很感动。你的激情和热情会给我一股力量的。"(1988年6月16日车前子致陈超)

5

陈超正式结识欧阳江河等人也是在1988年5月的"运河笔会"上。

那时交通不便,大家能够见上一面实属不易,所以彼此之间也格外珍惜谋面的机会。在这次会上,陈超第一次遇到的除了韩东之外,还有欧阳江河、车前子、何小竹、邹静之等人,"上次在扬州见面,我便对你独立的批评观很有好感。我认为,不论其地上、地下,独立的批评家都不应该受其左右。当然,对地下诗人们,考虑其处境,对其缺点作些适当的回避,在某种时候也是需要的。但适当的时候,自然应正言。不为别的，这对诗歌有好处。"（1990年4月9日何小竹致陈超）这次诗会几乎囊括了当时重要的青年批评家，比如陈超、唐晓渡、朱大可、巴铁、李劼、李震、老木以及加拿大诗人、汉学家戴迈河（Michael M. Day）、西川、于坚、欧阳江河、王家新、韩东、周伦佑、柏桦、伊蕾、翟永明、张曙光、孙文波、宋琳、杨黎、何小竹、车前子等70余位诗人到场。"运河笔会"结束后，陈超和欧阳江河开始频繁通信。极其可惜的是陈超寄给欧阳江河的信都散佚了，我们目前看到的只是欧阳江河写给陈超的部分信件。陈超那时已经意识到欧阳江河的长诗写作体现了诗歌（语言）与生存对抗、对称的写作立场，"欧阳江河的诗具有深邃的智力、知识、理性色彩。对玄学话语的刻意深入，对揭示生存/生命立场的倾力达成，使他的几首长诗成为这个时代最令人重视的'备忘录'，他是某种程度上的集大成者。广阔与细腻，犀利和润泽，含混和澄明，抽象和具象，在他的诗中得到浑融。诗歌据此成为与生存对抗/对称的'质的知识'。"（陈超《以梦为马——新生代诗卷·编选者序》）与其他批评家所不同的是陈超是对欧阳江河的理论专业性以及诗歌创作才能同时予以看重和深度观照的批评家，"此后，我就将欧阳江河当作优秀的诗人看待了。不仅仅由于他的诗，更由于他绝对专业化的理论态度。这是我判断一个诗人价值的重要角度。精湛的理论头脑，往往使诗人的写作由自发上升到自觉，由即时性触发上升到有方向性。"（《印象或潜对话》）1991年乍暖还寒的时候，陈超接到欧阳江河的来信，要其参加四川举办的先锋诗歌研讨会。会期

将近，已开始准备行装之际，陈超突然接到了一贯"喋喋不休"的欧阳江河最为简短的来信，"上级决定，会议取消。"（电报）

尽管于坚是四川人，但因为母亲是昆明人的缘故，所以在很多人看来于坚属于典型的云南高原土著，矮小、较胖、神情憨厚、眼神固执而明亮，同时又自负而坚韧，适度而又有些世故，"在我的朋友中，于坚是极少数的那种深悟自身素质的人。这使他的写作，一直保持着恰如其分的适度：个人主义和自然主义的结合。酒精、聚会、钓鱼和网球，并没有使他的诗歌表现得兴致勃勃、潦草和迷惘。他有时也赞赏别的诗人，但更像是在尽朋友的'义务'，言不由衷，含有迁就所有同人的'集团主义'动机。这也许说明于坚老于世故，也许说明于坚对自己声望的估计，或兼二者有之。"（陈超《印象或潜对话》）第三代的"龙头"诗人于坚是陈超相交三十多年的好友，他们从80年代初开始就保持通信。诗人们普遍认为于坚是后现代式的"怎么都行"的人，但陈超却认为老于坚其实是特别认真、忠厚的人。对此，在《于坚之"明白"》一文中陈超给出了证明，"某年我'挈妇将雏'要到云南几个地方一游。提前给老于坚通了气，无非是到昆明聚一下的意思。没承想很快接到于坚回信，要我制定严格的'旅行日程表'马上发他，要具体到某日到某地，怎么玩、住、行，如此等等。他马上将安排云南数地朋友按时接应我们。我的行程全无计划，一贯喜欢浪哪儿算哪儿。望着于坚铆工车间'工长日志'般的周详，我和妻子深为感动。为了朋友能玩得开心、方便，他要不厌其烦将细节搞'明白',萝卜未至坑先挖好,免得露天晒蔫。吓得怕给人添麻烦又做事率性的我,决定先不予回答,自己各处瞎玩了十天,最后才流窜到昆明。"

在陈超与于坚的交往史上我们又不得不提到那场"盘峰论剑"。

1999年4月16日至18日,由《诗探索》编辑部、《北京文学》编辑部、中国社会科学院文学研究所、北京作家协会联合举办的"世纪之交:中国诗歌创作态势与理论建设研讨会"在北京平谷的盘峰宾馆举行,这次会议被称为"盘峰诗会""盘峰论战""盘峰论剑"。"盘峰诗会"几乎一夜之间改变了很多诗人朋友之间维持多年的友谊——包括于坚和陈超,但是在对于坚的为人、诗歌和诗论的理解深度以及整体性考察的准确度上还很少有人能出陈超之右,"矛盾的诗歌'酋长'。左手麻利地摆弄云南某部落的风水盘,右手挥舞'后现代'的解构柳叶刀。他是诗歌界仅见的能奇诡地将语言哲学和自然主义,波普尔的'批判理性主义'与海德格尔的'诗意栖居',文研会的'为人生'和巴尔特的'零度写作',金斯堡的癫狂的'嚎叫'与奥修的'静心'唠嗑……无任何心理负担地杂烩于一体的人物。他成功地反对了思想意识乌托邦,但又要建立'原在乌托邦'。他的诗歌常常充满活力,富于实验精神,但对大多数读者都有可感性。于坚近年的理论文本矛盾纠结、'蛮横无理',像粗糙羊毛团的激流,但时有个人的睿见,羊毛长在羊身上。这位棕色酋长想告诉我们的是:虽然'诗有别材',但到'拒绝隐喻'为止。"(《速写28家》)

尽管周伦佑偏居西昌小城,但是从80年代起就与陈超保持着通信,私交甚笃。 1993年春天,周伦佑来北京办事,在唐晓渡的家中他说过这样一句话:"陈超是我迄今的朋友中最本真的一个,是文友中少有的'真人'。"由此可见,在周伦佑心中陈超是不可多得的朋友,"每次收读你的信都给我带来愉快。 虽然我们很久没有通信了,但这几年来,在谋生的艰难中,我也常常想到你。 真正的友谊是超越时间和空间的,这不是套话,是我内心的坚执信念。 想想看,在利益主宰一切人际关系的商业时代中,学人之间相互取暖的除了友谊还有什么呢?!"(2000年12月18日周伦佑致陈超)多年后,再次重读陈超对周伦佑的印象记时我仍感怀不已,这一评价简直太准确了,"我有时会开玩笑地说,周伦佑是潜在的'极端主义者'。 他的遗世狂傲和吁求拥戴心理令人惊异地扭结在一起。 在交谈和倾听别人意见的时候,周伦佑常常咧嘴大笑,他用亲切的表情告诉你必须加以修正你自己。 他从来不是安静的观望者,从来不忍心让自己脱离噬心话题的中心。 这使周伦佑难以保持儒雅的风度。"至今我和周伦佑有过三次见面,一次在漳州旧镇,一次在深圳,一次在南京。 第一次见周伦佑是在道辉的书院举行的"先锋诗歌十大流派"研讨会上,当时是我和周伦佑联合主持。 周伦佑在主持的时候往往喧宾夺主、自己口若悬河,甚至还时时打断发言嘉宾的话。 结果富于戏剧性的场面出现了,在场的诗人集体表决,罢免了周伦佑的主持资格,而由我单独主持。 2015年夏天,在南京燕子矶,我与周伦佑、雷平阳、胡弦、梁雪波等人出行时已近黄昏。 水边的堤坝上空有一座高大的电塔，刚好有人放一个哆啦A梦图形的卡通风筝。 雷平阳用手机拍下了戏剧性的一幕，周伦佑表情夸张而严肃，其头顶上的那个卡通风筝看起来更为滑稽甚至诡异。2006年12月，花城出版社出版了《周伦佑诗选》（忍冬花诗丛），封底上有陈超这样一段评价："他和朦胧诗人属同一代人，但理论准备却比许多人坚卓扎实。 如果说早期北岛们的集团愿望更多是建立在普通、朴素的人道主义立场，周伦佑却更敏感于全球一体化的后现代的文化迁徙大势。这位偏隅于西昌小城的知识分子，竟日苦读、思考、写作和摘录。 对从西欧到美洲大陆的许多文化/艺术关键性人物，周伦佑均能有所理会并强行整合到自己的意识中。 他是炫耀的、雄辩的，构筑体系毫不手软有时却又表现出对科学主义的敬畏。"

陈超与唐晓渡、徐敬亚的第一次见面是在1986年8月底在兰州举办的全国诗歌理论研讨会上。 而在此前的两三个月，陈超给唐晓渡留下的印象是写于1986年4月的《"人"的放逐——对几种流行诗潮的异议》这篇文章。 这也是唐晓渡在《诗刊》社的作品组工作四年后调到评论组后刊发的第一篇理论文章。 该文中，陈超对人的主体性原则的提出在当时不仅具有重要性、启示性，而且还具有超前意识，"人是主体的原则，是所有文学样式的基本原则。 这是带有质的规定性的原则，严肃的诗人是别无选择的。 从这个意义上说，我认为人在诗中地位的差异，其间就不是创新与守旧的区别，而是真理和谬误的区别了。"

80年代中期掀起女性诗歌的热潮，其中以伊蕾、翟永明、唐亚平、张烨、陆忆敏、林白、海男、沈睿、张真、傅天琳、李琦等为代表。她们将女性经验和主体意识呈现在这一时期的诗歌写作中，挑战了沿袭已久的男权话语中心论，带来了特异的性别文化景观。尤其是翟永明的《女人》（《诗刊》1986年第9期）、伊蕾的《独身女人的卧室》（《人民文学》1987年1—2月合刊号）、唐亚平的《黑色沙漠》（《人民文学》1986年4月号）以集束炸弹的效果引发了整个诗坛的空前轰动。这犹如巨大的磁场吸附了当时如此众多的新奇、热烈、不解和批判的目光。陈超在信中称呼伊蕾为"老孙"。这个称呼是信任，是会心，是欢愉，还带着几分幽默和顽皮，而这正是陈超性格的一部分。2015年4月9日，伊蕾从北京远郊给我快递了1987年到1991年间她和陈超通信的复印件，她在一张纸上还详细地注明了每封信的写作时间。1989年5月，伊蕾依托"七月诗社"在天津创办《诗人报》并担任主编。陈超不仅在《诗人报》上发表了一些诗论，而且还受伊蕾的委托向韩东、于坚、张枣、欧阳江河、严力、王寅、孟浪、唐亚平、杨小滨、伊沙、岛子等人约稿。1988年12月漓江出版社出版了伊蕾的诗集《独身女人的卧室》。1987年8月1日，陈超在给伊蕾的信中涉及为这本诗集写序的经过，"诗稿再三读过，使我对你的诗有了第一次真正的理解。我为它写了三稿序言，最终还是弃置了。'知识型'的序根本无法进入它们；'体验型'的序才可能抵近它的最高限值。那是一个酷热难当的夜，我在冥冥中感到了你。我在痛苦的灯光下,让一行行血滴在白纸上渐渐显形。"正是源自陈超的理解和鼓励,伊蕾在诗集《独身女人的卧室》的后记《确认自己,实现自己》中予以精神上的呼应,"我是理想主义者,我属于未来,我的诗是基于未来观,对传统文明进行叛逆式的冲击。"1991年,伊蕾离开诗坛,远赴寒冷的俄罗斯。 二十年后,2010年1月《伊蕾诗选》由百花文艺出版社出版,其中的序仍出自伊蕾最为信赖的陈超之手。 这篇序的写作时间是2009年4月5日深夜,"在2009年今夜,这个春风沉醉的晚上,'嘘——'轻轻叩门,依然充满热情,充满活力,依然充满魅力,充满神奇。 这里似乎有一代诗歌青春所吟述的关于爱的梦想,一代青春关于独自生活的愿望,一代人对生命体验之诗的趣味,甚至一代人对主流文化/文学的奋勇抗辩……"

6

当时好多当事人有在书信中夹带诗歌、自印诗集以及评论的习惯,如果在邮寄或接收过程中信件不慎丢失,这对当事人的打击是巨大的。 要知道,那是一个手写稿的时代,而当时很多人并没有保留底稿的习惯。

1994年4月,陈超将两篇关于王家新诗作《诗》和《日记》的评论文章寄给王家新,但迟迟未收到王家新的回信。 双方都以为信件丢失了,于是陈超在无奈之下又重写了这两篇文章。 极富戏剧性的是这封信并没有丢失,而是被邮局耽搁了十多天的时间。

其中一些通信中夹带的诗歌和评论涉及当事人之间的深入交往和交

流,也与当时官刊和民刊的约稿有关,比如陈超为《文论报》《诗神》《诗人报》《长城》的组稿。 其中信件里涉及的代表性的文本有陈超的《空无与真实》《博物馆或火焰》《我看见转世的桃花五种》,伊蕾的《妈妈》《独身女人的卧室》,西川的《致敬》《厄运》《汇合》《广场上的落日》《鹰的话语》《悲剧真理》《在路上》《与弗莱德·华交谈一下午》《虚构的家谱》《大意如此》《中国的玫瑰》《隐秘的汇合》《让蒙面人说话》《西川诗选》《内行的工作》,于坚的《作品第6号》《心灵的寓所》《乌鸦》,韩东的《〈他们〉,人和事》《有关大雁塔》《我听见杯子》,王家新的《临海的孤独的房子》《诗》《日记》《铁》《卡夫卡》《守望者》《谁在我们中间》《卡夫卡的工作》《最后的营地》《帕斯捷尔纳克》《守望》《庞德》《反向》《词语》《另一种风景》,崔卫平的《诗歌与日常生活》,朱文的《十七首歌谣,半个梦》,梁晓明的《开篇》,周伦佑的《头像》《自由方块》《带猫头鹰的男人》《日蚀》《狼谷》《红色写作》《白色写作》,刘翔的《他》,臧棣的《燕园纪事》《宇宙风景学——为陈超而作》《在海滨疗养院,或黑洞学》,张洪波的《诗歌练习册上的手记》,黑大春的《黑棺材钢琴奏鸣曲——为亡弟而作》《老家》《雪夜病中吟策兰》《兰》《仲夏夜之梦》《自省》,郑单衣的《昏迷组诗》《重逢》《给云》《丢失》《子曰》《生日》《从来也不曾》《夏天的翅膀》,庞培的《自然历书》等。 信件中所附的这些诗作、论文带有版本学的重要价值,其中一些诗作在不同时期经过了编辑或作者本人的修改,比照它们之间的差异和微妙之处会重新面对文本发生学的过程，比如王家新的代表作《帕斯捷尔纳克》《卡夫卡》以及欧阳江河的《风筝火鸟》《哈姆雷特》，给陈超的版本与后来结集出版的版本就差异非常明显，我已在这本书信集涉及的相关文本中做了必要的说明。王家新还分两次给陈超寄过《谁在我们中间》，一个是草稿，一个是定稿。

当时许多诗人谈到了一个共同的现象，即他们的诗歌在刊物（包括民刊）上发表或结集出版时被编辑和出版方删改的情况，甚至有的是大刀阔斧的肢解。欧阳江河、西川、于坚、王家新、陈超、黑大春都谈到了此类状况，"寄上近作，发表在《十月》三期上的，有一首诗被他们改坏了，我恢复原状"（1987年6月27日于坚致陈超），"《人民文学》二期上发了我五首，但没想到有二三首给我删动得面目全非，让我无话可说"（1991年2月18日王家新致陈超）。西川的诗集《隐秘的汇合》（改革出版社1997年版）最初的题目为《汇合》，"隐秘"二字系出版方所加，理由是这个标题更能吸引读者而增加销量。甚至陈超编选的《以梦为马——新生代诗卷》，出版方为了节省成本（纸张和印刷费用）而擅自撤掉了包括刘翔在内的9位诗人的作品，而陈超本人根本就不知情。

这些书信是机械复制时代未到来前的最后的手迹，是一份份极具趣味性和个性化的不可复制的礼物。从这些书信当事人的手写习惯和笔迹我们也看到了个性鲜明的差异，比如沈睿会连用三个大大的感叹号，比如徐敬亚、李亚伟和万夏的字写得非常大。陈超的书写基本是中规中矩的，唯一书写潦草的一封信（1999年8月14日陈超致王家新）则是因为那支笔漏油，所以不得不加快书写的速度。 这些书信也折射了一些人的性格和习惯，比如郑单衣往往是写完信之后并不急于寄出，而是拖一段时间再说，其中他给陈超的一封信就是在写好之后近一个月才寄出的，"在我的书桌上有写好的未寄的大量信件。 这种习惯养成多年了，我就是在这种方式里和朋友交谈的。"（1996年4月3日郑单衣致陈超）

为了维持"手写时代"的原貌和现场，这些书信的邮票、邮戳（有的信封只有一个邮戳）、信封、地址以及所用的稿纸我都尽量予以相应的呈现和说明，书信的书写格式也尽量保持原貌，比如标点、着重号、划线、落款方式、时间的书写格式以及数字用法等。 这些信件所用的信封以及信纸更是五花八门。 就信纸而言，就有稿纸、备课用纸、打印机专用纸、白纸、活页笔记本纸、个人专用信纸等。 这些稿纸和信封所涉及的单位和机构（有的早已经不存在了）就成了历史档案，比如四川文化报社、大时代文摘报社、现代汉诗年鉴、佛山文艺、为了孩子杂志社、布朗大学英语系、北京大学、北京大学中文系、中国社科院文研所、中国社科院外研所、陕西社科院、陕西经贸学院、四川社科院、浙江大学中文系、杭州师范学院、南京财贸学院、深圳大学、湖北师范学院、西昌农业专科学校、河北师范大学、河北师范大学中文系、北京电影学院、福建省戏曲研究所、河北省文联、河北省作协、中国作协福建分会、中国作协云南分会、中国美术家协会云南分会、云南省文联、中共昆明市委党校、雨果摄影艺术学校、湖北省书刊发行部、中国儿童发展中心、江苏省档案科学研究所、冀外经贸、杭州民生药厂、杭州青年诗社、杭州青年诗活动中心、劳动报社、龙华迎宾馆、上海明星纸品厂、浣花杂志、新疆维吾尔自治区国家税务局、凉山彝族自治州文化局、凉山彝族自治州社会劳动力管理处、华能南京电厂、热风杂志、中国保险杂志社、华人世界杂志社、人民文学杂志社、诗刊社、诗刊社全国青年诗歌刊授学院、文艺报、诗神、作家杂志社、中国作家杂志社、滇池文学月刊、大西南杂志、南京文艺、涪州论坛、江南雨杂志社、青春杂志社、环球杂志、中国新闻社、中华读书报、人民文学出版社、华东师范大学出版社、冶金工业出版社、浙江文艺出版社、内蒙古人民出版社等。

这些信件所涉及的当事人几乎涵盖了80年代以来先锋文学的诸多代表性诗人和作家，为了强化陈超与这些人的交往程度，为了读者和研究者们更为直观地感受到那个时代一代人的灵魂肖像，我原在本书的最后加有两个附录，即陈超所撰写的《素描28家》（节选）和《印象或潜对话》（选章）。这些印象记和短评不仅涉及牛汉、欧阳江河、骆一禾、韩东、海子、柏桦、西川、吕德安、于坚、周伦佑、伊蕾、臧棣、郑单衣等诗人，还涉及王蒙、阿城、张承志、王小波、铁凝、贾平凹、韩少功、刘震云、莫言、余华、格非、马原、苏童、王朔、林白、陈染、池莉、王安忆、周国平、李劼、余秋雨等作家和文化学者。这些文字极其活泼，记述生动，活脱脱地直指每个人的性格及文本的要害，时时让人拍案叫绝，甚至连很多当事人对陈超文字的精准程度都感到不可思议，"当然我读得最认真的是

《印象或潜对话》一章,而对写伦佑那章反复读了两三遍。 我有一种极强烈的好奇心,想知道别人描述的周伦佑与我熟知的有多大程度的相符。 所以见到写伦佑的文章我都会读,但大多数都令人失望。 它们要么是一鳞半爪地触及他的某个方面,要么也许是缺乏勇气,不敢揭示出他人格和理论及诗歌的本质,只是含糊其辞地暗示。 您对他的刻写却令我非常惊讶,您写得多么好,多么独到。 短短的篇幅中您却从诗歌文本到理论,从批评原则到人格都作了整体的把握、精湛而深邃的描述。 我以为在您写这几位诗人的所有篇章中,伦佑是写得最丰满最传神最有趣的。 我的感觉不仅是诗评家在解读诗人,还是一位朋友在谈及神交已久令其心仪的好朋友。 当然您并不是庸俗地吹捧,而是呈现出他的全部,他的炫耀和雄辩,他的自悖,他的勇气,他的反复无常……"(1995年5月21日周亚琴致陈超)这些特殊的印象记携带了巨大的能量和信息,当时在国外的欧阳江河读到陈超这些文字时十分激动并给予极高评价,"临寄出信前又看了一些文章,其中《印象或潜对话》中为几个诗人所作的文本、精神和个性素描极为传神,是我迄今看到的最大度的、视野开阔同时又准确(融主观透视及客观性于一体)的论述,看来你的观察力、理解力、想象力及叙述能力能够在涉及个别人与其时代的复杂关系时,作扭结成一体的移走,这是极为难得的专业能力——相信我的判断,因为我读了大量的庞杂书籍(远远超出诗、诗学范围),有鉴识能力。 你对周伦佑、韩东、于坚、吕德安四个人的叙述使我深为折服。 我认为这是写当代诗史的一条向天之途。"（1995 年 7 月 14 日欧阳江河致陈超）含有这两个附录的排版文件出来后，页码太多，为了不增加读者的购买负担，出版方提出适当压缩页码，经反复思量，决定忍痛拿掉这两个附录文件，虽不破坏全书体例的完整，仍不能不说是一件遗憾之事，在此特向读者诸君作一说明。

最后，不得不提及的是限于一些极其特殊的原因——比如涉及个人隐私以及一些敏感的信息，一些信件我做了必要的技术处理，而历史法则又总是如此地充满遗憾和不得已！

手写体的时代结束了，书信的时代结束了，先锋诗歌运动结束了……而以陈超为中心的一代人的书信交往却见证了伟大而坎坷的中国先锋文学的历史轨迹，这份沉甸甸的历史档案重新打开了一扇隐秘的先锋之门，他们一代人立体而深沉的精神肖像得以更为清晰地錾刻与显影。 也许，先锋精神并未远去，它就在每一代人的身边、心中、笔底……

2023 年 6 月改
2023 年 11 月改定

陈超致杜栖梧（2通）

邮　戳：1981.12.21 石家庄
邮　票：秦川黄牛（4分）
信　封：石家庄市平安路河北省水利规划设计队
　　　　　　　　　　　　　　杜栖梧　收
　　　　　　　　　　　　河北师范大学中文系
信　纸：普通稿纸

栖栖：

　　我们拉着手走了好远呵，朝那星光闪烁的单纯而丰富的世界。我们走着，像一对未谙世事的孩子，一对很不本分的大孩子。然而，我们毕竟已经长大，已经百分之百地成熟，过惯了暗淡的夜晚和夜晚一样的白天，我们创造着甜蜜和明朗，忠诚和信念，创造着真正意义上的人的生活。扶桑伸长了颈项望着我们祝福。宁愿交出我的眼睛，也决不交出那个爱情自由飘浮的下午。

　　我爱你。我们的爱情简单得像一次方程式。什么都不知道，也不需要知道，就这么倾听对方内心的回响，就这么谈出自己的缺点，谈出心灵里最可怕的色彩，这就足够了。"无论在哪儿遇到你，我都会爱你的，是的，你一个人，我的朋友。"——我常常在心里这样想。

　　我们不是英雄，我们在努力做一个人，一个大写的人。我们要注意人类一切美德,并尽力占有它们;尽管作为动物的我们有其也许是终生不可克服的缺憾,有庸俗的一面,但这没有什么,如果它并不妨害我们之外的人的利益的话。凡是可能去追求的幸福,我们都要去追求,凡是人能忍受的艰辛,我们都要能忍受。富于幻想和求实精神;充满热情而沉着冷静;热爱生命和敢于牺牲;尊重传统又崇尚叛逆,这将是我们的准则,我和我的朋友(小妹妹?)的准则。

我们要善良,要富于同情心。我们决不软弱,谁怕在自己的敌人面前淌几片血呢!我当然希望过平和的日子,但风暴袭来的时候,我的堡垒一样宽厚的胸膛会高高隆起的!我学会了心平气和地忍耐,学会不再骂人,学会用人们喜欢听的音调和态度讲话,现在,这一切都不再感到别扭。一个粗俗的男人,就是这样轻易地变得温和了。我的上帝!

当晚风开始耳语,晚霞在天空发排出一行行可爱的密码,朋友,你正在想念我吗?在一个个甜蜜而痛苦的夜里,在一次次蔷薇色的叹息里,朋友,你正在呼唤我吗?就是呼唤那个皮肤粗糙,嗓音沙哑,喜欢不安静,并且极度发展了人类的积极方面和消极方面的陈超吗?

你要的书已借好,星期三系里如无活动,当送去。

陈超　12.21①

---

① 本书中不同信件中标示时间的方式各有不同,打着作者个性化的烙印;有时同一封信中的时间标示方式亦有不同。鉴于书中信件具有文献价值,同时也为了给读者展示信件原貌,经综合考虑,编者对此未作硬性统一。特此说明。——编者

邮　戳：1982.3.4 石家庄
邮　票：电塔（4分）
信　封：石家庄市平安路河北省水利规划设计队
　　　　　　　　　　　　　　　　　杜栖梧　收
　　　　　　　　　　　　　　　河北师范大学中文系
信　纸：日记本活页纸

▲我真想让你靠在我热烘烘的胸怀里睡熟，梦见鸽群和一片水竹，梦见太阳细密的光束洒落在三月芬芳的田野。看得出来，昨夜你疲倦极了，并且有些忧郁。我真想让你靠在我宽厚的胸怀里睡熟，在粗犷的呼吸和温和的声音里追回你童年的纸鸢，然后我们一起又把它交给遥远和狂悖。

▲我们在一起，什么都不怕。我们的力气好大啊！我们都很理性、很勤勉，我们总会做出该做的一切来的。真的，我决心学会许多许多的生活本领，让妹妹感到所有事都是完满的；我决心戒烟（按"条约"办事）。我时时感到不安，为着我不能像个很会持家的人、很会生活琐事的人。过去，我瞧不起这些琐事，现在我意识到正是它们成了温馨的生活。

我必须学会这些，一点一滴。容我点儿时间呵，妹妹。我终会承担起该承担的一切：属于男子汉的"管理范围"的事体。

▲世界上多好，有了我妹妹。我们从来到这个世界的那一天起，

就相互等着,等着春天一次次来了,又一次次去了,一直到第二十三个年轮,才走到一起。你只等了二十一年,你是幸运的,而我,等你等得好苦啊。

遇到了,永不分离,任什么都割不断:我们紧紧拥抱,感到了"家"和"亲人"的真正含义。

▲认识我,在你单纯的心的田畴里,深深翻起了带血的诗行。我常常感到突然袭来的悲怆——每当对你说起我过去了的日子,说起我心的另一面那冷冰冰的力量和热烈的绝望。我也不该给一颗孩子的心带来任何不安和忧虑,但我毕竟没能做到。对于我最爱的人,是该敞开任何一个隐秘的角落的,你希望我这样坦率。

然而,你爱我,你什么都不怕。你是做了怎样艰苦的思索才毅然决计,跟着你的哥哥去开拓生活呢?

你是聪明的——我有一颗人的心。

▲当我说"你是我的",你知道吗?我总是感到一阵幸福的酸辛,我不得不久久地望着你,你的深深的眼睛,那两颗潮湿的星星。因为,我怕我的"不规"招来灾祸,只留下你一个人和一个恐怖的回忆。命里注定我是要撕破天空的衣服,使它露出黎明来的人,倒不因为我想做个英雄或"狂人",不为什么,只为公平地生活。

我们大家都是人,都该尝尝自由的味道。

▲眼下,什么都不愿想不能想不愿做不能做。先做个人吧,堂堂

正正地活着，努力为祖国工作，深深地爱着一切对祖国有益的事和人。

努力创造幸福，我和妹妹的幸福。

努力学习，一切自认为有用的东西。

▲我身上的一切过失都要让你原谅，栖栖，如我的莽撞和任性。我的那些令人气恼的话你不能气恼，我的粗枝大叶你还得来补救。什么时候也别忘了，你是我最爱的人，没有你，再好的境遇也会黯淡，再明亮的天空也会布满乌云。

我是你的，你的笨孩子，忠诚又粗野。

▲真没想到，爱情竟然是微笑和眼泪、幸福和忧伤凝成的晶体。过去不晓得的一切，不可理解的一切，今天实实在在都感到了，深深地。

甚至莫名其妙地感到自己在妒忌，妒忌谁？不知道。也许是有谁望着我的妹妹了吧。这要小心他的鼻梁才好！

▲然而我知道，对于我们两人，对方就是生命，谁也离不开谁，或者能离开——一方已经死去。

我听见你呼唤我了，呼唤我回到你的心——我的家里。

我想你，我想你……想。

▲想。

▲祝一切不愿做模范丈夫的人——身体健康！

陈超　4日

《诗刊》社致陈超(1通)

邮 戳: 2001.1.7 北京
　　　　2001.1.9 河北石家庄
邮 票: 锡伯族(80分)
信 封: 河北省石家庄市河北师范大学中文系　050016
　　　　　　　　　　　　　　　　　　　　　　　　陈超　收
　　　《诗刊》社(北京市农展馆南里十号文联大楼　100026)
信 纸: 《诗刊》社特制的贺年卡(彩印)"新世纪的祝福"
　　　　(注:贺年卡的左下角是一部电话机的图案)

陈超　诗人:

　　谢谢您多年扶助、支持、信任、理解!

　　新世纪再支持!

2001.1.7

签名:高洪波　叶延滨　寇宗鄂　林莽　梅绍静　李小雨　邹静之
　　　闫延文　周所同　康世清　杨炳湘　朱先树　谢建平　张新芝
　　　雷　霆　张晓瑄

牛汉致陈超（1通）

邮　戳：1999.10.10 北京
　　　　　1999.10.13 河北石家庄
邮　票：梵音洞（80分）
信　封：河北省石家庄市河北师范大学中文系　050016
　　　　　　　　　　　　　　　　　　　　　　陈超
　　　　　北京市朝阳区八里庄北里309楼　牛汉
信　纸：人民文学出版社稿纸

陈超诗友：

你好！那天在《新诗三百首》的定稿会，能与你和（唐）晓渡①几个畅谈半天，实在难得，这样纯净的友情和学术气氛，令我久久不能忘怀。你是热诚而率直的，气质厚重。

这许多年来（至少有二十年），我从许多年轻诗人心胸的热诚的呼吸中，获得了难以估量的灵慧与力气。我说不好其中的道理，但感觉已深深地注入我的老朽的生命之中了。

《中国当代诗选》（上下册）两天前已收到，当即认真翻阅，我老伴也读了，说编得有价值。入选的诗大半熟悉，但我敢说在当今同类诗

---

① 为便于读者理解，并避免可能的歧解，编者对部分缩略的人名作了完善，补充的部分以"（　）"标示。对部分原信中缺漏的成分及笔误等亦作了补充、校正，也以"（　）"标示。特此说明。——编者

选中,不论从分量,还是诗质论,这部诗选都是上乘的,经得住时间的考验。不该入选的诗(诗人)都在诗选中找不到踪迹,这需要胆识与勇气。有一些五十年代有过大影响的诗人,这部大型诗选适当选入,这点我十分理解。如贺敬之,四十年代初,他以艾漠的笔名发表了不少清新的小诗,我当年非常欣赏,我在中学时与他是一个诗社(海星诗社)的成员(最小的两个)。有一年(十年前)我与他深谈过半天,谈得很诚恳。他当时在医院,有点伤感说他已无法写新的诗。

过几天,我寄两本书给你,一本诗选,一本散文集子,书存放在出版社,得去取回来。带回家的几本已送光了。

我这两年的视力极差,字写得歪歪斜斜,不成体式。你就细心辨认好了。十分抱歉。

《新诗三百首》,我觉得大体选得很好,问世后估计会引起一番争议。你这本诗选,也可能会引起少数人的不满……大部分诗人会赞扬你这个诗选的。

见到河北省诗人,请代我一一致意。

祝

冬安

牛汉

1999.10.10

昌耀致陈超（1 通）

```
邮 戳：1988.11.24 青海西宁
        1988.11.27 河北石家庄
邮 票：北京民居（8分）
信 封（航空专用）：河北省石家庄市河北师范大学中文系
                    050016
                                              陈超
            青海省文联作家协会    810001
信 纸：白纸
```

注：该信附有昌耀的名片：正面中文、背面英文。篆文印章："嘤其鸣矣"。

```
中国作家协会会员
九三学社社员
昌 耀  诗人
地址：西宁中国作家协会青海分会
邮政编码：810001  电话：45081
```

陈超先生：

  十月十日信收到许多时日了。您的信使我感受到了沉甸甸的情感分量，从娓娓道说中我不仅认识了您的个性特点，亦感受到了人性中本有的真挚和坦诚。同样可珍贵的还有您颇见老到的思想,这里,既指您对世态的剖析,亦指您对鄙人诗作的解析——如此说或不免有"同声相应,同气相求"。我早已默受您的嘉许。

我想对您说:不胜荣幸。谢谢。

兰州那次会议我们似乎还在一个小组讨论过?我只参加过一次讨论会,后来一直逃会。在文学评论家之间我自觉"隔行"且学识浅陋,不是谈话对手,您也是评论家,故也未敢贸然打扰。但我直觉我们存有共同语言,因为我觉得您在沉默中秀出的锋芒似已意味着这种"不安分"(独立的人格意识)。但我们终是没有交谈过,未免遗憾。

收到您的信非常高兴。我原不知河北师大校址是在保定抑或石家庄,寄书时颇费踌躇,幸好我的"试投"终究投对了,且劳您写来数页长信,非常感谢!

我约有一年未写什么诗了。估计也不会再写很多,我向来不主张诗人将"诗人"当作职业谋划,少写也许才更属正常。我是一个偏喜寂静的人(而寂静于我却难得),偶尔写点东西只为感情的需要。您提及评奖事(还有许多友人向我提及),其实我亦清醒个中何以然,但正如一位友人慰勉我时写下的:对于"曾经沧海"的人也算不得什么了吧。我以为极是。

您为"诗集本身"流了泪,闻此戚戚。

我们的心是相通的。谨谢！

握手！

昌耀
1988.11.22

又：

若有知音欲购鄙人《昌耀抒情诗集》，请告以在北京虎坊路甲15号《诗刊》社邮购组备有五百册供销售。谢谢。我另有一本诗集或在明年得出版，届时再赠您。

注：1993年7月，昌耀在《诗人们只有自己起来救自己》中为自己即将出版的诗集做了个广告：

鄙人昌耀，为拙著事预告读者：出版难。书稿屡试不验。现我决心将《命运之书——昌耀四十年诗作精品》自费出版"编号本"以示自珍自重自爱自足（序号以收到订金先后排列，书于版权页并加盖戳记）。本"编年体"自选集收长短诗作近300首并作者就艺术与生活及生平撰写的短论、信札约30件，还兼收有诗评家评介文章多篇。大型开本，400余页，内文小五号字连排。本书仅为酬答知音而编辑的一本资料紧凑的纪念集。本书只印1000册，现办理预约，每册收费10

元。愿上钩者请速告知通信处并将书款邮汇西宁市青海省文联昌耀（邮编810007）。

该征订广告当年还陆续刊登在《文学报》《青海日报》《诗刊》(1993年10月号，还着意加了编者按)、《人民文学》《星星》《黄河诗报》等报刊，但是应者寥寥，知音无几。

在当时接受《星星》诗刊的访问时，昌耀对征订是"乐观"的，"是的，由于第十期《诗刊》替我鼓呼，近来汇款预订拙著《命运之书》的朋友骤增，让我自己都觉得是一个'受宠'的人了。对于一个原本要拼出去'孤注一掷'的诗人，在这一征订过程中，我每日都能够从'寂寞新文苑'诸多朋友尚默然于心的对诗的高尚追求中感受到温暖、信念和力量，感受到一种净化了的人生意义。"然而，这并不是事实。稍早前，昌耀在给邵燕祥的信中对征订一事无比失望和痛心，"然而真正从报纸信息汇来书款的仅有数人的十数本。我另寄发了30来份信函，至今有汇款寄我的也不过是少数，前景似不佳。我收到的定金统共只有500多元。我已联系在外地报纸、诗刊做广告，《星星》《黄河诗报》谓在10月可以刊出。拖长一些征订时间或可有幸接近1000数，但飞涨的物价也会将我吞没。"

特别有意思的是，1994年8月昌耀在青海人民出版社出版的《命运之书——昌耀四十年诗作精品》，不仅内文字号非常小，而且诗作是连续排列，这无疑是出版社为了节约纸张和印刷成本。《命运之书——昌耀四十年诗作精品》好不容易出版后，却长期堆在家里蒙尘，当时《诗刊》和《人民文学》的编辑部也堆放了数百册，它们在寂寞地等待"知音"。知音总是有的，但是可遇不可求。韩作荣（1947—2013）不仅在《人民文学》首发了昌耀的诗，而且自己出钱买下几百本诗集放在办公室，没人买就送朋友。昌耀那时候在一切场合都在做推销自己诗集的广告，可见销售之艰难。

贾平凹致陈超（1通）

信　纸：雨果摄影艺术学校稿纸

尊敬的陈超先生：

您好！

在石家庄有幸见您，使我那几天的生活有了更新意义。您的文章以前读过，而与人的接触，愈使我顿生尊敬，且有一种亲和感。如果我也生活在石家庄，我想我们会相见无事，不来忽忆君的。

随信寄一小张字，留个纪念。

现在谈张川平先生的论文，并请转致张川平先生。以我之见，我觉得论文写得很有水平（这并不是他的论文写了我），首先我有一种知音感。时下有许多写评论的人，并不全面而认真地读所评论的作品，作家在写作时为一个情节、细节、一句话一个字费尽心机，但阅读者一目十行就过去，只翻寻大概之故事，是否合于先入为主的时髦话题，所以批评就写得华而不实。张（川平）的论文写得实际，分析得也独到，尤其愈到后边愈写得好。搞批评和搞创作一样，是需要艺术感觉的，读张（川平）的论文，仅文采上就让我有读下去的兴趣。我感谢他，也祝贺他！

其实，我是一个忧心忡忡的人，对中国文坛上的事，一阵自信，一阵又自卑。有时对文坛上发生的事深感迷茫，对一些很"红"的作品有的深感敬佩，有的却不知怎么就红起来。我住在西安，远离中心，又未有圈子，虽多有评说文章，却往往未能说到创作上的事。挥不去的苦闷和孤寂。这一期陕西的《小说评论》有一篇我的文章《当代文学缺乏些什么》，您看看，当然大多是老生常谈，但也可读出我的一点心态。

如果您有兴趣，可给我多来信，您和您的学生既前卫又扎实，会给我启发的。

一肚子要说的，提起笔又涩了，就此打住。祝好！

贾平凹
2000.4.8

注：贾平凹送给陈超的书法，内容是："圣贤庸行，大人小心。静世思游，不知不觉。"

唐祈致陈超(1通)

邮 戳： 1988.7.6 甘肃兰州
　　　　1988.7.11 河北石家庄
邮 票： 北京民居（8分），江苏民居（4分，3张）
信封（挂号）： 河北省石家庄市河北师范大学中文系
　　　　　　　　050016
　　　　　　　　　　　　　　　　　　　　　　　陈超
　　西北民族学院 兰州市西北新村1号教授楼　唐祈　730030
信 纸： 白纸

陈超同志：

您好！我刚从北京回来。

读到您的文章，非常精彩！（我不记得当时我给您写了回信没有）很久没有读到这样好的文章了，真是感谢您！

我知道您非常忙，但还要给您添乱，忙上加忙，请您写李钢的《蓝水兵》、吕德安的《沃角的夜和女人》、丁当的《房子》、王寅的《想起一部捷克电影想不起片名》，理由只有一个：非请您写不可！请一定大力支持！谢谢您！

最近，已约请责编来了兰州，1月编稿，想在8月定稿，9月终审，10月发排，争取快出。

回来以后对《辞典》做了不少调整，简单说来：重开放性、艺术性，反思新诗；过去的名篇今天看不一定是名篇，强调艺术规律，清除左的影响，相信一定会得到您的首肯的。

文章请在 7 月底前寄来，如时间太紧，也请您赶一赶，好在不需要太长，800 字以内较好，长点也行，短点也可，请裁夺。

匆匆，不备不恭，请谅！盼复。

紧紧握手！

唐祈

1988.7.4

注：唐祈信中提及的《辞典》指的是《中国新诗名篇鉴赏辞典》。1990 年 12 月，唐祈主编的《中国新诗名篇鉴赏辞典》由四川辞书出版社出版后在文学界引起很大反响。而遗憾的是，唐祈此时已经辞世，他没有看到自己付出了很大心血的这本书的出版。唐祈为编选此书付出的心血是难以想象的，甚至很多诗稿都是在病中整理和编辑的。这通过当时唐祈给人民文学出版社编辑岳洪治的一封信可窥见一斑：

洪治同志：

您好！感谢您给我寄来《李健吾创作评论选集》，现已用毕，特挂号寄上。请收。再次谢谢您了。我于上月 4 日赴成都，为《中国新诗名篇鉴赏辞典》交稿。成都无防寒设备，以致患重感（冒）引起气管炎，在蓉住院二十一天，前天始返兰州，现仍未复原。《辞典》如无意外，2月可发稿，9月出书。大作已编入乞勿念及。孙玉石、袁可嘉、郑敏和我四人，去年我们围绕一个主题：新诗现代化，各人拿出五六万字论文，论述中外诗歌现代化问题，共二十万字左右。书名暂定为《论新诗现代化》。尤其郑敏教授前年在美讲学一年半，搜集不少第一手资料，写成专论，甚有价值。孙、袁论文亦有学术价值。不知人文（社）能否考虑。我知道目前出版界为经济效益所苦。此书如能接受，我们可征订数千册。请您向（与）有关方面洽谈一下。如需看稿，我即寄上。有劳清神，容当后谢！病重写信仍感头晕乏力，草草不备不恭，乞谅。祝您春节愉快！

唐祈
1987.1.26

陈超致寇宗鄂（4通）

邮　戳：1990.2.13 石家庄
邮　票：北京民居（8分）
信　封：北京虎坊路甲15号《诗刊》刊院　转 100052
　　　　　　　　　　　　宗鄂老师
　　　　　　　河北省文联创作室（石家庄市石岗大街）
　　　　　　　　河北师大中文系　陈超　050016
信　纸：《诗神》编辑部稿纸

宗鄂老师：

　　您好。

　　大作收到，今天读过了。每观其人，想其人德，您的诗与您的生命意志是达成深层的契合了。我读着它们，看到了您这一代知识分子灵魂内部的互否，那种深沉、久远的东西，就在这种互否中呈现出来。它们是那些玩花活的诗人不能比肩的！刚才我还和（杨）松霖谈到您（发）在《诗刊》上的组诗。

　　在形式上，这本集子也具有实质性进展。我读过您北京文艺出的那本集子。两相比较，我感到这些年您猛烈的变构。主要是一首诗的向度多了，一种矛盾往往受到另一种矛盾的牵制，不像过去的行云流水，那种行云流水显得轻些；而现在往往像冰排的拱动，更有力更内在更具有形式意义。在语言上，越来越贴近本真的生命，清澈，有鲜血和骨头的声音。口语的偶尔运用，很好地调整了诗的效果，但又没有流于媚俗的"通俗化"。

这两年我写了一些东西，现在看意义很小。我也许太注重语言效果了，有些根本的东西——灵魂，却被视为"功利"。我已意识到这是我最大的失误。但现在清醒了，却又没有了那两年的环境。所以，我只能默默读书，以图来日。去年我编写的《中国探索诗鉴赏辞典》出来了，因为出版社仅给了十二本样书，只能送给搞评论的朋友。以后我买到再送老师一册。就到这里。问师母好。

敬礼

陈超

13/2

邮 戳：1990.2.22 石家庄
信 封：北京农展馆南里 10 号《诗刊》社
　　　　　　　　　　　　　　　　宗鄂　收
　　　《诗神》编辑部（石家庄市石岗大街市庄路 2 号）
信 纸：《诗神》编辑部稿纸

宗鄂老师：

　　您好。

　　寄的大作收到，我已给您一信，寄到虎坊路甲 15 号，怕收不到，再补几句。

　　我非常热爱您的为人，也喜欢您的诗歌。什么时候来石家庄玩几天，这里的朋友常常念叨您，对您是敬佩的。

　　敬礼！

　　　　　　　　　　　　　　　　　　　　　陈超
　　　　　　　　　　　　　　　　　　　　　18/2

邮　戳：1990.3.12 石家庄
邮　票：北京民居（8分）
信　封：北京农展馆南里10号文联楼《诗刊》社　100026
　　　　　　　　　　　　　　　　　　　　宗鄂老师
　　　　　　　河北省文联创作室（石家庄市石岗大街）
　　　　　　　河北师大中文系　　陈超　050016
信　纸：河北师范大学稿纸

宗鄂我师：

　　您好。大函收悉。您的诗集我早就准备写一篇东西了，这次正同您的想法一致，我心里真是高兴啊。

　　这一阵我忙于为两本辞书写词条，三月份交稿，忙得很。请老师稍等一下，我忙完这些事再写，写好直接给您，请您找一家可靠的刊物发出。

　　学习是否很忙？真想见到您，好好谈谈啊！

　　敬礼

陈超

1990.3.10

邮　戳： 1990.5.2 石家庄
邮　票： 北京民居（8分）
信　封： 北京农展馆南里 10 号文联楼《诗刊》社　100026
　　　　　　　　　　　　　　　　　　　　宗鄂老师
　　　　　　　　河北省文联创作室（石家庄市石岗大街）
　　　　　　　　　　河北师大中文系　陈超　050016
信　纸： 河北师范大学稿纸

宗鄂大兄：

　　您好。在慵倦的春天，我的心与你的诗是那么隔阂。经过各种灵魂的沉浮、排斥、抵消，在我这里，已经变得无所谓了。在这种万事不关的松弛里，我是出于对您的友情、关切，才打开这本集子的。我懒散地掀开了它……

　　我一首一首地读着它们。噢，宗鄂。我得告诉你，是这些诗渐渐教我僵硬的身子恢复了体温。它悄悄地纯净地弥散在我周围的空气里，慢慢使我觉得，生命尽管是轻描淡写的、无助的，但它又是那么坚卓、高蹈，充满着自如的透明。在这里，灵魂的至善不再需要外在的对象，不再需要相对意义上的可验证性。不！它们在白纸上渐渐显形，本身就构成了一个可能存在的世界！你，诗人，是这至善的发动者，它们远离你又返回，在今天，它们不是认识论意义上的种与属，而是自我把持的、自我确立的永恒时刻！这种对个体生命的描述，这种充分自明的反省层次(pre-reflective level),使我,一颗年轻的苍老的心,再一次追问自己,难道善、正义、尊严,这些被人类精神历史永恒不替的简单概念,在今天,就真的逃到不力的诗篇里而不再在事物的核心闪耀了吗?如果人不背叛自己晦暗的天性,而采取一种以暗抚暗的方式,那么,我们生存的世界,在最后的一幕开始时,还有什么能纯粹得高高在上,并审判这些罪恶的骚扰呢?在我们生活的这个无神论的世界,除了虚假的因果律之外,难道就没有比自爱更高贵、比艺术操作更重要的美德和"宗教"来拯救和对称、洞察和论证那些压在人们良心上的忧虑了吗?亲爱的宗鄂,是你那些笨拙的、诚实的诗篇,像一把老式的钝的刀子,划破我的心,它不锋利,但它留下的伤口更大、更疼。在这些诗里,你并没有回答我,但你强烈、连贯,又一次提出新的问题!因此,这些诗,良心比形式有意义,忏悔比语言效果更显豁。我不得不采取了细读!

宗鄂,我知道,你魁梧的体魄、诚恳的为人、知道羞愧的灵魂,并不是你长大的南方给你的。八六年,在渤海边我见到你,第一感觉就是那些在北方大天空下干活的农民。但,这并不是与生俱来的,你的这些诗告诉我,这是自制、放弃、淬砺的结果。这种自制、放弃和淬砺,使你的这些诗呈现着"悲剧性格"。正像你写的,"让正义的眼睛充血/让声带充血/噩梦在子夜惊醒/匍匐的命运以加倍的勇气/挣扎着。于/跛足的历史人间的倾斜/寻求平衡。"(《悲剧的力量》)在这里,生命的欣悦和"平衡",绝不是什么超逸、舒畅,而是一种尖锐的互否、拷问、作茧自缚。如果这种"茧"不是一种外在的牵制,而是一个诗人主动寻求的困境,那么,它培育的蛾子本身永远比"茧"更神圣、丰沛,使它周围的空气变冷!唉,在今天,精神的姿势变得比货币还不稳定的时候,谁要想做一个严肃的诗人,一个综合处理时尚和美德、个我和类我、存在和虚无经验的诗人,谁就得有胆量和心肠来承受这种"倾斜中的平衡"!但更使我感兴趣的还不是这些基本层次,宗鄂!我更为惊讶的是,你在努力坚持灵魂的硬度的同时,又深深浸透着宿命的力量!在《动物世界》里,你运用了还不太成熟的反讽调性,那种过来人的沧桑感,那种快活得发抖的顿悟,一下子就擒住了我的心!瞅,"生态平衡的方式""没有法律的法律""不需要同情和怜悯/不需要善道主义"……这些在瞬间解体的社会和道德意义上(的)评判,是那么坚卓、疼痛,你把心拎出来,它没有流血,这种冷静的认识类型,使这本集子显得更结实、自足、严整。它们与你的基本意识造成互动、抵抗、瞬息的沧桑就覆盖的人们。

　　宗鄂,我们其实是两代人,说真的,我并不为我没有一个更可靠的意识背景支撑而感到焦虑。在我过去的理论和诗歌写作中,你能看出这一点。但我理解你和你们这一代中年人,你们的灵魂已被塞得太满,兼济与独善、传统与今天、原欲与道义、寻求安全感的天性与粉碎自我重新组合……时刻构成你们生命与写作噬心的纠葛。所以,你们最大的敌人只是过去的"我"。昨天与今天的存遗之争,成了你们诗歌的焦点。在这本集子里,你把它们呈现在那几首展示中年人情感历程的短诗里。它有爱情的迹写,但我更想把它看作某种隐喻。在个体的精神生活中,爱情从来都是一切意识的综合体现,正像我们的朋友伊蕾说的,"失去了爱的自由,就失去了一切自由。"她当然指的不光是标准意义上的爱,而是价值确认方式、行为自主性、自我选择和负责,等等。你一方面确认,"灾难被时间淡化/心也风化成石头/悲剧无法避免/一切都很自然"(《动物化石》),另一方面又宣告,"而我却相信奇迹/即使是上帝的意思/也会有意外发生/命运是可以违抗的"(《虹视》)。这里爱意、受辱、蒙难,是那么忻合无间。这种复杂的意绪在我们这一代人那里,被外化为无家可归;而你、你们,却让它回到了"家"——那颗悄悄挣扎的、到此为止的中年知识分子的心。宗鄂,你小心地培养它,又怕它长大,当你说"假如能重新生活一次"的时候,我的心充满了泪水,我不想指出,或者说我不忍心指出生命中不存在"假如",不,那对你是一种轻慢,对善良和承担,这人类中的金子是一种亵渎!你说,"我们的权利是用眼睛和心/爱护活生生的景致/美有了安全感/人间才更加可爱。"(《就这样一路同行》)是的,重要的也许是人可能成为什么,但这是一种知识、一种价值论意义上的判断。而生活,是的,它是实在的形体、秩序,是应然性小于或然性的存在呵。朋友,你苦苦在寻求一种精心而详尽的对善的解释,但你连自己也说服不了,这种没有终(点)的感情流程,恰恰构成了你这类诗歌的张力。相对主义告诉我们,激进和保守是生命中不可缺少的拉力,它们相互涉入、龃龉,在这些中间地带,就可能出现比两端更复杂有趣的意味。"天空是无法触及的/大片的空白留给人去想象/精神的回响/仅处于音乐的状态。"(《虚与实》)理想的冲突在西人那里被外化为理性分析,对它的解释权是在现世生命的神圣性里;而东方,则是一种现在的道义,宗鄂,你就在这两种认识类型间行走,你摇摇摆摆、力不从心,对个体生命而言,这实在算不上幸事,但对诗,噢复活和创造经验的幽灵!对它来说,这种行走,难道不正是有意思的吗?

瞧瞧,我的朋友!就是你的这本《悲剧性格》,你一再谦抑地告诉我它很差的这本诗集,使我认识了月亮的背面那些布满伤疤的环形山。使我不为所动的孤傲的心,在1990年的春天,再一次想着善、正义、尊严、忏悔,这些蒙尘已久的概念。真的,宗鄂,这些诗从技术上距我的理想差些,它们太稳健,展开得慢了些,尤其使我感到不满的是,它们语义的缝隙里,缺乏更多向的浓密的阴影,仿佛是一次有目的的旅行,没有震惊和措手不及所带来的快意。但我要告诉你,它比你以往的诗集要棒得多,像你的《阶梯》所说,那是"生命和思维从许多点/向上盘旋"!诗歌作为个体生命和言语的双重洞开,说到底,重要的不是任何单独的因素,而是二者相互的选择和发现。那么,宗鄂,你忐忑的心自信吧,这毕竟是你不可替代的生命的梅花在开放,正如你在

《梅》中说的那样：

而一株梅花和满月

才是属于我的

一如我灵魂中渗出的

血液！

就写到这儿，祝你和你全家幸福。

陈超

1990年5月1日夜在石家庄

邵燕祥致陈超(3通)

邮 戳：1993.7.19 北京
　　　　1993.7.21 河北石家庄
邮 票：云南民居（10分，2张）
信 封：石家庄市石岗大街市庄路2号《文论报》
　　　　　　　　　　　　　　　　　　陈超
　　　　《诗刊》社全国青年诗歌刊授学院
　　　　北京市虎坊路甲15号　100052
信 纸：《诗刊》社稿纸

陈超兄：

　　你好！

　　非常高兴，野三坡一聚。那个武侠小说家酒后失言的后遗症不知消除了否？

　　《文论报》久不读，兹一展视，耳目一新。看来确实是"人的因素第一"。这是为叶橹的赏评集写的一个杂文式的序言，请一阅，能用则用，不适用别为难，退我便可。

　　祝

夏安

　　　　　　　　　　　　　　　　　　　　　燕祥
　　　　　　　　　　　　　　　　　　九三年七月十九日

邮 戳： 1993.8.5 北京
　　　　1993.8.7 河北石家庄
信 封： 石家庄市石岗大街市庄路2号省作协《文论报》
　　　　　　　　　　　　　　　　　　　　陈超
　　　　　北京虎坊路甲15号
信 纸：《诗刊》社稿纸

陈超兄：

　　信悉，就照你说的办吧。叶橹今年流年不利，本人车祸，妻子多病，母亲去世，此文发出，亦可略慰他的心境。（书恐一时出不来。）

　　谢谢你寄来《文论报》，开我眼界。

　　祝

好

　　　　　　　　　　　　　　　　　　　　　　　　燕祥
　　　　　　　　　　　　　　　　　　　　　　　　八月五日

邮 戳: 1993.10.11 北京
1993.10.15 河北石家庄
邮 票: 中华人民共和国第七届运动会（20分）
信 封: 河北省石家庄市河北师范大学中文系　050016
陈超
《诗刊》社全国青年诗歌刊授学院　北京市虎坊路甲15号
信 纸: 《诗刊》社稿纸

陈超兄：

函悉。道不同，不相为谋，自然不必为之作嫁，况不得按自己设计的尺码、彩式。前晚闻顾城夫妇自杀噩耗，凄然良久。我辈生者，唯有更好好活着干点事吧。匆匆。

握手

燕祥

十月十一日

谢冕致陈超（1通）

邮戳：1991.8.4 北京
　　　　1991.8.6 河北石家庄
邮票：云南民居（10分，2张）
信封：河北省石家庄市河北师范大学中文系　050016
　　　　　　　　　　　　　　　　　　　　　　　陈超
　　　　中国社会科学院文学研究所　谢　100871　北大中文系
信纸：浙江文艺出版社稿纸

陈超：

　　那篇《异端的贡献》原件，《中国青年报》的约稿，但因为据说有"异端"的味道便被否定。编辑刘爽按照我的意见转给了《中国图书评论》。接你信，方知已刊出，我即写信给该刊索要刊物，迄今未见回音。你能否将该文复印一份给我，并请注明刊于何期，麻烦你了。

　　建议甚好，以后有活动，当酌情邀你参加，我们这里总想搞些力所能及的活动，证明我们的存在！并以此令那些"感觉良好"的人们不快。要是他们激动了，那便是我们的成功。

　　祝

好!

谢冕

1991.8.2

我们于 5 月 2 日开过会,伊蕾的《诗人报》以此出了专号,想你已看到,不知这样的行动会带来什么样的后果,伊蕾十分仗义! 我个人则无所谓,"死猪不怕开水烫"!

又及

钱理群致陈超(1通)

邮戳：1993.12.18 北京
1993.12.20 河北石家庄
邮票：围棋—古人对弈图（20分）
信封：河北省石家庄市河北师范大学中文系　050016
陈超
北京大学中文系　100871
信纸：中国儿童发展中心稿纸

陈超同志：

来信早已收悉，寄来的《文论报》每期都收到的。谢谢。迟迟未能回信，是因为总想为你们写篇稿，而文章又总写不出——我对当代文学既少关心，又无研究，只得一天天拖下去。现在已是年末，欠下的信债总得偿还，因此，硬着头皮给你写此信，除表示歉意外，只能笼统地表示，以后如有合适的文章一定寄给你们——明知是空头支票，也只得如此，请原谅。

匆匆写此

即颂

编安

钱理群

12/13

林莽致陈超（1通）

邮　戳： 1988.10.8 北京
　　　　1988.10.10 河北石家庄
邮　票： 北京民居（8分，2张）
信　封： 河北省石家庄市河北师范大学中文系　050016
　　　　　　　　　　　　　　　　　　　　　　陈超
　　　　北京经济学院教务处　100026
信　纸：《诗刊》社全国青年诗歌刊授学院稿纸

陈超：

　　你好！来信后两次去"开拓"（注：指《开拓》杂志社），因印刷品还未拉回编辑部，第二次去刚刚拿到。

　　多多的文章我读过了，有些内容可参考，关于埋入历史的一代"精英"与飞上天的"孱弱者"我则无法沟通。因为这段历史的变化倒是使许多灵魂上的弱者沉没了。当然，在那一代中学生中确有一些天才的闪光，他们出现在历史的特定时期也消失于历史的特定时间之中。因不属同类人，早在情感上有所阻隔，在诗歌的群体中，许多诗人只体现了他们瞬间的美好与良知，而更多的时间是令人无法接受的，也包括他们对历史与现状的态度，对自己对别人的态度。北京的诗人群中许多人常让我无法理解。近期北京搞了一个"幸存者俱乐部"，我也是其中成员。还有另一个诗歌朗诵团体。也许你有所闻……有机会再谈吧。

同时寄上我《山花》发的文章,请你批评。

白洋淀又蓄水了。很想回去一游,不知你是否有兴趣。如果我们能同行也许会更有内容了。你在(与)保定地区作协及诗人有联系吗?他们能够提供些方便。或是通过别人联系一下,不知你意下如何。

我近期休半年的创作假,但因给学校开一门"现代艺术与诗歌"的课而占去了许多时间。

关于《诗神》二月号我已收到一约稿信。我把稿子再整理一下,再寄你或直接寄给他们。谢谢。

匆匆。再叙。

祝

秋安

林莽

1988.10.5

钟鸣致陈超(1通)

信 纸：笔记本纸

陈超兄：

信已收悉。回来放好照片，本想寄时一并写信聊聊，因小翟主动承担分发照片和邮寄，便找借口疏懒了。

圣诞节和元旦，王强又请我去了一趟大连和上海，主要是想办读书会一事，因余秋雨和王强想办。如果能助他们一臂之力，也何尝不可。因我们可以顺便完成诗歌的一些事。初步设想办份杂志，春节大概能定下来。若行，还望兄援手。故我春节还要到大连一次，并约了文化艺术出版社的苗洪，以后书会有许多出版业务，但愿此事能成。重要的是为我们自己手里的而写作。

我目前除了完成人民社的书外，正在写一篇关于诗歌对话的文章（臧棣他们所约，大概是编书用），另外，还要写一篇关于海子的（《书评周刊》所约）。

完后，寄兄一读。正像你说的，我们已是朋友了，是在大连，仅那一曲，也让人心动。而且，在会上，恐怕也是我们想真正讨论点问题，无奈气氛不好，难以如愿。前（段时间）刘小枫到成都一晤，送有几本书。这里送书一本,闲时翻翻,或许能喜欢。暂写这些。

祝家人好!

钟鸣

一九九九年一月二十九日

陈超致舒婷（2通）

信 纸：河北师范大学稿纸

舒婷：

　　我相当推重你的诗，并且认为是它的少有的知音之一。是的，我读它的每一首都读到了气节；无论它们的体制大小，都具有极其厚重的力度。说它们婉约是没眼光的庸人们的说法。我是河北师大七七级留校生，搞当代文学；过去曾写过诗也常常变成铅字，但当读过北岛及你的为数不多的诗作后，再也不能以它们为诗了，这种情绪你应十分理解。

　　想搞新诗论，目前没有真正意义上的诗论，且研究诗的办法极糟，我想从寻找办法开始。新人的诗毁誉不一，即便是为之奋力喝彩的人对新人的价值也未必十分清楚，这更有点可悲了。你是受到缪斯宠爱与机遇宠爱的，在你的身上，寄托着为数可观的诗歌青年的希望，在你的身后，尚有为数可观的同行者。

　　我很欣赏北岛的《一切》，我感到酒精烧灼般的颤抖和一个泪眼模糊的巨人的悲愤形象，他的诗正直、阴森与风骨，正像他的全人格。

　　心里很绝望，感到一切努力都不合时宜，所以给你写几个字，冲淡一下孤寂的心境。我的学生常常聚在我这里谈到你,你的《双桅船》(上海文艺出版社1982年2月版)出版我一下子买了四十本,结果还有同学为没能买到而怏怏离去。青年的心是容易相通的,你所期望的通往心灵的道路终会找到。

河北省极闭塞。前几天去参加河北中年诗人作品讨论会,会上众口一声要坚持古典诗歌和民歌的道路,大有空手入白刃誓与现代派血战到底的气势,令人哂笑不已。

很想做你的诗友,很想。《双桅船》还有吗?请来信。我想给那些小城中买不到它的朋友寄去。如有马上将钱寄给你。

陈超
1982.11.17

信 纸：河北师范大学稿纸

舒婷：

《当代文艺思潮》上发的那篇文章，引起了我和同教研室教师的极大反感。于是，我写了这封公开信，寄往"思潮"编辑部。信被各种卡子卡得略微变了点形，但基本上是由衷之言。他们曾打算见刊，要我又去掉了些"刺激人的话"；我做了略微改动寄去后，他们送审没通过，原因相当明晰。

这里，把稿子寄给您，如果能酌处发表最好，如不好办，还望及早还我，我再找找人。我想即便最后没能发出去，让您知道有颇为可观的人们对您表示支持，愿意和您并肩战斗，通往心灵的道路当然能够找到。

我性格愚鲁，前几年办民刊，是北岛、舒婷诗的读者之一，当时也写几句，至多让朋友看看。留校后在外国文学组，眼下准备苏联文学，没劲透了。我个人认为，中国当代青年诗超过苏联当代青年诗的最高水准，它完全有能力打入世界——如果去掉束缚的话。希望您能珍爱自己，有许多青年朋友"悲伤，因为你的照耀，升起一圈淡淡的光轮"。

河北空气非常沉闷。《河北文学》倒闭了，《长城》也是奄奄一息的孩子。张学梦是少有的具有诗人气质的人。

因为对当代诗坛的不满,我写了《新的阻塞》一稿,《飞天》第十期要刊出。文中"人话"占的比例不及鬼话、废话,但只能如此。若不然,那几句"人话"也不能让更多的朋友知道。

新诗集评奖(注:指的是中国作家协会第一届(1979—1982)全国优秀新诗(诗集)奖的评选,舒婷获得二等奖),《双桅船》的呼声是很高很高的,但结果不太令人满意。

秋安

您灵魂的朋友

陈超

1983.9.1

陈仲义致陈超（6通）

邮　戳： 1990.3.4 福建厦门
　　　　 1990.3.8 河北石家庄
邮　票： 北京民居（8分）
信　封： 河北省石家庄市河北师范大学中文系　　050016
　　　　　　　　　　　　　　　　　　　　　　　　　　陈超
　　　　 中国作家协会福建分会　福州市西洪路凤凰池
信　纸： 中国作家协会福建分会稿纸

陈超兄：

接到你的《辞典》，脊椎正受煎熬——严重扭伤，足足五个晚上，坐也不是，躺也不是，拔火罐、电针、电磁、推拿全用上而收效甚微。现在总算进入恢复期。

你的书并不像你来信所说的写得单一，我大致浏览一番，不但翻下去而且处处闪见你敏锐犀利的眼力，大凡数十万字的鉴赏辞典由一个人单独撰写，我想对他的最大考验莫过于如何变化，功力不足者由于负荷太沉往往失之重复或失之单调。而你，我觉得对它的驾驭非但没有捉襟见肘之嫌，似游刃有余。总之，给我的感觉是写得潇洒！迄今为止，对辞典的评价大概没有人用"潇洒"两字（辞典一般都是正襟危坐、老气横秋），你的这种写法和我对你的"潇洒"评价，恐怕经典辞家们都要感叹亦唏嘘啰。

所以能够潇洒,我想除了可以看出你的准备工作是细致的,基础是扎实的,重要的是你的艺术直觉成就了你对文本阐释的灵活把握,你的艺术直觉我指的是你目光的穿透性与领悟的精确度已达到相当水准。我断言你作为一个批评家,出色的诠释一半取决于你的艺术直觉。这是最为可贵的素质。在这点上,我显然自叹弗如。此外,你的激情、你一触即应的感悟、你机警的穿行即便在许多难觅缝隙的"死胡同"里,也能见出你的潇洒。当然有少数作品我一直以为并没有那么好,主要是没有提供更新的东西,例如有的不过是某种古风古意的现代翻版,某类哲学观念的演绎,你似乎把它们拔高。自然,这也是仁者见仁智者见智,我们互不强加吧。你说呢?

在第三代(三十左右)的专职缪斯的批评家、理论家中,我看好的是七个人:你、巴铁、晓渡、伦佑、兰马、燎原、程光炜。燎原,读过他的文章,值得注意。只知道他在威海,其余概莫能知。你知道他的情况吗?

搞诗歌评论注定要比搞小说寂寥与艰辛,我那两本书亦注定彻底泡汤了(尽管并不太激烈),这种打击有时使人心灰意懒,无奈在心灰意懒中仍关注着诗坛,在收获难期中默默地摩抚手中的老茧……

九十年代诗坛,头一两年,自然难再骚动。八六年十月那种叫嚣与挑衅大概是一次性"热点",接踵而来的大展即使有实质性的拓展也没有第一次那样刺激,各家在摸索中大体进入自己的阵地。唇枪舌剑少了，转为你说你的，我干我的，各自为政，互不买账。这是一个全面进入角色的阶段，换个说法，这一两年，我估计第三代诗风将更为广阔地铺开，同时可能进入一个自省期。

程光炜有消息吗？自八七年淮阴—扬州会议后，几无音讯，什么时候能再重聚一次？这一两年的诗会远在天边，我们只能在遥望中相互祝愿。

愈来愈感到文字的惨白无力。

半躺在床上，使我得以将这封信写得长一些，平时我总是（写得）太短。

祝

马年长啸

陈仲义

1990.2.28

邮　戳： 1991.4.2 福建厦门
　　　　1991.4.7 河北石家庄
邮　票： 上海民居（20分）
信　封： 河北省石家庄市河北师范大学中文系　050016
　　　　　　　　　　　　　　　　　　　　　　陈超
　　　　中国作家协会福建分会　厦门鼓浪屿中华路　361002
信　纸： 中国作家协会福建分会稿纸

陈超吾弟：

　　见信好。我给《诗歌报》寄去一稿，以守为攻！！！《为大陆现代诗定位——兼为现代诗辩护》原稿写了一万字，后考虑到篇幅，压到六千字，春节后寄走，昨来信说刊于5月号。老是挨打不行，得巧妙回它几拳。当然在目前这种紧缩的状态下，容易"枪打出头鸟"。也许这一回我抢先了，憋不住，写得太明白了。但从题目上看，挑战的火药味很浓，尽管我写得心平气和。蒋维扬来信未加任何评语，也可能（觉得我）写得不好，只是说用于5月号，反正就是这么一回事，（我）从来没有想当先锋。这一次试试做一次"英雄"吧；在几乎所有报刊一边倒，大批特批现代派之际，来一次抗争，哪怕十分微弱，我想也许更有意义。

　　伊蕾和张石山来过家里，说他们办《现代诗人报》，过几天，我给她寄一篇长文。

厦门大学进修早在去年3月就结束，纯属挂名而已，不过听了林兴宅的"文学象征论"还是有所收获。

早前作协有人来说今年《诗刊》社拟召开一次诗歌研讨会，但到现在都无消息，理论会恐怕更难开了。程光炜不久前给我寄来他的大作（你大概亦看到），我给他回信，（建议）他的当代诗歌研究室再来一次研讨会，好让大家聚聚。

匆匆

好

陈仲义

1991.4.1

邮 戳：1992.5.5 福建厦门
　　　　1992.5.10 河北石家庄
邮 票：上海民居（20分）
信 封：河北省石家庄市河北师范大学中文系　050016
　　　　　　　　　　　　　　　　　　　陈超
　　　中国作家协会福建分会　福州市西洪路凤凰池
　　　　　　　　　　　　　　厦门鼓浪屿
信 纸：中国作家协会福建分会稿纸

陈超兄：

　　来信过奖了，许多东西肯定已是明日黄花，这，我比谁都清楚，谢谢你的激赏，我将把之作为我今后的动力。

　　今明两年，我准备搞点台湾现代诗技巧（研究），朝实用可操作方向发展。这不是在赶时髦。主要是80年代初，由于地理上靠近的缘由，我另一只眼早已盯着彼岸。10年过去了，现在有空从第三代转到对面，既顺理成章又了却10年前的夙愿，本想搞台湾、大陆诗的比较，这是个热门话题，但由于有太多人搞（中国多少港台文学研究所/室！！！），我想我还是把这些年的思考引导向纯技巧剖析。

　　这2年，我的血压一直不好，160/110，将来死于脑溢血无疑。最近，我已严格控制作息，每天工作不得超过4小时，每天散步2小时，晚上看闲书、陪孩子练琴，什么活都不干。

现在，才感到生命真正地可贵，健康比什么都好，厦门特区经济发展以我们难以预测的速度"变幻莫测"，心理基本上承受了这一压力，反正这一生渐渐无门，不愿亦没有能力（机会倒是十分多）投入商业贸易，注定在精神的一隅，我们自享，大概，这也叫作命运吧。

你还年轻，起码比我少10岁，精力旺盛，来日方长，希望多保重身体。在现代诗的批评与理论领域"干活"的人所剩无几了，但愿我们能坚持到最后，你说呢？

顺致

夏祺

陈仲义

1992.5.5

邮　戳：1995.5.10 福建厦门
　　　　　1995.5.20 河北石家庄
邮　票：纪念黄埔军校建校七十周年（20分）
信　封：河北省石家庄市河北师范大学中文系　050016
　　　　　　　　　　　　　　　　　　　　　　　　陈超
　　　　福建省作家协会　福州西洪路凤凰池
信　纸：中国作家协会福建分会稿纸

陈超兄：

很高兴收到你的大著，虽然2/3以上篇什早已读过，但仍感到新鲜，你依然保持一种犀利的钻透！很明显，行文中凸显着诗人的气质，这是一种极为难得可贵的东西。我发现我愈来愈少这种质素，而不自觉往"学院风"靠拢。

在先锋诗歌批评的行列中，你是尖端上闪亮的锋刃。要保持这种锋锐，就是我上面提到的那种本质诗人的底气，几乎是天生的，难以改变的。

不知你出版遇到难题否？公家？自费？半自费？我现在家里还压着一千册（包销二千册），每当我望着这一堆麻袋，我几乎要丧失再写下去的勇气。

紧握。

　　　　　　　　　　　　　　　　　　　　　　　陈仲义
　　　　　　　　　　　　　　　　　　　　　　　5.10

又及：

最近学"中功"，每天花三小时健身，血压基本正常，但仍喘大气，心前区堵塞感，医生查不出，可能是"神经官能症心脏病"，今天刚好是半周年纪念日。

邮　戳：1998.2.19 福建厦门
　　　　1998.2.23 河北石家庄
信　封：河北省石家庄市河北师范大学中文系　050016
　　　　　　　　　　　　　　　　　　　　　　　陈超
　　　　福建省作家协会　鼓浪屿中华路13号
信　纸：福建省作家协会稿纸

陈超兄：

你一向好给我发奖辞，实在当之有愧，而悭惜哪怕对我一点尖刻的批评。这使我有些失望。

《60种》仅仅是对异域经验的一种推介，普及而已，我亦是"客串"一下，不会再去搞了，现在研究台港文学力量完全过剩，我打一下擦边球，还是要"回到大陆"的。

每个批评家都有各自的侧重点，各自比较得心应手的区域，这正如运动员，短跑者在于起步、冲刺；跳远跳高赖于瞬间爆发力，马拉松取决于耐力与节奏控制。不要把十项全能看作是运动的"桂冠""最佳"，它仍然是运动中的一项，它的特长是"取平均数"。

当特点、特长发挥到极致，就形成稳定风格，从思维到语言一脉相承，你信中所列举的其他七八位批评家确实各有各的"招数"，他们的优长颇为鲜明，你的评断可谓一箭中的。

今年——1998年,我略带感伤地步入半百——50岁,对于迅猛发展的现代诗实践,我以为我的诗学思想似乎不太可能有大突破。在朝气蓬勃的新事物面前,我的学术思想(?)——如果称得上的话,可能就在今年走向枯萎。这是年初的一种预感。

陈仲义

2.20

注:此信落款时间有误,应该为2月19日,因为信封邮戳是19日。

吴思敬说拟3月20、21日在京开一次"后新诗潮"讨论(会),我如能买到6折机票就会去,你应该会去吧?

又及

邮　戳：	2003.7.11 福建厦门
	2003.7.14 河北石家庄
邮　票：	珍惜生命之水（80分，2张）
信　封：	河北省石家庄市河北师范大学中文系　050016
	陈超
	厦门日报　厦门市深田路46号　邮编：361002
	鼓浪屿中华路
信　纸：	福建省作家协会稿纸

陈超兄：

　　平均每人一千字，捉襟见肘，也只能勉为其难了，不当之处，请多提意见，近年及未来有何项目，亦请告之，再补上。

　　关键是评价与定位，准确吗？经得住时间检验？

陈仲义
2003.7.11

注：此信附有陈仲义《个案抽样：当代诗学的前沿钻探——兼与吕进先生商榷（续篇）》（征求稿）。该文对包括陈超、徐敬亚、周伦佑、唐晓渡、程光炜、王光明、耿占春、李震、沈奇等在内的先锋诗论家予以点评。

　　以下为陈仲义对陈超的评价：

陈超的主要业绩表现在"生命诗学"的建设与全面"细读"式文本批评。

80年代,他就把目标瞄准在生命与语言的关系上,着重研究生命体验与语言之间的转换关系。他借助生命哲学、存在主义、精神分析学,强调诗的原动力是生命的体验,是混茫的生命意志,主要靠直觉、情绪捕捉,最后经由词语给予技艺的塑型。《生命诗学论稿》大半以此为建筑核心。其精彩论述到处可见:"一首诗就是诗人生命过程中的一个瞬间展开";"语言和生命是互为因果、互为表里的完整形式,是一种相互发现和照亮的过程";"诗歌是诗人生命熔炉的瞬间显形,并达到人类整体生存的高度"。

对以生命意识为圭臬的第三代诗歌来说,陈超生命诗学的种种阐述,获得普遍强烈反响,从本源上推进当代诗发展。这不止应归结其哲学语言学的强力渗透,尖锐直入腠理,(还应归于其)哲思与诗思、知性与激情的有效压合,很见文气沛然,一脉贯底。陈超90年代还提出"历史想象力",要求在见证的迫切性与技艺的迫切性中维持平衡,也有一定影响。

特别是陈超向来所追求的"诗性智慧和自由洒脱的随笔性文体",依然成色十足,在同行中尤为醒目。

陈超的另一主要业绩是作为中国现代诗歌"新批评"的桥头堡,他坚持从最基本的词素、音节、语感、意象等细部做起。

1985—1987年,整整三年,他每天的必修课是解读所有有难度的现代诗。1989年他出版了最能代表细读式文本批评的专著《中国探索诗鉴赏辞典》。索解自"五四"起的100多位诗人,洋洋洒洒近百万字。2000年增补出版,改名为《20世纪中国探索诗鉴赏》,成为更完整的版本。

　　堪称姐妹篇的《当代外国诗歌佳作导读》,则收入20世纪40年代以来,世界6大洲104家诗人283首作品计387篇导读。这两部导读,完成了一次规模盛大的诗歌的博览。在"估诗与悟诗"之间达到引领式浑融,既照顾到批评洞察,又呼应阅读吁求,细密不失潇洒,深浅自如,再次显现作为批评家的陈超那种十分难得的穿透力。单凭这200万字,陈超称得上大陆"新批评"的重镇。

陈超致何锐（3通）

信 纸： 普通稿纸

何锐吾兄：

您好。有日子没和你联系了，很想念你。看到《山花》由声誉日隆发展到铁定名牌刊物，请相信，我的心与你一样高兴！

我一直在写诗，但话语方式和心情发生了很大变化。我现在想写清晰、亲切的东西，写我的日常生活中打动我心的那些片段。我热爱单纯而有阅读敏识的普通读者，不再为几个先锋派友人写作。这六首诗寄你审正。记得红枫湖边，你对我讲"先锋成了一种权势"，这对我震动极大。你还说，"现在已是先锋是否宽容他人的时候"，我深深地记住了。（唐）晓渡、（耿）占春、孙文波在北京诗会上还谈到你的立场。

如觉篇幅太大，可去掉《摊牌》。但我愿意一起发出。如六首整个不堪用，劳兄退稿。深深鞠躬，匆此。

紧握

小弟　陈超
1999.5.3

另：

告诉你一件事,我儿子得了糖尿病,住院一月半,刚刚出院。我心情抑郁,过些日子我再给你写长信吧。

信 纸：河北师大中文系稿纸

何锐吾兄：

您好！先祝您全家春节愉快。

前不久寄给您我的评论集《打开诗的漂流瓶》，想已收到。

不知今年《山花》经济可有好转？现在办刊像您这样坚执于精品、永不妥协的主编，可能只有三四个了。我认真看了刘恪写兄的长文，深深服膺。若由我写，肯定不如他了解得多，特别是与小说家们的友情，对他们的支持，以及整体的运作等。您的确是伟大的编辑。另，我有几首诗，您看看。如不好，我以后再寄好的。

我的诗集3月份出，到时寄兄。另，赵卫峰的序我已写好，我虽然胆囊炎严重，还是写了。再叙。

敬礼

弟 陈超

（2004）1.18

信　纸：普通稿纸

518018　深圳福田区莲花二村7幢306室　丁当

350000　福州华林香槟路7号　吕德安

610000　成都仁厚街卡夫卡书店　唐丹鸿

210000　南京河海大学法律系　朱朱

518008　深圳松园南九巷一号四楼深圳天地广告公司　欧宁

100080　北京海淀区中关村31楼　黑大春

610072　成都白果林中新路21号　廖亦武

150000　哈尔滨《黑龙江日报》社　张曙光

214400　江苏江阴北门曙光新村　庞培

这些人我处均无电话。你可打印一批约稿信发出,再用手写几行字,也可说是我提供的线索。我想,《山花》每期发二人的诗即可(零碎的短诗每年集中在一期上发,不用每期都有)。相信只要稍稍用心,诗歌栏会办得很出色。

我今天特别高兴,接到你的电话总会让我快乐好长时间,虽然我很遗憾你今年不能北上到我这儿玩。一定向嫂子转达我的祝贺之意:

祝贺你评职顺利!!

弟　陈超

6.17

注:该信缺页。

伊蕾致陈超(2通)

邮 戳：1989.8.31 天津
　　　　　1989.9.2 河北石家庄
邮 票：万里长城（8分）
信 封：河北省石家庄市河北师范大学中文系　050016
　　　　　　　　　　　　　　　　　　　　　　　　陈超
　　　　　天津文学杂志社　天津市和平区新华南路263号　300074
　　　　　（信封背面注：见信速寄照片及稿，照片人头要大些。）
信 纸：普通稿纸

陈超：

　　你好！

　　二期《诗人报》已出，编辑部随后会给你寄的。三期已进工厂。现找你要第三次夜谈，上四期。并再寄一张黑白分明的二、三寸的照片，前一段工厂说印不好。请忍痛割爱吧，留给我好吗？

　　在石家庄照的照片很好，你有了吗？若没有可找郁葱。

　　黄金海岸未能见你，真是遗憾。不知下次相聚是在何处。

　　天津见过你文章的人对你评价极高，我很高兴。望养精蓄锐，准备将来作战！

　　紧握！

　　　　　　　　　　　　　　　　　　　　　　　　伊蕾
　　　　　　　　　　　　　　　　　　　　　　1989.8.29

注：陈超在 2014 年 10 月 31 日凌晨猝然离世后，其生前好友伊蕾（1951.8.30—2018.7.13）万分悲痛。那时，伊蕾住在北京远郊。此后几个月，为了整理陈超的资料，我处于极度封闭和抑郁之中，在联系伊蕾的时候，她谈及当年与陈超的深入交往而潸然落泪。2015 年 4 月 9 日，伊蕾将八九十年代陈超写给她的六封信复印，并在每封复印信件的背面注明详细的通信时间。她还专门给我书短信一封《陈超六封信提示》，又非常详细地列举了这些信件的先后时间。

信 纸： 普通稿纸

陈超：

　　你好！

　　这两天我想接着写那首诗《妈妈》，因为我觉得最想说的话还没有说出来，但终未成篇。我不知什么时候还能再写出好诗。且把这本诗集当作《天鹅之死》吧。想到有你的精彩的序言，我深深地感到安慰。若能有你具体的修改意见或建议，点石成金，那就更好了。

　　我的生活好像已经完成，从今天起是重复吗？还是另有新意？不可逆转的时间是残忍的，一年好像一天那么短，我很想拯救自己。

　　你作为教授，我唯一提醒你的是不要超负荷！！

　　问你家人好！

伊蕾
2009.3.24　北京

（你看看简历怎么改？不想另写文章了。）

注： 原信附伊蕾简历一份。

陈超致伊蕾（5通）

信 纸： 河北师范大学稿纸

老孙：

　　诗稿再三读过，使我对你的诗有了第一次真正的理解。我为它写了三稿序言，最终还是弃置了。"知识型"的序根本无法进入它们；"体验型"的序才可能抵近它的最高限值。那是一个酷热难当的夜，我在冥冥之中感到了你。我在痛苦的灯光下，让一行行血滴在白纸上渐渐显形。对于你的诗集，再没有比择出几首或几句来评价更有害的了——对任何一位真正的诗人都是这样。

　　你不必为浮世的误解而痛苦，在任何时代，真正的生命是注定要受磨难的。而离开折磨它的轨道，它就只能在冥冥中飘散，这种没有折磨的折磨不是更可怕的吗？你无家可归，在人类的悲剧中陷得越深，你便赢得越多。相信世界是无望的，偶然的、瞬间的快乐是唯一可以相信的东西。你相信它，就要同时相信它注定要远逝。

　　希望你能同意这个序。如果此序受阻，你可自己修改一下。我想，如果你有更深致的想法，不妨抛开它重新写。诗稿先存我这里，日后再取。

　　你的永远的朋友

　　　　　　　　　　　　　　　　　　　　　陈超
　　　　　　　　　　　　　　　　　　　　　1987.8

信 纸： 河北师范大学稿纸

伊蕾：

　　亲爱的朋友。来信收到，知道你喜欢我的这篇东西，我就自信了一会儿。在这种时候，读你的信，感到一种人间最宝贵的、值得人活下去的东西确实存在。是的，生活是值得我们喜爱的，让我们珍重，胜利最终是属于我们的。

　　邯郸的会不知何时开，如开，我们一定去好好玩几天，说定了！

　　照片我没有，等过几天我洗出来后马上寄你，误不了发稿！

　　敬礼

陈超

1989.9.29

信 纸：河北师范大学稿纸

伊蕾：

亲爱的朋友。最近心情是不是好些了？你的信使我感到温暖,我知道,你是实实在在地嘱咐我的,用你的心灵。我会珍重。

《文学自由谈》上的文章,我见到了。外地一些诗人及诗评家亦来信,说写得好,"深入,孤立。强调的东西只能属于伊蕾个人"。我听了,真是高兴。文中这三个问题的确是我一直萦绕于心的,最后终于得到了人们的认可。如果可以,你是否给我找一本该期刊物寄来,我想留两本,日后可能有用。

照片不知道收到否？现照的,不太自然,加上形象本来就粗陋,将就用吧。天津方面如有诗歌活动,重要的可以通告我一声。你的情况怎样？非常想念你。伊蕾。

致敬

陈超

1989.10.19

信 纸： 河北师范大学稿纸

伊蕾：

　　早就想给你写信，但又觉得什么话都可以讲，反而不知如何写下去了。我相信，我们友谊的深度，那是仅凭感应就可作深层交流的。但今天我不得不写。

　　我一直注视着《文艺报》有关《卧室》的进展情况。但我相信，你不会太忧郁，可能有些愤怒。我认为，这是我们青年一代先驱者必然的命运，是我们从写作那一刻起，就早已准备好了的。如果我们不去承受，那么还能够在今天活得充实、尖锐吗？我们的孩子还会尊敬我们和这个时代吗？说到底，我们写作不就是为了维持住人类生命的丰沛、坚定吗？或者说，当你说"神，你真老呵"时，神无动于衷，那么你的话岂不是太无用了吗？噢，瞧瞧，多少纯洁的、正直的人在内心深处支持你！你的力量是隐性的，请相信我的话。

　　我最好的朋友，要挺住。要骄傲。你成为一代人价值变构的信号，请接受我最诚心的歌颂！

　　问候（张）石山。

陈超

1990.9.2

信 纸：笔记本纸

伊蕾：

您最近忙些什么？

这一阵,我的理论文章很难发表。你知道,我是那种特别惧怕别人删改文章的人,与其让笨而怯的编辑乱改我锐利的言辞,不如不发。我相信,我们在这点上,是一样的!

于是,我就开始写诗。不知你是否看过我的诗？我自认为它们很棒。至少是结实、明确。我讨厌现在流行的那些暧昧而空洞的诗。我已发表了十七首诗。朋友们都说比我的文章好。这使我悲哀又欣慰。

这三首诗(一共写了七首,另四首给别处),给你看看。如发表不通过,请退还给我。特别想见到你。紧握!

忠实的陈超

1991.11.1

陈超致张烨(1通)

时 间: 1992.11
信 纸: 《中国探索诗鉴赏辞典》扉页

敬爱的牧神,以及本地的

一切神灵,请保佑我具有

内在灵魂的美,保佑我

内外和谐,表里如一。让

我相信智慧即是富足

让我拥有对于生活节制

者是恰如其分的财富。

赠张烨——我灵魂的朋友

陈超

1992.11

附张烨致霍俊明的信:

霍俊明小兄:

你好!非常感谢你的电话和短信。温暖、亲切、真诚令我感动。

以前，经常在报纸杂志拜读大作，很欣赏且喜欢，这真是有陈超这样才学非凡的老师，必有你这样年轻才俊的精英高足啊！

如今你正在编有关老师的书信集，多么有情义！对陈超是最好的回报，他会感到欣慰的。你辛苦了！虽然从年龄来说，我已是"前辈"，但我敬重你。你文风的纯正、高贵正是我所热爱的，这在今天的诗坛已不多见了！

好了，你那么忙，不敢多打扰，遵嘱奉上有关资料，请查收并对拙作不吝赐教。

工作辛苦请多保重！盼多联系！

张烨谨上

2015年3月9日凌晨1点59分

西川致陈超(7 通)

> **邮 戳:** 1992.12.24 北京
> 　　　　1992.12.26 河北石家庄
> **邮 票:** 上海民居（20分），福建民居（1元）
> **信 封:** 河北省石家庄市河北师范大学中文系　050016
> 　　　　　　　　　　　　　　　　　　　　　陈超
> 　　　　北京新华社《环球》杂志　西川　寄
> **信 纸:**《环球》杂志稿纸

陈超兄：

你好。陈东东捎话来，让我寄两本《倾向》给你，现寄上（第一、三期）。

你要我给《长城》的诗我早已直接寄给了穆涛。其实在那次你和晓渡来我家之前我就已经寄出。是穆涛找到林莽，林莽又转告我的。不知我寄去的东西他们能不能用？如果不能用，请你见到穆涛时顺便告诉他，最好把诗寄还与我。

非常感谢你的来信。这些年来你一直为诗歌劳作，大家有目共睹。"让一个书呆子与命运交锋"——我很喜欢你这句诗。这为什么不是我写的诗？！

希望我们以后常联系。

眼见得新年将至。祝你来年精进！

西川

1992 圣诞节前

邮　戳： 1993.2.1 北京
　　　　　1993.2.4 河北石家庄
信　封： 河北省石家庄市河北师范大学中文系　050016
　　　　　　　　　　　　　　　　　　　　　　陈超
　　　　　　　　新华社《环球》杂志社　西川
　　　　　　　北京市宣武门西街五十七号　100803
信　纸：《环球》杂志稿纸

陈超兄：

祝鸡年大吉！

你要我挑10首我自己满意的诗，这让我感到为难。以前我自己也曾试着想挑出10首诗，但挑来挑去，总挑不满10这个数字。我不是那种吹牛不上税的人，敢于夸口自己已经写作多少多少诗能够永垂不朽。我知道什么是好诗，否则我白读了这么多年书。

如果不是过于挑剔，那么总的说来自己比较满意的诗有如下几首：

①《夕光中的蝙蝠》(《倾向》第3期，另见《九十年代》1991年卷和《一行》第18期，没有正式发表过。)

②《一个人老了》(《人民文学》1992年4月，另见《诗刊》1993年1月)

③《十二只天鹅》(同上。《人民文学》发表时把"纯洁的兽性"误排为"纯洁和兽性"，望订正。)

④《预感》(《北京文学》1992年8月,另见《诗神》1993年1月)

除上述四首外,我比较满意的还有:

⑤《动物园》(《九十年代》1991年卷)

⑥《书籍》(《九十年代》同上,另见《诗神》1992年9月)

⑦《往世书》(《创世纪》1991年1月第82期,又见《山西文学》1991年12月)

⑧《为海子而作》(《倾向》第3期(后有改动),《作家》1993年2月)

⑨《为骆一禾而作》(《作家》同上)

为了凑足"10"这个数目,再加上:

⑩《眺望》(《创世纪》第82期,或《人民文学》1991年1月,但《人民文学》发表时最后一行被编辑改了,应为:"我们正被秋天的阴影所覆盖"。)

以上我列的10首诗,前4首为要。这些诗,任你选择。不知90年以前的诗收不收?若收,建议收入《七个夜晚》(《花城》1990年4月)和《长期以来》(《发现》第1期、《中国作家》)①)。

这些诗最好按如下顺序排列:《夕光中的蝙蝠》《十二只天鹅》《动物园》《书籍》《往世书》《为海子而作》《为骆一禾而作》《一个人老了》《七个夜晚》《长期以来》《眺望》《预感》。当然,一切最终按照你的意见

---

① 原文如此。——编者

办。我的建议仅供参考。

希望这本书早日出版。

下次来京,一定到我家来玩。咱们好好谈谈。

西川

1993.1.24

注:陈超让西川挑出自己最满意的10首诗,是为了编选《以梦为马——新生代诗卷》,该诗选由北京师范大学出版社在1993年10月出版。诗选中,陈超选用了西川的7首诗,其排序和西川在信中所列诗作的排序完全相同,只是没有收入《为海子而作》《为骆一禾而作》《七个夜晚》《长期以来》《眺望》这几首诗。在《编选者序》中陈超如此评价西川的写作:"西川是纯粹的诗人,是对诗歌本体内部各种复杂性体会至深者。他处理各种题材,或宏或细,或直接或曲喻,很少失去稳健。如果他没有发生整体性影响的话,至少是深刻激活了中国现代诗对'纯诗'的心向往之。西川几乎一开始就表现出谦逊的、有方向的写作,但这绝不意味着他诗歌的小心翼翼、四平八稳。他的诗确立了作为个人的'灵魂'因素,并获具了其不能为散文语言转述和消解的本体独立性。"

邮　戳：1993.7.30 北京
　　　　　1993.8.1 河北石家庄
邮　票：北京民居（8分）
信　封：河北省石家庄市河北师范大学中文系　050016
　　　　　　　　　　　　　　　　　　　　　　陈超
　　　　　北京东城中央美术学院外语组　100730
信　纸：新华通讯社稿纸

陈超兄：

你好。你是否已经放假？我已放假了——到学校还没上过课，却先放两个月的假，天底下再也找不到这么合适的事了！我的新地址是：北京东城区校尉胡同5号中央美术学院外语组，邮编100730。信也可以寄到家里：北京火车站西街后沟二号内北平房，邮编100005。我家里没有电话，只有一个传呼电话：5242008，但这个电话只能白天打，5点以后传达室的老太太们就下班了。

《悲剧真理》你要发就发吧。反正现在我也缺钱用。不过，《现代汉诗》上的文章有一些打字上的错误，你若发现就请你随手更正过来（如"荀子"的"荀"打成了"苟"，"冯友兰"打成了"冯有兰"，庄子《齐物论》"苶然疲役"变成了"恭然疲役"，等等）。

随信寄上我的另一篇文章《在路上》，是讨论西方文学史的。以前似还没有从"在路上"的角度探讨过西方文学史。柏桦看过这篇文章以后认为我的观点相当新颖。不知《文论报》会否登这类文章？这篇文章曾在肖开愚(编的)《反对》上登过,从未正式发表。

下次来京到我的家里玩。

西川

1993.7.28

邮　戳：1996.8.27 北京
　　　　1996.8.30 河北石家庄
邮　票：福建民居（1元），奥运百年暨第二十六届奥运会
　　　　（20分，2张）
信　封：河北省石家庄市河北师范大学中文系　　050016
　　　　　　　　　　　　　　　　　　　　　陈超
　　　　　　　　北京中央美术学院外语组　　100015
信　纸：《环球》杂志稿纸

陈超兄：

　　来信收到。寄上《厄运》和《与弗莱德·华交谈一下午》。《厄运》写得已经不太像诗歌了，所以我有点不安。如果你对这篇"四不像"不满意，就请把它退还给我。我已经很长时间没翻译过什么东西了，诗论也很少写。写好的"诗论"我都已寄出。

　　你近来怎么样？肯定又写了许多东西，读了许多书。看到别人的新作我总是既羡慕又嫉妒，而我自己几乎没有时间坐下来定定神。

　　10月份我要去加拿大访问一个月，此前有许多事要处理。我害怕耽误了《北回归线》的稿子，所以现在就把稿子寄给你。

　　祝你一切都好。

　　　　　　　　　　　　　　　　　　　　　西川
　　　　　　　　　　　　　　　　　　　1996年8月24日

邮　戳：1997.5.29 北京王府井
　　　　1997.4.1 河北石家庄
邮　票：福建民居（1元），四川民居（50分）
信　封：河北省石家庄市河北师范大学中文系　050016
　　　　　　　　　　　　　　　　　　　　　　　　陈超
　　　中央美术学院　北京东直门外西八间房万红西街2号
　　　　　　　　　　　　　　　　　　100015　西川
　　　（信封背面有陈超的记事：5814418　回铁凝电话）
信　纸：《环球》杂志稿纸

陈超兄：

　　你好。收到你4月20日的来信后我非常高兴，这不仅是因为你对我的褒奖（我不否认我的虚荣心），也因为你使我感到我们之间友谊的珍贵。你信中提到我把《广场上的落日》一诗改糟了，看来如将来再有机会出版此诗，我得恢复此诗从前的旧貌。我也听到其他人对我改动此诗的意见，我大概做了一件蠢事。将来我是否应在《广场上的落日》诗后注上一条：我是听了你的意见才将此诗恢复原状的？事实上，你是我最敬重的批评家和诗人。在你身上蕴藉着对于思想、历史、文化、艺术的广泛关怀，而这却是其他一些搞批评的人所不具备的。阅读其他人的批评文章时我总有一种气短的感觉，那其中只有临时性的策略术语，却没有对于文明的穿透，因而看不出作者的知识品位、灵魂修养和个人创造力。

《隐秘的汇合》(本名《汇合》,出版商在"汇合"二字前加上了"隐秘的"三个字,说这样好卖),收的多是我在写出《致敬》之前的作品;有些作品虽然在写作时间上晚于《致敬》,但在写作路数上倾向于从前,所以辑为一册。这册诗集当然以《汇合》这篇作品为核心,反映的是我80年代中后期到90年代初期的艺术追求。我后来寄你的《虚构的家谱》(想必你已收到)中的卷一,则如我在该书《简要说明》中所言,要混沌和开阔得多,那些诗纳入了更多的个人经验,并将个人经验与文化立场结合起来,该书卷二部分纯系个人纪念性质,除了《天籁》和《在哈尔盖仰望星空》,几无可读之处。我在90年代写的几首"另类"作品如《致敬》《芳名》《近景和远景》《厄运》(我后来将《厄运》又重写了一遍,对质量已有了点儿把握,刊登在《北回归线》上的《厄运》只算个草稿)等,被我收入今年晚些时候将由湖南文艺出版社出版的诗集《大意如此》中(也收了《汇合》和30多首短诗,还有4篇文论,约300页),今年晚些时候我还将出版一本随笔集《让蒙面人说话》(上海东方出版中心,约270页)和一本《西川诗选》(从上述几本书中选出,人民文学出版社,约240页)。我编的《海子诗全编》已由上海三联书店出版(精装,900多页),但样书尚未寄到。到时我不会忘记给你寄上。

由于一直忙于出版事务,我的写作进展得极其缓慢。正在写《鹰的话语》,但感到力不从心。面前的榜样越来越少,可资借鉴的东西也不多。也许是我的设想太大,要处理善与恶、内自然与外自然等问题,因此可能失败。但还是值得一试。这将不是一首诗,而是一篇与"另类"思想有关的作品。我似乎已感到作家是如何把生命一点一点地转移到文字中去的了。

书籍的出版、写作速度的放慢,使我感到有必要检讨一下自己从前的写作,想一想自己将来的写作方向。我甚至想休整一年。由于不着急写,我便读了一些书。上海人民出版社出版的《福柯访谈录》《哈贝马斯访谈录》《德里达访谈录》《布尔迪厄访谈录》我都读了一遍(未读《利奥塔访谈录》),觉得前两种比后两种要有价值得多。福柯代表了法国学界的"拆解",哈贝马斯代表了德国学界的"整合",两人虽有共同之处,但对立之处也很明显。由于我从前一直不自觉地倾向于"整合",因而对哈贝马斯心领神会。但福柯的确是一个带给我们礼物的天才,他使我们熟悉的世界变成了陌生的世界,他使我们的定势思维发生地震,这正是我目前的写作所需要的刺激。不过,我肯定不会像××一样急急火火地向福柯致敬,福柯关于作者不存在的观点是我不能同意的。福柯和德里达从不同侧面对于西方知识系统所做的颠覆工作看来已受到了西方其他一些理论家的挑战。我刚刚读完翁贝托·埃科等人著的《诠释与过度诠释》,感觉极其精彩。埃科力图校正存在于当代西方阅读理论中的"过度诠释"。他阐述了柏拉图、亚里士多德知识系统之外的赫尔墨斯和诺斯替教派知识系统,指出德里达等人与这一隐蔽知识系统之间的关系(我倒对这一知识系统充满了好奇),对我很有启发。

幸亏埃科也是一位作家！我还读了别尔嘉耶夫的《俄罗斯思想》，若要我向什么人致敬，我会向上世纪末本世纪初的俄罗斯知识分子致敬。他们从事的是一种货真价实的工作：找到民族思想的重心（末世论），并把这一重心带向行动（革命）。俄罗斯知识分子完全清楚他们与欧洲知识分子的区别何在，尽管他们接受黑格尔、康德、谢林的哲学，他们却从来没有放弃过他们自己的思想责任。别尔嘉耶夫让我认识到了索洛维约夫的重要性，并使我得以在思想序列中重新认识陀思妥耶夫斯基。此外，我还读了塞拉、索尔仁尼琴、荣格、庞德、罗兰·巴特的传记。古罗马苏维托尼乌斯的《罗马十二帝王传》给我带来了巨大的愉快，他将正史与佚闻并置，展现了不同凡响的语言的魅力。

去年我访问了加拿大，前年我访问了荷兰和比利时（今年11月我还将去法国参加一个国际诗歌节）。我的经验并不像××和××在不同的文章中所揶揄的那种"国际旅行"。我可以和外国作家、诗人直接交流思想，从这种直接交流中我感到自己的知识水平、思想水平并不比别人差，甚至在某些方面我还要强一些。这使我对西方当代写作有了一种比较清醒的认识。此外，与祖国在地理上拉开距离反倒使我更多地关心和思考中国问题。我发现我对中国文化的精髓知之甚少，我始终不太清楚我在中国文化中的位置（不是指文学史上的名头）。从前我读过《陈寅恪的最后二十年》，陈寅恪的诗"吾侪所学关天命"，令我十分感动（最近出版的《心香泪洒祭吴宓》则写得太差，有类演义小说),这句诗让我想到孔子的"天丧予"和韩愈自诩道统的正宗传人。我想我对中国文化缺少这样一种情感和使命感(这已经成了一个可笑的词)。所以最近我一直也在读一些中国或有关中国的书。我刚刚读完两本关于六朝河南陈郡谢氏与山东琅琊王氏的专著。我发现我也许是琅琊(山东临沂,我的祖籍)刘勰的后代。这个发现令我欣喜若狂(我本姓刘)。我曾对中国社会科学院文学所的贺照田说,我要把《文心雕龙》背下来。目前我正在阅读美国人艾尔曼的汉学著作《从理学到朴学》、法国人谢和耐的汉学著作《蒙元入侵前夜的中国日常生活》,也在读西汉桓宽的《盐铁论》和东汉王符的《潜夫论》,还有赵匡华的《中国炼丹术》。但我主要在读钱穆钱宾四的《国史大纲》。钱穆是我最敬仰的国学大师之一,按照瑞典皇家学院马悦然教授的说法,钱穆对中国文化充满了真正的"温情"。他的历史洞见迥然不同于翦伯赞、郭沫若、范文澜,书中对于郭沫若、顾颉刚的驳斥令我开心,令我获得智力的满足,令我深切地自我检讨。

读了很多书,也准备写几篇文章(关于孔子工作的性质、海洋在中国传统文化中隐晦的位置、巴别塔即世界,等等)。我希望自己的写作对于文化,对于我们的时代生活和思维方式不是毫无意义。对于时下的诗歌写作和诗歌主张,我越来越不满意,甚至反感。其不正之处主要有两端:一个是追求现世现报,以临时性的策略术语武装自己,抢占时代舞台,越是对西方文明不了解的人越是起劲地响应西方学术新动向,致使那么多学中文的人都走到了中文的反面,连专门谈论中文的文章也一概使用西方术语,似乎离开了"话语""语境""小叙事""权力""及物不及物"、德里达、福柯、利奥塔、罗兰·巴特就谈不了中国的事,似乎谈论这些东西的人的知识背景是希腊文、拉丁文、英文、法文、德文、柏拉图、亚里士多德、逻各斯、《圣经》、阿奎那、笛卡尔、斯宾诺莎、康德、黑格尔、叔本华、尼采……但我敢肯定他们对此知之甚少。因此可以说种种时髦的理论修辞的泛滥已经到了恬不知耻的地步。这有违知识分子自我反省、自我怀疑、自我批判的道德传统;另一个不正之处是只知有文,不知有道,在写作与思想之间、写作与哲学之间、写作与历史之间、写作与文化之间、写作与伦理之间,甚至写作与语言之间(这说起来荒谬),既无发现,更无创获。"昨天追随聂鲁达的人/今天追随巴列霍。"(聂鲁达诗句)昨天艾略特、瓦雷里、里尔克之风吹过,今天布罗茨基、山姆斯·希内被迎进了神龛。后二人关心时代问题的细节不错,却不知怎的鼓励了我们的诗风与人格趋向于猥琐。"一叶障目,不见泰山",知道这一点还好,要是把树叶子当成了泰山则大错特错了。很少有人意识到自己肩上的语言责任、思想责任,很少有人关心人的智慧,甚至连狡猾都没有。我们没有自己的语言(光标榜汉语写作肯定不行),没有自己的思维方式(连独立判断的能力都辨认不出),一句话,我们行文无道。

大约两个月前，在北京文采阁的一次座谈会上，我与现住北京的孙文波争论起来。他把叙事抬高到一个空前的高度。他在叙事与"九十年代写作"之间画上了等号。似乎叙事霸占了"九十年代"，就可以功成名就。他认为叙事容纳了时代问题、个人处境，叙事关心细节、小处理，叙事是对于不着边际的写作抱负的抵制，叙事是"个人写作"的主要手段。叙事使得诗歌走向真实，叙事克服了激情所带来的弊病……他"宣布"，叙事就是90年代的写作。我当即予以反驳：关心时代生活、个人生存处境是写作的道德问题，也就是说对于那些认真从事写作的人这不成其为一个问题，但是采用哪种写作方式（例如叙事），却纯属个人好恶，不能以某种写作方式来占领写作的"制高点"，这颇有点像站在电视剧的立场上蔑视文学。而所谓"真实"的问题是一个思想问题。谁敢说自己抵达了真实？真实是什么？在我们对真实的观照中有多大成分属于感受,有多大成分属于思辨？接着我谈到自己的一个想法：世间事物具有多重目的性,我们无法肯定我们已穷尽了所有目的。"真实"是我们的一向追求，因此我们无法保证叙事就能达到真实。小叙事、小处理有一种真实的假象，更谈不上它与伦理的必然联系。伦理涉及善恶，这又是一个思想问题，起码当代中国诗人的智力还不足以探讨善恶。独标叙事完全是对于拉金、运动派、纽约派、希内、布罗茨基的颂扬，而无视整个文化系统。事实上，我从不反对叙事，早在90年代初我就对臧棣谈到叙事对于写作的必要性，在

《芳名》中我也大量运用叙事手段，但借着时代生活的理由把叙事抬高到压倒一切的位置则毫无道理。这是一己的好恶，一己的偏见，徒有诗学的外表，却与思想建树、文化建树相抵触。最近我也读了一些文章，那些注重修辞的文章虽然吓人，却缺乏自己的真知灼见。我认为尽管我们的看法、观点可能来自他人，但他人不能代替我们的经验、生命，因而创造力是存在的。一些诗人借助帕斯捷尔纳克、卡夫卡、庞德、奥登、布罗茨基、维特根斯坦、海德格尔来感受中国。

中国当代文化正处在一个岔路口上。我们要么成为骗子，要么成为诚实的人；要么成为白痴，要么成为有理性的人。我们当然企望在文化方面、在思想方面、在文学方面有所建树，但这首先不是为了我们个人的霸权。既然我们自诩为靠脑力吃饭，我们就必须证明我们拥有脑力。在这样一种政治经济的环境中，我们的工作必须具有扎实的品质，看看我们的思想、感受、想象、理智在我们的语言中到底能走多远。这是一种全方位的工作，其难度可想而知。

对不起我把信写得太长了，但许多话不吐不快。

祝愉快。

西川

1997.5.24

邮 戳：1999.1.11 北京大山子
　　　　1999.1.15 河北石家庄
邮 票：莱芒湖·汐雍城堡（50分）
信 封：河北省石家庄市河北师范大学中文系　050016
　　　　　　　　　　　　　　　　　　　　　　　陈超
　　　　中央美术学院　北京东直门外西八间房万红西街2号
　　　　　　　　　　　　电话：4372931　邮编：100015
信 纸：新华通讯社稿纸

陈超兄：

　　收到1998年12月31日的《文论报》。读到你的溢美之词，我心想，什么时候才能为这家伙"两肋插刀"干一回呢？我绝不希望你倒霉，我祝你好运连连。可我什么时候才能向你显示我的"侠肝义胆"呢？你看，生活中真的到处是"两难"！

　　寄上几张照片。有两张挺不错，具有讽喻色彩。如果它们会在哪儿发表，别忘了写上"西川摄"。我只要空头"著作权"。

　　祝99年顺遂。问刘向东好。

　　前些日子河北电视台来了几个人，找我和姜杰。那个摄像说是你的学生。我便慷慨地送了他一本《大意如此》。以后我再见到你的学生，一定要他出示你手写的证明（证明你认他作你的学生），否则我只送他《中国的玫瑰》。

　　　　　　　　　　　　　　　　　　　　　　　西川
　　　　　　　　　　　　　　　　　　　　　　1999.1.9

> **邮 戳**：2002.5.7 北京花家地
> 　　　　2002.5.9 河北石家庄
> **信 封**：河北省石家庄市河北师范大学中文系　050016
> 　　　　　　　　　　　　　　　　　　　　　　陈超
> 　　　　北京市朝阳区花家地中央美术学院外语组　100102
> **信 纸**：普通稿纸

陈超兄：

　　来信附上已写好的文章《内行的工作》，多批评！

5.7

内行的工作

西川

　　在我眼中，杰出的诗人和杰出的诗歌批评家没有高下之分。陈超既是一位杰出的诗人，同时也是一位杰出的诗歌批评家。在他身上，这两个"杰出"也没有高下之分。而且，无论在他进行诗歌创作，还是进行诗歌批评时，这两个"杰出"都互相借重。2002年1月，陈超的两卷本《当代外国诗歌佳作导读》出版（我曾戏称陈超为"两卷本教授"，除了这个两卷本，他还出版过两卷本《20世纪中国探索诗鉴赏》和两卷本《中国当代诗选》），在该书下卷第六百二十三页，他在评论俄国诗人安德烈·沃兹涅辛斯基的诗歌《戈雅》时说道："诗人没有为这些外行的批评而动摇自己艺术探索的信心。"这句话中的"外行"两个字，反射到陈超身上，就成了"内行"。《当代外国诗歌佳作导读》是一部内行人写的书。在这部书中，我们看到的是内行的点到为止，内行的辨析，以及一个饱满的灵魂与众多饱满的灵魂的精神碰撞。

什么样的诗人才算杰出的诗人，在此时此刻此国家此诗歌场域，我不便置喙。但是什么样的批评家（在此特指诗歌批评家，也可推广到整个文学领域的批评家）才算杰出的批评家（或者把标准降低到"真正的"批评家这个层次），确有必要探究一番。欧阳江河把他瞧不上的批评家称作"县团级"批评家，此外，我们耳熟能详的还有"小哥儿们"批评家、"小霸王"批评家、"闹事"批评家、"附庸风雅"批评家、"知其不可说而说之"批评家、"知其可说而不知说什么好因而乱说"的批评家，当然还有"迫于职称压力"的批评家，等等。这些人，在进行诗歌（或文学）批评时，既没有"艺"的直觉，也没有"思"的精神，也没有"史"的眼光。"艺"在某些人看来，是不需要训练的，你直觉到了就是到了，你直觉不到就是不到。我本人没那么绝对，我认为"艺"也有训练的成分，尽管训练不是"艺"的全部。我还认为，陈超的诗歌中既有直觉的成分也有训练的成分，这保证了他《当代外国诗歌佳作导读》这部书在选材上的成功。不管你怎样看待"艺"，你肯定会同意"思"和"史"都需要训练和修养，因为这是理性的活儿，这是精神的活儿，起码是案头的活儿，不是"风头"所能代替的。陈超的《当代外国诗歌佳作导读》虽然在

"史"方面有所用力，但似乎更侧重"思"，这与他在学校讲授"西方现代哲学"课程有关，他把对诗歌的解读放在了现代思想的背景下。不过，这没有成为陈超卖弄学识的借口，他把"思"与踏踏实实的细读结合在一起，并通过这种结合，显示了他对于诗歌文本的尊重。

严格地讲，细读与梳理诗歌知识谱系、探究诗歌的社会功能不是一种学问，因为后两者更多属于历时性研究。但在上世纪80年代成长起来的中国知识分子，受到历史生活的推动，倾向于以"史"的眼光来细读，这成就了中国诗歌批评领域中一道特有的风景。这使得诗人与诗歌批评家有了成为思想者的可能（尽管这不一定就是事实）。但是，90年代后期以来的中国诗歌界摆出了一副回归本源（具体说来是回归肉体）的姿态，这使得一些"半普遍问题"成为诗人与诗歌批评者的盲点。我所说的"半普遍问题"介乎"个人问题"（经验）与"普遍问题"（哲学）之间。我看到青年诗人要么只关心个人问题，这使得他们拥有一大堆写作材料，却没有写作对象，因而只能抡圆了大刀劈砍空气；要么从个人问题直接蹿升普遍问题，开口"天人合一"，闭口"道法自然"，愣着青春的头皮为宇宙立法。而在陈超的这部导读中，面对"半普遍问题"成为一种切入诗歌的角度。这不仅体现在他对俄国和东欧诗人如阿赫玛托娃、布罗茨基、赫鲁伯、赫伯特、米沃什等人的解读中，也体现在他对沃伦、毕肖普、奥登、希尼、克劳斯、策兰等西方诗人的解读中。这是陈超的《导读》带给我们的重要启发。

韩东致陈超（11 通）

邮 戳： 1988.6.26 江苏南京
　　　　 1988.6.30 河北石家庄
邮 票： 北京民居（8分）
信 封： 河北省石家庄市河北师范大学中文系　050016
　　　　　　　　　　　　　　　　　　　　　　陈超
　　　　　　　　　　　　　　　　　　　南京瑞金北村
信 纸：《青春》编辑部稿纸

陈超：

　　一直想给你写信，"运河笔会"上你几乎是唯一可以信任的人，我早已把你视为朋友。我在闹离婚，不久便可离成。这件事既复杂又不可言说，我被实实在在地毁灭了一次，活下来真是一件耻辱。无心写信也无心谈诗。给你写信大概有证明自己可以从此为自己生活的意思。三联书店的那本书情况复杂至极，××已和××闹僵。现在先打算自己干，让我给他组诗。我若有心思可能给他组稿。到时候我让他把选中的诗都给你。有些人你不想写，可由你再找人写。兰州的那本还按原来说的做吧。等情绪恢复过来，再给你写。以后到南京来找我玩吧，一定！

　　　　　　　　　　　　　　　　　　　　　　　　　　韩东
　　　　　　　　　　　　　　　　　　　　　　　　　88.6.25

> **邮 戳**：1988.7.26 江苏南京
> 　　　　1988.7.31 河北石家庄
> **信 封**：河北省石家庄市河北师范大学中文系　050016
> 　　　　　　　　　　　　　　　　　　陈超
> 　　　　　　　　　　　　　《青春丛刊》编辑部
> 　　　　当代大学生诗歌大赛组委会　南京瑞金北村
> **信 纸**：《青春》编辑部稿纸

陈超兄：

　　收到信了。

　　寄几首诗给你看。《诗歌报》上的那组诗不是我最好的(除《我听见杯子》外)。我最好的东西发不出，自我感觉又越写越好，这的确是个压力。给你寄的这几首是我最满意的诗里的一部分，不是有意挑出来的，只是手边有它们。这么说是想让你看我作品的全部，但我又不可能尽数抄去。这样吧，什么时候你来南京，我一首一首地拿给你看。我现在越写得自信就越只能要求个别的读者了。大众承认我是另一个意思，与我本人现在的诗歌几乎无干。我直觉上感到你可能是我最好的"读者"。与我的诗同期的《诗歌报》上你的文章我看了，很喜欢。以后有文章是否可以给我寄一些？就写这些。

　　祝好！

韩东
1988.7.24

邮　戳：1988.9.20 江苏南京
　　　　1988.9.23 河北石家庄
信　封：河北省石家庄市河北师范大学中文系　050016
　　　　　　　　　　　　　　　　　　　　　　　陈超
　　　《青春》编辑部（南京市兰园19号　邮编：210018）
信　纸：《青春》编辑部稿纸

陈超：

　　一直盼你信来，因我心目中已把你当成好朋友。《他们》第四期已出，这就从《青春》给你寄去。你肯定我的诗我相当得意，因为是你而不是别人。我零零星星地看过你的一些文章，觉得特别好。唐晓渡、李劼和你三人中选择，我举双手赞同的只能是你。……读你的文章是一种享受，只是我很少有这样的机会。你能否给我寄一些来？等我的新诗抄出来后一定再给你寄。现在我只能说是为几个人而写作了。

　　我的情况一般，丁当来此住了几日。下次你来南京来找我玩吧！好！

　　　　　　　　　　　　　　　　　　　　　　　韩东
　　　　　　　　　　　　　　　　　　　　　　1988.9.14

邮　戳：1988.10.21 江苏南京
　　　　　1988.10.24 河北石家庄
邮　票：北京民居（8分）
信　封：河北省石家庄市河北师范大学中文系　050016
　　　　　　　　　　　　　　　　　陈超
　　　　　　　　　　　　　南京瑞金北村
信　纸：《青春》编辑部稿纸

陈超：

　　信收到。我那几首诗是专门寄给你看的。给《诗神》当然可以，但我已记不清是否已经外投过了。多发一次也不为多，只怕你为我受过呢。于坚来信，不喜欢《他们》上我的诗。我的读者越来越少了。于坚喜欢长的、大的。他改诗总是越改越长，而我总是越改越短。有一些话我已写信跟于坚说了。至今我仍然相信真正可靠的立场是绝对个人主义的立场。于坚有一种把个人经验推而广之的想法，想成为某种集体精神的代言人，这样下去很危险。《他们》第五期已开张。以后计划每年两期。你若有合适的文章可寄我。你的东西不愁发表，是否给《他们》文章，看你自己的意愿。有机会来南京，可住我家。

　　　　　　　　　　　　　　　　　　　韩东
　　　　　　　　　　　　　　　　　1988.10.20

邮 戳：1989.12.25 江苏南京
　　　　1989.12.28 河北石家庄
信 封：河北省石家庄市河北师范大学中文系　050016
　　　　　　　　　　　　　　　　　　　　　　陈超
　　　　南京审计学院　南京市凤凰西街239号　210005
信 纸：南京财贸学院稿纸

陈超兄：

收到你的来信了。

寄出《他们》后我一直有一种感觉：你会给我来信的。这和我写诗时潜在的读者形象有关。我总觉得有这样一个至上的读者，我努力取悦于他。我想他读到某处时会由衷地叫好，这样我就没有白写。这个读者既是上帝，同时又具体化为我的朋友，我所信任的那些人。虽然他不具体是谁，但肯定包括了你。虽然已隔三年，我仍记得你的样子，包括我从未见过的你读到喜欢的作品时的样子，就是这个道理。我实际上没有什么理论，只是觉得有话要说。在各处，我那些零星的"诗论"都自相矛盾。但我认为这样挺好。我自称是一个形式主义者也许是因为人们在这方面忽略的太多。最近我给《百家》写的一篇"第三代诗人"的文章则是从主题方面描绘各人相互之间（的）区别的。这个结果连我也没料到。关于我自己的写作，既不在于语言的内部，也不在于它之外。而是在语言与所指事物间发生的那种奇妙关系，或变形、或错位，或最紧密的黏附。说实在的，最让我着迷的还是一种可见的关系。仅仅释义当然不能让我满意，但像××那样恐惧意义也非常脆弱。或像××，诗歌仅仅是一些动人的辞藻的组合。他们都过分武断了，最终不得不向理论投降。我设想的诗歌也许是一种不同的东西，这里可以肯定的是它是一种关系，不仅是语句间的关系，更重要的是语句与事物间的关系。当我们否定了作为工具的语言，语言自身必须从对它工具性质的游戏中产生。除此之外，语言自身无从建立一种关系，它的运动亦不能成立。所以我设想的也许只是一种转移，而语言中所有可变因素都应予以保留。至此，诗歌揭示性的目的在于给出一个独一无二的结构。这样，诗歌就不再是一种语言分裂的产物，它合二为一了，它仅仅是一种新的东西，全新的东西。原谅我的胡思乱想！

很想和你好好聊聊。我这里明年开始好吃好住，欢迎你来！地址仍是瑞金北村，没变。

祝贺圣诞并新年！

韩东

89.12.24

邮　戳：1992.12.9 江苏南京
　　　　　1992.12.12 河北石家庄
邮　票：上海民居（20分）
信　封：河北省石家庄市河北师范大学中文系　050016
　　　　　　　　　　　　　　　　　　　　　陈超
　　　　　南京瑞金北村　210016
信　纸：南京财贸学院备课纸

陈超：

　　来信收到多日了。你的诗,《理想》已用。这本刊物估计明年初出来,主编为刘立杆、朱文。另,上次北大一本"理论"刊物《发现》,是否向你约稿了？最近也要出,编者贺奕、刘春都是我的朋友。

　　感谢你的来信。如此热情地论及我的诗集,十分让我感动。一年多来,我的时间主要花在小说上。从今年夏天起我已辞职在家,专事写作。此举可谓"逆历史潮流而动",因此很可能成为一个"时代的牺牲品"。你知道,我的写作亦不可能以赚钱为目的。好在写出来的东西十之六七能发。最重要的问题仍在小说内部。

　　我的生活的确是一个奇迹,可惜我们自从分别后一直没有机会见面再聊。到目前为止,我的"自我封闭"倾向越发严重,几乎无法正常与人交往。为此十分痛苦。从外表上看,我也越来越瘦。这种瘦不有碍于健康,而且仅体现在脸上。还有一点：我的瘦不可逆转。真不知这种标志性的瘦意味着什么。现在我的日常生活就是上午写作,下午散步,晚上陪伴女朋友,看来似乎一切如意,其实还是危机重重的。我的神经越发紧张,失眠、头痛、晕车(因此我不好旅行),也容易被小事干扰。

诗,我仍在写,不过有一些变化。我的想法也许变得更大,但毕竟不年轻了,转变起来不易。这里的朱文是我的好友,比我小约六七岁,是诗歌上的另一代人。此人最近写了一组《十七首诗谣和半个梦》,异常优秀。这里还有朱朱(六九年)、刘立杆(六七年)一些人,在诗歌上日益成熟起来。另外还有几个写小说的。朱文亦写小说,也相当不错。《理想》可看成他们为自我确立亮出的旗帜。就其阅读而言,我对老一点的家伙觉得大部分已没追踪的必要。他们中我仍感兴趣的只有吕德安和多多。××甚嚣尘上,我对他的"华丽衣裳"深恶痛绝。昆德拉论"媚俗":"这是那样一种需要,即需要凝视美丽的谎言的镜子,对他自己的映像留下心满意足的泪水。"论"现代":"他在抒情的狂喜中向现代世界认同。"

真希望能与你面对面谈话!若有机会一定来南京。今天就至此。

圣诞快乐!

韩东
92.12.9

邮 戳：	1993.2.28 江苏南京
	1993.3.3 河北石家庄
邮 票：	上海民居（20分）
信 封：	河北省石家庄市河北师范大学中文系　050016
	陈超
	《青春》编辑部（南京市兰园19号　邮编：210018）
信 纸：	《南京文艺》稿纸

陈超兄：

节后遇到唐晓渡，说你曾到了上海、杭州一趟，为何不来南京找我玩？也许是离不开大队人马——我为你开脱了。很想念你！虽然你我只见过一次，且通信不多，你亦没有写过我的专论（欠着！），但我总以为若有机会我们会成为真正的好朋友的。也就是说，所有见过的又没再见的人中我最想见的就是你。别人我总是躲着，而他们认为我做作——看来是永远不能理解和原谅了。

你的信我没回，没有原因，手懒。你要了解的有关情况，《今天》去年第一期或第二期（我记不太清）上有我一篇文章《〈他们〉，人和事》说得很清楚，你可设法找来一看。我手头的让人拿跑，至今未追回。

听朱文说他给寄了诗及一些材料，那就更好。此人六七年生，我的好友，将来定是一伟大者，比所知的任何人都有可能。

我的小说写得都不好，今年准备歇一年不写成篇的东西。做些笔记、读书,为日后准备。我真正写得好时会当仁不让的。现在怎么说都心虚得很。

你的写作及出书情况如何?《理想》你的诗决定用出,由朱文、刘立杆主编,我设计封面——你将看到封面是最精彩的。——前面这段话似有一些语病,不管了。

祝新年好!

韩东
93.2.27

邮 戳： 1993.3.31 江苏南京
　　　　1993.4.3 石家庄
邮 票： 上海民居（20分）
信 封： 河北省石家庄市河北师范大学中文系　050016
　　　　　　　　　　　　　　　　　　　　　　　陈超
　　　　《青春》编辑部（南京市兰园19号　邮编：210018）
信 纸： 普通稿纸

陈超兄：

　　信收到，不赘言。

　　寄去"理想青年诗歌奖"文件一份。若同意担任评委请速寄简历一份给我，内容包括出生年月地、学业情况、著述情况、参加诗歌活动情况及现在所担当的工作和通讯地址。若不同意参加评委会也请你速写信告我，我好另择人。如果同意，还请你同时提出1～10人的诗人名单寄我，能有小传更好。等候你的回音。

　　祝一切顺利！

　　　　　　　　　　　　　　　　　　　　　　　　　　韩东
　　　　　　　　　　　　　　　　　　　　　　　　　　93.3.29

另：有关此项活动有什么意见建议，也请告我！

附件(打印):

关于设立"理想青年诗歌奖"的简要文件

① 自一九九三年起设立"理想青年诗歌奖"。一年一度,评选出一位青年诗人(年龄在四十五岁以下)。

② 评选机构:"理想青年诗歌奖"评选委员会。主任韩东,副主任陈寅。评委七人(包括主任、副主任)。其个人简历如下:

陈超:

刘立杆:

刘春:

贺奕:

孙基林:

陈寅:

韩东:1961年5月17日生于南京。1982年毕业于山东大学哲学系。1985年在南京组织"他们文学社",并主编《他们》杂志1~5期。著有诗集《白色的石头》(上海文艺出版社出版)。现辞职在家专事写作。通讯地址:南京瑞金北村,邮编:210016。

③ 评选方式:由各评委分别提出1~10人的诗人名单交评选委员会。删去得票较少的,产生出第一份获奖候选人名单。各评委从第一份获奖候选人名单中选举1~2人,交评选委员会。删去得票较少

的,产生第二份获奖候选人名单。各评委再从中选举1人交评选委员会。若前几名得票相同,可采取议决方式产生出当年的"理想青年诗歌奖"获得者。

④ 评选目的:对出现于我们这个时代的优秀诗人及他们的天才创作给予公开而权威的肯定。为建立当代汉语诗歌的必要秩序和准则做出某种程度的切实努力。

⑤ 评选范围:四十五岁以下用现代汉语进行写作的,人数二十人。不考虑其出版和被现有的诗歌界所接受的情况。

⑥ 评选结果将在第二年上半年的《理想》杂志上公布。同时辟栏刊载评奖委员会的受(授)奖辞、获奖诗人的书面演说、获奖诗人的作品选以及评委们针对获奖者作品及评选情况的评论性文章。

⑦ 由评委会负责募捐,为获奖诗人公开出版诗集。

⑧ "理想青年诗歌奖"的评选活动由"理想青年诗歌奖"评选委员会负责,与《理想》杂志的编务活动无关。

⑨ 所有评委的所有评选工作都是义务性的,暂无酬劳。

"理想青年诗歌奖"评选委员会

(韩东执笔)

1993年3月24日

邮 戳: 1993.5.3 江苏南京
1993.5.5 河北石家庄
邮 票: 上海民居（20分）
信 封: 河北省石家庄市河北师范大学中文系　050016
陈超
南京瑞金北村　210016
信 纸: 普通稿纸

陈超兄：

寄去首批候选诗人名单，请你选举1～2人，尽快寄我。

针对获奖者的评论性文字你当然可以不写。我想说明的是：如果你愿意写，形式、长短以及倾向均不受限制。你只代表作为评论家的个人，或针对一首诗或针对一个发现或由此说开去均可。在这样的文字中你依然可对自己的名字——伟大的"陈超"负责。总之，我十分乐意给你提供某种微不足道的"机会"。对这个奖我的设想仅是一个"有其特色的小奖"，搞大了各方面都将受其所累，反而会导致失败或短命。它的开端并不要求显赫，以持久见长。我想在某种明确而隐蔽的倾向中坚持评价诗人，为他们出书（目前这笔欠款一万元已落实）。鉴于以上考虑，我思虑再三，决定不将××列入评委。这对他不构成一种"缺席"，反之则会带来一种不和谐。《现代汉诗》评出了孟浪，实在是另一种方向（我曾拒绝参加投票）。此举望你能理解。不多谈。十分想念。

好！

韩东

93.5.2

附：

第一届"理想青年诗歌奖"评委提名名单

陈超提名：

吕德安、西川、柏桦、欧阳江河、默默、万夏、陆忆敏、于坚、翟永明

刘立杆提名：

于小韦、吕德安、张枣、多多、蓝马、丁当、小海、欧宁、朱朱、杨键

刘春提名：

吕德安、张枣、柏桦、陈东东、朱文、杨黎

贺奕提名：

吕德安、于小韦、杨黎

孙基林提名：

于坚、丁当、小海、于小韦、吕德安、王寅、杨黎、翟永明、西川、唐亚平

陈寅提名：

吕德安、丁当、于坚、王寅、黄灿然、朱文、欧阳江河、陈东东、郑单衣

韩东提名：

于小韦、吕德安、多多

第一届"理想青年诗歌奖"首批候选诗人名单

（根据各评委提名名单，删去只得一票者）

吕德安（7票）

于小韦（4票）

杨黎（3票）

于坚（3票）

张枣（2票）

柏桦（2票）

陈东东（2票）

朱文（2票）

王寅（2票）

欧阳江河（2票）

西川（2票）

翟永明（2票）

小海（2票）

多多（2票）

> **邮 戳**：1993.6.5 江苏南京
> 　　　　1993.6.9 河北石家庄
> **邮 票**：上海民居（20分）
> **信 封**：河北省石家庄市河北师范大学中文系　050016
> 　　　　　　　　　　　　　　　　　　　　　　　陈超
> 　　　　南京瑞金北村　210016
> **信 纸**：《青春》编辑部稿纸

陈超兄：

这么迟才给你去信，请原谅。

你要求的那篇文章我的确已经写了，后因遇上我想法上的一个变化被迫中断。为了写小说我已经牺牲了一千首好诗（三至五年的工作量），本以为诗以外的文章还是可以写写的，不料这样依然不成。我必须让小说来淹没我，否则就死路一条了。真正重要的的确不是"生活"，而是用小说的方式去看待所有的一切，这正是我以及当今的小说家们所缺乏的。我们没有一个完备的小说世界的童年。我得从头干起，一切是多么的遥远而无望呵。请你一定原谅我！

第一份候选人名单的投票（结果）已经出来了，如下：吕德安（七票）、于小韦（四票）、朱文（二票）、西川（一票）。请再选出一位，速寄我。

于小韦的诗并非他本人寄给我的。而是我看你的提名中没有他的名字就让一个朋友复印了于的诗寄给你一份。上封信忘记提及了。于是一个伟大的诗人,而且有着种种比其他诗人更严重的被埋没的可能性,让我心悸。基于这样的考虑我愿意向你提及他。

《理想》六月下旬出来,校样已看过了。你的那首"博物馆"真的很不错,反正,我很喜欢。

何时能来南京?

好!

韩东

93.6.3

邮戳： 1993.8.8 江苏南京
　　　　1993.8.12 河北石家庄
邮票： 上海民居（20分）
信封： 石家庄市河北师范大学中文系　050016
　　　　　　　　　　　　　　　　　　陈超
　　　　南京瑞金北村　　210016
信纸： 江苏省档案科学研究所稿纸

陈超兄：

　　来信及报纸都收到了，谢谢你。

　　关于小说，我尚没有发言权，而且这件事正在进行中，我不便脱出来做一番审时度势的研究。你知道我仍然爱着诗，所以相信小说不过是这个时代里的一种史诗。史诗以小说的形式出现，这便是我的发现。我还想说一句：如今小说形式以外的"史诗"，都具有某种程度上的不可理解的虚假性。

　　《理想》已改名为《诗歌》。第一期拖至今天，估计九月份能出。以后每年两期。你有什么作品（诗或论文）给我寄来。

　　我的电话已装：4484367 或 7715944，打两个号码以下午五点钟为界。

　　好！

　　　　　　　　　　　　　　　　　　　　　　韩东
　　　　　　　　　　　　　　　　　　　　　　1993.8.6

陈超致王家新（11通）

信 纸：《诗神》稿笺

家新兄：

您春天好！

来信收到，像过节一样高兴。

您的诗还是如此宽阔、正义、精微，让我感动。我已将《海边孤独的房子》交给《诗神》，估计很快会发出来，到时给小沈寄。

最近我在写一本书，有关现代诗与现代人生命关系的，暂定名为《生命诗学》。我不想仅仅涉及艺术，更想涉及生命哲学、宗教、文化和青年的自杀问题。如果顺利，这本书年内可出来，是出版社的约稿。

小沈的诗的确挺棒。这次我去北京编《现代汉诗》已将她的一组诗编入，估计会引起一定反响。

国内现在情况很好。大家的写作是自动的。但是，对我们的考验更严峻了。在这种失重的自动悬浮下，我们究竟还有没有可靠的根来维系生命和文本？艺术难道是"自动"的产物吗？最近，我写了一些文章在回答这些问题。《诗歌报》第二期（也有你的一篇），也是其中之一。

您写的地址不清晰，我很担心您收不到这封信。下次写信地址一定要工笔写清。我不懂外语，全凭照猫画虎地描。再谈。谁知您是否能收到此信。

紧握

您忠实的老朋友：陈超

1992.12.18

> **邮 戳**：1993.8.9 河北石家庄
> **信封**（航空）：河北省进出口贸易公司
> 　　　　HEBEI IMPORT & EXPORT CORPORATION, SHIJIAZHUANG P.R.CHINA
>
> 　　　　　　　　　　　Wang Jia Xin
> 　　　　　　　　　　　26 Teesdale Road Leytonstone
> 　　　　　　　　　　　London E11 1Na.U.K（英国）
> 　　（注：因为陈超学的是俄语，不懂英文，所以这个地址个别的英文原拼写有误）
> **信 纸**：河北师范大学稿纸

家新兄：

你好。来稿拜悉，非常高兴。读着它们，仿佛又回到了九〇年秋夜在你家彻夜长谈，你就坐在我对面，一种无拘无碍的彻骨交流，在我的生命中成为永恒时刻。

这几年，我仔细读了你在国内发表的文章和诗，我由衷感到，你比我等走得更广阔、深入、成熟、坚定。朋友们相聚，你是一个经常的话题。大家想念你，敬重你，为你骄傲！在这样一个意志障碍的时代，身居国外的你，坚持着艺术的精进、智力的深展，堪称榜样。我常想，什么时候你能回来一趟，看看铜臭逼人的今天，看看昔日的朋友们精神上奇怪的迁徙，也看看仍有少数人坚持着严峻、纯正的艺术理想。那时，你会感到有另外一种"40 个问题"，正空前急迫地放在了你的面前。

你"回答陈东东的 40 个问题",我认真读了,很受震动。深刻、求实、诚恳,更重要的是,你几乎为一个时代提供了"证据"。在遥远的异邦,你思索着噬心的一切,令人感动、猛省。你对海外中国诗人、刊物的评说,我认为是一针见血的。我可以想见这一切。

今年我为《诗歌报》写专栏,主题集中在现代诗本体依据与揭示生存／生命的至切关系上。我的用心在于反对目下诗坛种种机会主义的考虑,不管其是以"纯诗"出现,还是以什么"后现代"面目出现。这些文章已引起广泛关注。无论如何,我反对将诗降格为士大夫式的快乐行当,在坚持纯正理想的同时,绝不放弃诗歌揭示生存／生命的立场。寄上刚收到的一篇文章,供兄批评。再写吧。亲爱的朋友,我盼望你的归来!

紧紧拥抱

陈超

1993.8.6

注:此时正值王家新旅居英国期间(1992—1994),陈超这封信是寄到伦敦的。

信 纸：河北师范大学稿纸

家新兄：

你好！

前几天给你寄的《以梦为马——新生代诗卷》一书，想已收到。

文章写出了，寄你审读。我选择了《日记》和《诗》，它们是绝唱。《卡夫卡》和《帕斯捷尔纳克》我也同样热爱，但我想，写起文章来，恐怕得涉及此二位的大背景——否则说不清——那就越出所要求的一千字。只好割爱。

对这两篇文章，我心里没大把握。因此，如不堪用，还来得及找人另写，我们是真正的兄弟，不必挂怀。

去年以来，我几乎未写东西。笨得不可言喻。加上家事乱如麻，心情沮丧得很。这些，见面我们再细谈罢。唉。

原来对《诗》的处理，也采取了细读分析。后来发现越写越长，就删成现在的一千字。我想，这样也好，重点突出。我认为，你是中国极少数进入"心象"写作的诗人之一。你对诗人们的影响，正逐渐显示出来。

先写到这儿。再写。

问小沈好！

陈超

1994.4.20

信　纸：普通稿纸

家新兄：

您好！这二首诗的评赏文章，我已于 20 日发快件寄往北京。它的丢失，让我痛心。现在发稿迫近，只好重写。也不知匆忙中是否能写好，如不堪用，即可弃之。郑重拜托。

我之所以没写《卡夫卡》《帕斯捷尔纳克》二首，是因为一写就得交代此二人的背景，篇幅就太长了。而《诗》也是我最喜欢的之一。

我写东西一般不留底稿（写坏就换稿纸），所以上次的文章丢得太彻底了。这次事，更坚定了我买一台电脑的决心，也算塞翁失马吧。

不知你教学忙不忙，如能抽出时间，还望到我家住几天。石家庄离北京太近了，三个小时的火车，抬脚就到！再写。收到稿，来一短信。

紧紧握你的手。向小沈致意。

兄弟：陈超
1994.5.11

注：陈超信中所提及的两篇评论是《心象——读王家新的〈诗〉》《从"写作中开始的雪"——读王家新的〈日记〉》。1994 年 4 月 20 日陈超寄

给王家新的信件,二人以为不慎丢失——其中即包括这两篇文章的手稿,所以陈超不得不接连几天重写了这两篇评论。事实上陈超发出的这封信是邮局按照慢件处理的,好长时间才到北京,以致陈超写了两稿。重写的两篇评论随此信一并寄王家新。需要说明的是,这两篇文章在《诗探索》1994 年第 4 辑刊出时有一定改动。

信　纸：河北师范大学稿纸

家新兄：

　　您好。来信收到,《谁在我们中间》也读了。我越来越感到你的精进,而对我自己越来越缺乏自信。说实在话,我的意识背景只停留在存在主义阶段,个人方式则多年旋转于审美感受的抒写。从方法论上,并没有真正进入本体范畴。这一代批评家,的确有许多缺陷,要么固执于社会学性质的阐释、猜测,要么固执于技术炫耀。而真正的集大成者,还有待来日出现。我现在准备不足,对诗歌内部复杂性的认识欠缺,因此,只能先加强"思考"的力量,但终究要真正进入本体。我几年来写了一些诗,就是想从"创作"上体会一下我不具有的创造力形态。想通过一个时期的诗歌写作,以求达到"内行"的水准。

　　《谁在我们中间》我很喜欢,但一时说不好。它给我的启发和撞击是大的。我感到你已甩开众人,独自与巨大而抽象的命题搏斗,有了自己的隐语世界,个人的乌托邦。另外,我感到你对"写作"本身的追索,已不同于简单的"生命体验"式的旧视角,而是更客观、俯临,使之彻底对象化了。沿着这种方向,你的写作是丰富的、"不洁"的、广阔和复杂的,对,我现在已意识到"不洁"的魅力。

　　欧洲之行,在某种程度上使你成为"另一个"诗人,但我想,这一切都由最初的你发展而来。我等着读到你的诗、文,它们总给我带来陌生和警醒。

最近我又开始昏忙,是应河北一家出版社之约,编一本当代诗选(1949—1993),估计 90 万字。如果顺利,年内可出,到时寄你批评校正。问小沈好！王岸长得多高了？

非常想念！

陈超
1994.5.25

信 纸：河北师范大学稿纸

家新，我的朋友！

　　我们两年没有见面了，但我常常想念你。你的形象，你的诗，在我的精神生活中有永恒的位置。我是将你当作我最好的朋友的，在新的一年开始之时，你的愿望就是我要祝福的。

　　国内诗界近期又趋活跃，但实质性进展还不显豁。这些可能你亦了解一些。其中最令人担忧的是美文倾向和虚构的"后现代"倾向。在这种经济暴力更凶猛来临时，我多么希望能够有更多的你这样的好兄弟，一切坚持高迈纯正的伟大艺术啊。近两年，诗坛虽也冒出一些新人，但有建树的不多。基本水准没有超过八七至八九年的现代诗。国外的情况你更了解。总之，我对诗歌情势又担忧又充满信心。你的《守望者》指出的一切，现在仍然是尖锐、急迫的。当然，除了"在风中坚持"外，现在更多了一些甜丝丝的淫雨，这是双重考验和压迫。

　　我仍在河北师大教书。最近开始写诗。我想，长期不创作，恐怕诗学研究也不会有什么结果。这已被证明。你出国后的一切，我都不太了解，有时听朋友说你的状态越来越好，真为你骄傲！我多次想给你写信，但不知地址。等小沈给了我地址，我们再好好聊。

问候北岛等诗人朋友!

紧握你的手

忠实的陈超

1994.12.24

> **邮 戳**：1995.5.26 河北石家庄
> **信 封**：北京西罗园海户西里 517 楼 924 房　100077
> 　　　　　　　　　　　　王家新兄　收
> 　　　　　　　　　　　河北省进出口贸易公司
> 　　　　　　　　　河北省石家庄市机场路 16 号　050071
> **信 纸**：河北师范大学稿纸

家新兄：

　　您好。《卡夫卡的工作》收读。读你的文章总是给我内在的震动，倒不仅仅因为它们的求实、深刻、信息量大，更主要的是这是你个人的洞烛、发现，一种个人私语式的深层研究。

　　像许多你的文章一样，这篇文章涉入了真正内行才能说出的写作底里。我深深会心的是，你对写作是整体包容的研究，而不是拘于"体裁"之类。其实，你近年的写作也在逼近这一目标。对卡夫卡，我看过许多资料，但从写作这一端进入，这是给我启发很致命的一篇。我相信，它的发表会成为一个新的文本"事件"，引起人们的关注和思考。

　　不知诗会的事进展怎样？争取同行！

　　紧握

　　　　　　　　　　　　　　　　　　　　　陈超
　　　　　　　　　　　　　　　　　　　1995.5.23

信　纸：普通稿纸

家新兄：

　　您好。前不久去北京万圣书园"讲座"，给你打了一系列电话，都没人接，很遗憾。

　　杭州的《北回归线》要出新的一期。我应（梁）晓明、刘翔、（耿）占春之约参与编辑工作。这本刊物编稿、校对均以精审著称，我很乐意参与。

　　我希望得到你的大力支持。诗，诗论均可。"诗人与诗人的对谈"一栏由我主持，如果方便，请你找一个合适的诗友搞一个对话给我。如无合适人选，你可自问自答搞一场"自我对话"。稿子寄我或直接寄刘翔均可。

　　再写。盼复。

　　我正上函授课，不多写了。

　　紧握

陈超
1996.8.9

附《北回归线》约稿函：

尊敬的<u>家新</u>先生(女士)：

您好！

《北回归线》是一份纯诗的民间内部交流刊物，由浙江诗人们筹资合办，至今已出四期。它是一份较好的前卫诗刊，在全国诗人朋友们的关心和帮助下，它的步伐显得更稳健了。

《北》刊1996卷(总第五期)已开始组稿。我们盼望您能寄来大作，若能如愿，我们将不胜感激！

《北》(五)设主要栏目为：1. 诗人自选诗　2. 诗论　3. 诗人与诗人的对话(陈超主持)　4. 诗与思的对话(耿占春主持)　5. 翻译

来稿请于1996年9月30日前寄至杭州市米市巷万物桥21号公安宿舍刘翔处。

《北回归线》编委会

1996.7.20

信 纸：普通稿纸

家新兄：

好。来信收到。这些诗给我带来了阅读的欣悦,你是眼下极少数不断精进的诗人,从精神到语型,历经了专业化的淬砺,既成熟又饱蕴活力,并有自己的主题。比照之下,现在许多优秀的诗人,其写作长久依恃于即兴,写了一大堆诗,没有根茎只有"花朵"。作为专业写作(就此词的更本质含义而言,非指"职业"),长久下去是致命的。

这一段我很少动笔写诗论。倒是蠢蠢欲动想涉足小说评论。小说引起了我极大的兴趣,读小说让我想说话。如果我写了文章,会寄你批评。不知你到美国是定居还是读书?我真不想让你走,我有些惆怅,国内又少了亲爱的兄弟……

稿子我转给刘翔。再写。

握手

陈超
1996.8.25

信 纸：普通稿纸

家新兄：

你好。"对话"收读，颇有同感和收获。你近年来的一系列文论，我认为非常重要，它们给诗坛、诗论界带来了有力而明确的启示。作为诗人，你的理论和批评也堪称一流。我一直认为，理论上一塌糊涂的诗人，其创作也是可疑的。我喜欢辛格的一句话："在一切事情上我相信'天佑'、奇迹，但写作是唯一例外。"不是说理论素养会成就一位诗人，而是有没有这一背景，写出来的东西最终是不一样的。

我想将此文亦寄到刘翔处，看能否赶上编入《北回归线》（因截稿至九月中旬），估计能赶上。

快过节了，祝你一人也过得快活。

紧握

陈超

1996.9.26

信 纸：河北师范大学稿纸

家新吾兄：

您好。我从大连回来了，玩得很开心。知道你选了我的《当前诗歌的三个走向》，很高兴。但此文是由(耿)占春从《北回归线》上转《莽原》的，有诸多删节和错排。(除)删节处难以弥补外，错排的地方关键处我告诉你，请你在校样上帮我改正：

① P190 最后一行，应为"在二流岁月写一流岁月的诗是可疑的"。

② P191"第三个走向"中，引诗应为"沧海月明珠有泪"。

此文首发于 1996.11.1《文论报》，后才发表于《北回归线》和《莽原》。如何落出处，你随便。

我与唐(晓渡)、欧阳(江河)三人的《对谈》，你只有上部，我回来看了一下，它已较为完整了。考虑到书的篇幅，可能也只能容纳这么多。在北京听你说要将校样寄作者自校。不知时间能否来得及？这样最好。如果时间太紧，也不必都寄作者，你与(孙)文波、(唐)晓渡等分着看一下也可。

茫茫诗坛，有多少值得我们花费气力去想、去写的东西。但令我惋惜的是，××等人不断抛出一个个蠢问题。这些问题令人啼笑皆非，还必须回答。否则会贻误一代诗歌读者。我们是不得已而与之

"接触"。中国诗坛的世纪之战,想必至少会延伸到年底。但愿我们轻松"应战",保持一个快活的心情,谈笑间灰飞烟灭。

我刚回来,先匆匆写几句。笔漏油,只好写得飞快。字体"鲜活"了些,符合××要求。

颂　夏琪

并问(孙)文波好!

1999.8.14

王家新致陈超(9通)

邮　戳：1990.7.14 北京
　　　　 1990.7.16 河北石家庄
信　封：河北省石家庄平安南大街省水利勘测设计分院
　　　　 072000
　　　　　　　　　　　　　　　　杜栖梧　转
　　　北京西单白庙胡同 11 号　　100031
信　纸：《诗刊》社稿纸

陈超兄：

好！上次建中（注：即诗人林莽）从你那里回来的当天，即到我家来了，他带来了你的关心，我是很感谢的。

几件事的连续发生，也几乎到了难以承受的地步，后来一想，这些也出之必然。这或许也是我们要承担的"命运"，也就坦然了。诗人和这个世界打交道，本来就是一个错误，因此情况到最后，无论是好是坏，我也就从中解脱了，踏实了。我们所要求的并不多，有书，有一张桌子，奢侈一点，有点音乐，也就够了。工作的事，无非是因为家小在。

因此让人放心，我会挺住的，起码从精神上。这一段我在读海德格尔、维特根斯坦，此外在主（重）编一个（本）《光明的对称：二十世纪外国诗人》，这几天我在写一个序言，把自己的所读、所感、所悟清理一下，摸着石头过河，或用维特根斯坦的话来说："通过可思考的东西向外推移,从而确立不可思考的东西的界限。"并且,这也是和十九世纪浪漫派的一个重大区别。

工作问题,尚未定下来,我也在联系,有一家出版社已接受,但我想到一个搞学问的地方去,真正能静下来。这些年我也太累,白白花费精力。

伊蕾一同到我家来过,她来是打官司的。目前不可能有结果,其实也无所谓输赢,"拖住就是一切"。

你近况怎样?念中。

你送我的"辞典",马高明要去了,要去就不还我了。如你处尚有,不知能否再送我一册。如没有,就再说。另北京书店已有了《镜与灯:浪漫主义文论及批评传统》。你在那里如买不到,来信,到时我给你寄去。

好,再联系。

握手!

家新

7.14

邮 戳：1990.12.21 北京
　　　　1990.12.23 河北石家庄
信 封：河北省石家庄市河北师范大学中文系　050016
　　　　　　　　　　　　　　　　　　　　　　陈超
　　　北京西单白庙胡同 11 号　100032
信 纸：《诗刊》社稿纸

陈超兄：

我从四川回来,收读了你的信,我非常感动！也许,唯有爱和朋友间的相互激励,才是我们承受更大孤独的保证！

这次我到湖北十堰参加一个诗赛发奖活动,之后到四川去了十天,和一帮写诗的朋友在一起,像欧阳江河、孙文波、肖开愚、石光华、钟鸣等。石光华与我同行到北京,就住在我家。他走后我家又来了治病的亲戚,因此拖到今天才给你回信。其实信又能说什么？索性寄上二首刚写出的诗（尚未改定）,你从中更能看出一些东西。

我的情况是肯定要离开《诗刊》,××他们一上来就难以容下我,后来连作家协会也认为他们做的太不像话,这才把工资给我延到年底,我现在也没去取。道不同则不相与谋,我也无所谓了,大不了家里呆一段时间。只求治得彻底、沉着。这几个月来,除了外出外,也一直在写作。朋友们对这些新作都很兴奋。我想是到了真正严肃起来的时候了,如果诗歌在今天想获得一种新生,就必须接受那种压力、挑战和考验。要真正地确立一种精神、品格,以使诗歌获得一种更为深刻、根本的保证。由此,给诗歌带来一种真正的尖锐、可能性、拓展性(不是那种所谓"实验")。我努力使自己落实到这一点上来。这也是一种责任,要把它承担起来,我们要从作品到理论,把中国诗歌最缺少也最根本的东西都确立、形成起来。就从现在开始!我也盼着你的东西出现。

此外,你如有时间,我想请你就我近年或近二三年的作品写一篇评论,现在国外的人要,我想你最合适,但不知你的时间(明年二月份左右写出),等着你的信。

从四川了解了一些诗人的详情,我们还是应做一些工作。

现在已是凌晨好几点了,匆匆写到这里,又怕信超重,才这样写。请谅。过几天再谈。

家新

12.21 凌晨

两首诗,陈超兄存正!

家新 又及 12.21

帕斯捷尔纳克

不能到你的墓地献上一束花

却注定要以一生的倾注,来读你的诗

以几千里风雪的穿越

大雷雨的震响,和我灵魂的颤栗

(注:"大雷雨的震响"一句在发表和出版时改为了"一个节日的破碎")

终于能按照自己的内心写作了

却不能按一个人的内心生活

这是我们共同的悲剧

你的嘴角更加缄默,那是

命运的秘密,你不能说出

只是承受、承受,让笔下的刻痕加深

为了获得,而放弃

为了生,你要求自己认真彻底地死去

(注:"你要求自己认真彻底地死去"在发表时改为"你要求自己去死,彻底地死")

这就是你,在一次次磨难中你找到我

检验我,使我的生活骤然疼痛

从雪到雪,我在北京的轰响泥泞的

公共汽车上读你的诗,我在心中

(注:"在一次次磨难中你找到我"后修改为"从一次次劫难里你找到我")

呼喊那些高贵的名字

那些放逐、牺牲、见证,那些

在弥撒曲的震颤中相逢的灵魂

那些死亡中的闪耀,和我的

自己的土地!那北方牲畜眼中的泪光

在风中燃烧的枫叶

人民胃中的黑暗、饥饿,我怎能

撇开这一切来谈论我自己?

正如你,要忍受更疯狂的风雪扑打

才能守住你的俄罗斯,你的

拉丽萨,那美丽的、备受伤害的

你的,不敢相信的奇迹

(注:"那美丽的、备受伤害的"后改为"那美丽的、再也不能伤害的")

带着一身雪的寒气,就在眼前

以及烛火照亮的列维坦的秋天

普希金诗韵中的死亡、赞美、罪孽

春天到来,广阔大地裸现的黑色

(注:后在"就在眼前"之后加了一个感叹号)

把灵魂朝向这一切吧,诗人

这是幸福,是从心底升起的最高律令

不仅是苦难,是你最终承担起的这些

仍无可阻止地,前来寻找我们

(注:"不仅是苦难"后修改为"不是苦难")

发掘我们:它在要求着一个对称

或一支告慰死者的安魂曲

而我们,又怎配走到你的墓前?

这是耻辱！这是北京的十二月的冬天

（注："或一支告慰死者的安魂曲"后改为"或一支比回声更激荡的安魂曲"）

这是你目光中的忧伤、探询和质问

钟声一样，压迫着我的灵魂

这是痛苦，这是幸福，要说出它

需要以冰雪来充满我的一生

（注："这是幸福"后来删改为"是幸福"）

1990.12

最后的营地

世界存在，或不存在

这就是一切。绝壁耸起，峡谷

内溯，一个退守到这里的人

聚集起石头的风暴

不能不被阴沉的精神点燃

所有的道路都已走过，所有的日子

倾斜向这个夜晚

生，还是死，这就是一切

冬日里只剩下几点不化的冰雪

坚硬、灿烂,这黑暗意志中

最冰冷的

在每天诞生的死亡中,这是最后的

(注:"在每天诞生的死亡中"后改为"在死亡的闪耀中")

蔑视、高贵、尊严

(注:"高贵"后来删掉)

星光升起,峡谷回溯,一个穿过了

所有港口、迷失和时间打击的人

(注:"所有港口、迷失和时间打击的人"后改为"所有时间打击的人")

最终来到这里

此时,此地。一,或众多

在词语间抵达、安顿,可以活

可以吃石头

而一生沧桑,远在另一个世界的亲人

及高高掠过石头王国的鹰

是他承受孤独的保证

没有别的,这是最后的营地。俯瞰群山

路从这里开始,又到这里

结束

(注:"俯瞰群山"后改为"无以安慰","路从这里开始,又到这里／结束"后改为"不需要安慰")

那些在一生中时隐时现的,错动的石头

将形成为一首诗

或是彰显更大的神秘

(注:"彰显"后增加了"出"字)

现在,当群山如潮涌来,他可以燃起

这最高的烛火了

或是吹水汽,放弃一切

(注:"或是吹水汽"改为"或是吹灭它")

沉默即是最后的完成

1990.12

信 纸：《诗刊》社稿纸

陈超兄：

我原准备春节前自己弄一个打印集子出来，但未能完成，一些诗未能最后定下来，只好把一些诗装订在一起（其中《守望》《庞德》《最后的营地》等又有改动），寄上。我希望这能是一个开始，承担、坚持，并在更深的黑暗中去感应海德格尔所说的那种"天命"（"语言就是一种天命"）。希望能有这么几个人，超兄，这是责任！我们不能不去做。

另附了几首诗，如方便，请转给《诗神》的杨松霖或其他朋友，因为这几首都没发过，他们认为可发，那就刊出。给他们的稿子，不过最好不要有任何改动。《人民文学》二期上发了我五首，但没想到有二三首给我删动得面目全非，让我无话可说。好在《花城》二期正要发我五首比较满意的出来。不过，发不发并不重要，我已学会了无以期待，而且也必须这样。

你近况怎样？读到《诗人报》上你的文章，我和小沈都很兴奋。

昨天一些诗友和几个文学家到我家一聚，喝酒、谈诗、念诗到半夜，因此很累，匆匆写到这里。

代问小杜好!

小沈向你致意!

家新

一九九一年二月十八日

邮 戳：1991.12.26 北京
　　　　1991.12.28 河北石家庄
邮 票：上海民居（20分）
信 封：河北省石家庄市河北师范大学中文系　050016
　　　　　　　　　　　　　　　陈　超　收
　　　　《诗刊》社　全国青年诗歌刊授学院
　　　　北京市虎坊路甲15号　100052
信 纸：中国社会科学院外国文学研究所稿纸

陈超：

新年好！

接此信后，我大概是已在另一个国家了（落脚点在伦敦大学亚非学院）。

无奈，只好如此，我的心情，一些曾写在寄你的那组《反向》中。

道一声别，几年后再说吧，我想我肯定要回来的。

让我们都挺住，能挺住！

小沈仍在国内，有信可通过她转。在那边安顿下来后，我再和你联系。

珍重，我的朋友！

　　　　　　　　　　　　　　　　　　　家新

　　　　　　　　　　　　　　　1991.12.26　启程前

> 邮　戳：1993.1.15 Belgium（比利时）
> 　　　　1993.1.23 河北石家庄
> 邮　票：VINK- PINSON（10F）
> 信　封（国际航空）：W.J.X　Dok Noord 15 9000 Gent Belgium
> 信　纸：单线信纸

陈超兄：

沈睿转来了你的信，让我感动无言，有这么好的朋友，这是我承受孤独的保证！

不觉间，我出国已一年了，我像是经历了一回漫长的漫游——这种感觉，与我从中国出来，又在英国与欧洲以及荷、比、德、法等国家之间来回跑有关系——现在我体会到这种新的经验对我是多么重要。这不仅使我开阔了眼界与胸襟，同时又使我比以前任何时候更贴近诗歌——当然更深入地进入孤独，并再次回到我的写作上来。

要说的很多，也许以后你会在我的一些散文作品中见出一些。这次从英国重回比利时来，我主要是想完成我的一个散文随笔集《风景画册》，有一二十万字，这取自维特根斯坦在他的《哲学研究》一文中的一段话："本书中的断想，是我在这漫长迂回的旅途中，所做的一系列风景素描。"此外还有前一段写的一些诗、评论和一个说不上是什么体裁的作品《词语》，例如："在叶芝的日记里我遇到了面具：他总在他不在的地方。""我太累,我已不能思考;但我仍以昏睡的状态来约会死亡,在这个冬天。""神学在迫使语言成为启示录,而语言却喜欢检查外面的阳光,以及那在阳光中迸放的石头。""'大师'有时是一种音调,有时是一种屈尊微笑的姿态,出现在我们的文学里。但在有人那里,大师隐藏得更深。"等等,有好几十段。以后再寄上,我想找人打印出来。

寄上二(两)首诗以及《临海孤独的房子》,请你看看。如果你要转给《诗神》,请给《临海孤独的房子》,这(另)二(两)首诗我已给了别的刊物。现在我的写作,仍是从我过去的"根"上生长出来的,但我想它已在出现变化,我也希望自己能从自己的过去脱颖而出,有那么一种似乎是突然壮大和提升的再生之感。"日日新",这大概应是一个诗人一生的座右铭。

国内的状况我多少了解一些,但所谓"诗坛"对我而言已不存在,存在的仅是为数不多的几个诗人。也许在任何时代都如此。诗歌本来就是孤独的事业。让我们向那些正在探索着真理的人致敬。像凡·高、维特根斯坦、庞德的晚期,等等。前一段我译了一个阿根廷的著名作家的格言集,出语不凡,像"我贫困还没有完成:它需要我""我的重量,来自于高处"。而他生前只是个陶工,或木匠!(译文已给国内一刊物,发出后我再复印寄给你。)

所以现在,我们仍需要沉下来,我也四十不惑、五十而知天命,仍是一种伟大的巨变。我很高兴我在这远离之地安静下来,并得以放开眼界。

沈睿除翻译之外,也写了不少诗,前一段我收到她的一些诗,让我大吃一惊,我没想到她写得如此之好!我想这会使那些已成名的女诗人们感到羞愧的。——我这样说,并不因为她是我的妻子。可见我们唯有在孤独中找到自我。

知道你在写诗,我很高兴,希望读到。我现在倾向于打破限制:不存在形式与体裁,存的只是"写作",是对文本的进入和创造。这都是生命的一部分,独特的一部分。我相信你内在的那种素质,这使我们成为"同志",多年来我们之间相互激励,产生了许多东西。

你如有作品、诗或诗评,也可给一个朋友:黄灿然,香港轩尼诗道342号《大公报》要闻课。他正在编一个诗刊,《声音》第二期。

我在这里留二三个月,三月底从这里到荷兰、奥地利等其他国家,有一些诗的活动,三月二十号再从这里回到伦敦。我在这里的地址附后,望来信!

好吧,再联系,总是匆匆忙忙,在这里也是。

代问朋友们好!伊蕾、刘小放、杨松霖等。

家新

1.8 比利时

附：

日记

从一棵茂盛的橡树开始

园丁推着他的锄草机,从一个圆

到另一个更大的来回,

整天我听着这声音,我嗅着

青草被刈去时的新鲜气味,

我呼吸着它,我进入

另一个想象中的花园,那里

青草正吞没着白色的大理石卧雕,

青草拂动;这死亡的爱抚

胜于人类的手指。

醒来,锄草机和花园一起荒废

万物服从于更冰冷的意志;

橡子炸裂之后

园丁得到了休息;接着是雪

从我的写作中开始的雪；

大雪永远不能充满一个花园

却涌上了我的喉咙，

季节轮回到这白茫茫的死。

我爱这雪，这茫然中的颤栗；我忆起

青草呼出的最后一缕气息……

1992.10　比利时根特

卡夫卡

我建筑了一个城堡

从一个滚石的梦中；我经历着审判

并被无端地判给了生活；

我的乡村之夜踟躇不前；我的布拉格

自一个死者的记忆开始。

而为什么我的父亲一咳嗽

天气就变坏，我不能问

我一想，在我的日记中就出现乌云！

徒劳的反抗不仅使我虚弱下来

于是有时我就想到了中国的长城。

现在,饥饿仍是我的命运。

我能做的,只是荒诞到最后一刻。

因此世界本身并不荒诞

尤其当一位美丽的女性照耀着你时

为什么你我就不能达到赞美?

我将离去,仅仅由于我的呼吸

我的变黑的肺;我比医生更知道于此;

这是我自己的秘密,但这是否

我一生的罪? ——我已无力再问

我已不能从我的失败中再次开始。

我的写作摧毁了我!

我知道它的用心,而生活正摹仿它

更多的人在读到它时会变成甲虫

在亲人的注视下痛苦移动——

我写出了流放地,有人就永无归宿!

因此,最后的日子已经到来

朋友,请替我烧掉我的这些书——

看在"上帝"的份上!记住,这是我

一生中最不轻易喊出的一个词

而这却是一个最后的时刻!

注:这首诗较之后来的正式文本的差异在于标点,王家新后来尽可能地删掉了这首诗中的标点,信中这一版的每一节的最后一句都有标点,而到了后来几乎都删掉了,只保留了第三节最后一句后的问号。

信 纸：单线信纸

陈超兄：

好！

我在泪中已从此返英,在此期间收到了你的信,迟复至今。但我想在我的作品集和文章中仍有与你的对话。从接受美学的角度来看,当我在写作中想到你和其他国内的朋友的存在,你们就在一定意义上决定着我的写作。我相信我们之间经过患难考验出来的东西——它仍是激励我前进的力量,纵然时代看起来变了。

寄上"回答陈东东提出的四十个问题"(节选),它耗费了许多个不眠之夜——许多时候我不是在写,而是在想,在回忆……"看在上帝的分上",我说出了我应该说出的话。这就是说我们要不计个人利害而为中国文学负责。尤其在其中十几个敏感而又重要的问题上,我想你一看即明白。也许你会对我严肃地"批评"目前在海外的某些人与刊物感到惊讶。的确,我们曾对之寄予希望(到现在我们抱有某种惋惜之心),但问题是如一平所痛彻感到的那样。"文学已堕为戏子",看来我们得走自己的路。仅举一例,当我去年与××说到索尔仁尼琴时,他竟说:"他很反动。"我唯有惊讶而已(这是指索尔仁尼琴到美国后痛彻地批评西方吗?)。所以,我们应该严肃地面对这些迟早必须面对的问题。这并非个人之争，而是涉及一些更重要更根本的东西。中国文学、中国诗歌究竟向何处去，也是到了该好好想想的时候了。"走在伦敦的街道上"，而心中开赴一个"审判的年代"……随着一种境界、视野的开阔，我们更要保持住某种精神。

这个"回答"请你看看，希望听到你的意见。我已将它给了一正式刊物(陈东东在他的《南方诗志》上也将辟一个专辑刊出)，因此，暂不给《诗神》。另外，《读书》上个月有我一篇《冯至与我们这一代诗人》，并且还将连续发出另外几篇。请你一并指正。我正在读卡内蒂《钟的秘密心脏》英译本，这成了秘密中对我的激励，也将着手写出一文，不是那种译介性的，而是提出一些对我们自身来说至关重要的问题。

这个月我在伦敦的"南岸中心"有一个朗诵，在艾略特当年创办的"声音之屋"里举行。个人并不重要，重要的是我希望西方能听到中国的声音，一种甚至有别于那些所谓"世界公民"们的声音。另外，英一出版社刚出版了我的一个磁卡性质的英文诗集《楼梯》，收有三十多首诗的英译。但是，国外的活动是一回事，我想自己只能和我自己的母语、祖国、"我们自己的时代"及那些相互激励多年的朋友联(结)在一起。沈睿即将来英，但我们的"心"仍在我们原来的地方。来信！我的地址是：

Wang Jiaxin

26 Teesdale Road

Leytonstone

London E11 1NA, U.K

　　　　　　　　　　　　　　　　家新

　　　　　　　　　　　　　1993.7.21 伦敦

邮　戳：1994.3.31 北京
　　　　1994.4.2 河北石家庄
邮　票：云南民居（10分，4张）
信　封：河北省石家庄市河北师范大学中文系　050016
　　　　　　　　　　　　　　　　　　　　　　　陈超
　　　文艺理论译丛　编辑部　北京建国门内大街5号
　　　　　中国社会科学院外国文学研究所　100732
信　纸：中国社会科学院外国文学研究所稿纸

陈超兄：

很抱歉久未联系，太忙，春节回家（湖北）十多天，回来后即"上班"。在北京教育学院教比较文学，由于是新课，讲义由我自己编写，够忙，好在较受欢迎。我自己也安于教书，在这个时代求得一安静。

另外，一大早即搬家，迁入一现代公寓，在九层，一套大的两居室，客厅居然有二十一平米，两个卧室，加上厨房、卫生间、阳台，共有六七十平米，没想到能住上这么好的房子。因此花上功夫把它装修了一下，前后忙了二十多天，终于安定下来。

家和工作安定下来后，慢慢展开我自己的工作，也就是进入写作、读书和翻译。寄上《另一种风景》，虽然现在我已不大满意，但重读仍从中受感动：仿佛这是另一个人写下的，而我把他永远留在了英格兰。

也只有回来后，通过与现实及国内诗界的接触，我才意识到出去两年我经历了一种什么历程,一些什么变化,及这种变化的性质。对国内诗界我现在几乎无话可说,主要是不想说什么(我现在更倾心于一种个人化的在这个时代愈显得"秘密"的事物)。当然,也不在乎说了什么,我只愿我所经历的历程、变化(更内在的)能在日后的写作中呈现出来。诗人只有通过写作才能建立他自己的(又不是他自己的)"神话"。

有一事,《诗探索》拟编发一个我的小专辑,其中包括一篇大的评论(这个臧棣在写),我自己的道白或诗论,我的二首诗的具体文本评析,等等。我不知你是否有时间和兴趣,如果有就请你对我附上的两首诗《日记》《卡夫卡》斧正,或是你选别的诗(《帕斯捷尔纳克》等也可)。吴思敬老师要求在四月底或五月初交稿(发稿在五月上、中旬)。

寄你的两首诗都是在异国时写的,梦里不知身是客,但同时又对一些东西特别敏感。《日记》比较偏爱,那里有一种接近本质的东西,一种美,不是从别处而是从写作中开始的。一平对这首诗特别赞赏,说许多人可以写出类似《卡夫卡》这类深刻的诗,却写不出《日记》这类。他的话有道理,也让人沉思。《卡夫卡》虽然他也很肯定,我想我们刚进入一个卡夫卡的世纪,虽然他已离去多年,也可以说,我们的日子刚开始变黑,而这似乎已和外在(的)时代无关,而是和我们自己的呼吸、写作,个人的隐私、内心障碍及神学相关。起码对我个人来说,分离与荒诞感愈来愈强,而写作似乎只成为一个对黑暗与死亡的进入过程。当然,所谓"存在的勇气"也就体现在这里。记得另一个朋友谈到卡夫卡时讲到卡夫卡是他的"英雄",我当时一愣,但又的确如此。

好吧,再谈。文本的评论(每首一千多字)由你处理,如果没时间写,也没关系,请告诉我,再另找人。我只是希望由你来写。回来后读到你好几篇诗论,所思所想甚好,难得! 它们提出了一种方向性的路子,我只是希望语气及文风更平和一些,维特根斯坦云:"探讨哲理的人渴望宁静。"的确如此,智慧产生于"冷"。由此步入一种更复杂更为出其不意的心智活动。

我家地址:北京永定门外西罗园洋桥517楼924房(陶然亭公园向南走二三站即到),望有机会到北京来,来后可住在我家,这次有地方住了。写信仍寄到西单白庙胡同11号,沈睿父母住在那里。我有时过去。

沈睿问好!

春安!

家新

1994.3.31

邮　戳：	1994.5.19 北京
	1994.5.21 河北石家庄
邮　票：	鳀（20分，2张）
信　封：	河北省石家庄市河北师范大学中文系　050016
	陈超
	中国社会科学院外国文学研究所
信　纸：	中国社会科学院外国文学研究所稿纸

陈超兄：

稿子及时收到，麻烦你了，让你又重写一遍！

这两篇细读不错，颇见功底，我认为它们代表了目前批评界"细读"所能达到的一个较高的水平，这要感谢你。从大的范围来看，生与死这是一个传统主题、基本主题，但是当一切归结到"从我的写作中开始的雪"，这就把它转化为一个现代主题：从事写作的精神个体与时间（它的威力、意志及涂抹意象：雪）。因此，"从我的写作中开始的雪"就具有了它的多重意味：看似对时间意志的顺应及吸收，但又是一种抗拒，并由此自成一个吸收了时间但又超越了时间的独立工具。不能达到这一点，写作及人类的一切精神活动都是一个失败。当然，"意义"也可能就在这种徒劳中。我们只能说：试一试吧。做出我们最好的。好在有来自前人的激励。

由此我也想到，目前中国的批评界应从根本上体现出一个转变，即由社会学的纷争、诗歌乱象的描述本身转入到对写作的追问,例如必须是后现代写作、知识分子写作,尤其是"谁在写作",等等。如果缺乏这种追问精神,那就永远处在一个现象学的漩涡中,而难以抵达根本问题。

我想,让我们共同来做这种努力吧。对目前的批评界,我几乎不抱任何指望,一笑了之而已,但我寄希望于个人,那种众人之中的某一个。正如本雅明云"所有出其不意的打击都来自左右"。有时候,一个人或几个人就是一个时代。罗兰·巴特一生的事业是从研究纪德的日记开始的。此乃谓左手之道,怪才与人才之道。

附上《谁在我们中间》的草稿。此稿和你的细读一起给了《诗探索》,寄上草稿,我想听听你的意见。"谁在我们中间"——我在这里主要是想对写作或曰谁在写作发问,对写作的主体、精神的主体,或者说在"神话"中隐现的一切进行追问。当然,此文也兼及其他,但这是个主要问题。你提出"互否",我开始习惯于一种多声部写作……当写作归结到它自身,当精神主体开始一种更深刻、隐喻化的自我追问,它必然就是一种"反交流"。诗人只对诗歌发言,正如评论只对评论发言一样。

当然,为了形式采用了"断片"的新诗,因为我想批评也应是"作品",应是"文本",而且要尽可能地把它们写成"可写文本",一种字词的生成性作用场,而不仅仅是"可读文本"。总之,试一试吧。

在想什么？做什么？来信。

握手！

家新

1994.5.18

注：王家新信中所附《谁在我们中间》（初稿）与《诗探索》1994年第4辑刊发出来的版本差别较大。

邮　戳： 1994.7.15 北京
　　　　　1994.7.19 河北石家庄
邮　票： 国际奥林匹克委员会成立一百周年（20分，2张）
　　　　　云南民居（10分，2张），鳇（20分，1张）
信　封： 石家庄市河北省进出口贸易公司　050016
　　　　　杜栖梧女士　转
　　　　　　　　　　　　　　　　　　　　　　　陈超
　　　　　北京西单白庙胡同 11 号 100032
信　纸： 中国社会科学院外国文学研究所稿纸

陈超兄：

　　信早已收到，谢谢你在信中给我的激励，这种相互间的激励之所以可贵，首先在于它来自一种理解，一种精神间的感觉，现在我愈来愈有一种荒诞之感。这不仅出自加缪所说的那种"疏离"，而且是对自身存在的一种质疑。在《卡夫卡》一诗和《另一种风景》中的"呓语"与"对话"中我接触到这一"主题"，但我知道，这只不过刚刚开始。

　　你的"细读"第一稿，大半个月前才收到，我翻看邮戳，是一直压在石家庄那边——不是作为"快件"寄，而是作为慢件压下。第二稿已交到吴思敬那里，因此把这一稿退你留存。

　　现在《诗探索》那个专栏，因臧棣的文章没交上来，只好推至第四期，因为大家都在等他那篇。我也不知怎么回事，也很难同他联系上。他自己讲，他在前几年就写过关于我的一篇，题目（是）《承担着的语言》，但未完稿。这一次他接下重写，加上我近年来的新作。当初我同意他来写，一是看重他的批评才能，再是我和他本来交流很少（他和西川也如此），写诗的路子也很不一样。由这样一位论者来写可能更客观一点，更不带个人成分。

现在既然如此，那就作罢。陈旭光也曾专门催过他，他答应某一日前交稿，但到时又没消息，看来不能指望，虽然我并不怪他。

现在我的想法和愿望是请你来写这篇评论——本来在当初就应该如此。我不知在这大热天你是否有时间和精力，老吴要求在八月底前交稿。时间倒是还有。我希望如此，但由你自己来定。只是请你别把这当作一项"重大任务"，轻松一下，随心所欲，不一定要把它写成一篇"诗人论"、面面俱到，只要能抓住一些具有意义的问题深入进去就行。

总之，这你自己来定，写不写或怎么写都别为难，及早告诉我一声即可。

臧棣的那篇《后朦胧诗——作为一种写作的诗歌》颇可一读，从中可见对尺度的接受和个人智力的展开、运用，只是以"后朦胧诗"来命名北岛之后的诗作，这是我不接受的，这将导致的是对个人写作的遮蔽，同时，这也将导致批评自身对于"权力话语"的依附。显然，朦胧诗及有关评论已演变为一种权力话语，八五年以后的许多个人写作在质上和它是不一样的。文学的发展，也往往不是靠延续而是靠"裂变"来实现的。如果不看到这一点,那是否把五年十年后又出现的一代命名为"后后朦胧"呢?我想,我们应该以一种更自觉更彻底的精神,在文学上迎来一个不是"有机统一"而是"异质共生"的时代。

另外,我认为现在并不是一个要走向反经典化的时代,我倒是认为我们正生活在一个困惑的时代——一种前所未有的困境和挑战正呈现出来。因此,这是一个需要打破僵局的开创出新的边界新的话语的可能性的时代,是一个需要牺牲完美的时代。也许我在通过《词语》做的正是这种努力。而我回国后接触许多人——当然是那些较优秀的人,现在都很茫然,我自己也如此。因为,如何在这样一个时代找到写作的可能性,这是一个难题。

我甚至感到这是一个需要卡夫卡那样的写作者的时代。你很难说他是一个"小说家"或是"随笔作家",或是格言、断片、书信的写作者,但他却是一个能够"对文学说话"的人。这也就是拉康所说的"话语创始人"。相形之下,许多人把他们的"诗歌"或"小说"自身弄得很是精美、完善,但却不能对整个文学说话,更不要说开创出新的边界或话语的可能性了。写这组东西时,我又有了某种"再生"之感。无论如何,在我看来诗歌的到来不在一种自我复制中,而在一种无以名之的更新里。我们要做的,正是诗艺无以名之。显然,这是一种至高境界。

随便说说,最近什么都写,散文、随笔和几篇评论,工作已铺开,只是天气太热,新迁入的楼层西晒,弄得常常集中不了精力,但总的来说,我仍深感回国对于工作的必要,一个写作者应自觉地接受挑战,而不是把自己弄得那么纯净——那样没有意义。我们期待一种与时代相称的写作出现——不仅回答时代的困惑,也显现出诗歌自己的尺度,或者更确切地讲,与一种正在到来的文学自身的时代相呼应的诗的出现。因此,这种"时代感"不是外在的,它只能在一种深入的写作中才显现出来,而且显现到的程度也只能是个人的程度,这样,诗歌才不至于降为时代的注脚,而是相反。

寄上《谁在我们中间》的定稿(和曾寄你的有些变动),也望得到你的新作。

沈睿问好。夏安!

家新

1994.7.15

欧阳江河致陈超（6通）

> **邮　戳**：1989.5.8 四川成都
> 　　　　 1989.5.12 河北石家庄
> **邮　票**：云南民居（10分）
> **信封**（航空）：河北省石家庄市河北师范大学中文系
> 　　　　　　　050016
> 　　　　　　　　　　　　　　　　　　　陈超　先生
> 　　　　　　　　　四川省社会科学院　欧阳江河缄
> **信　纸**：四川省社会科学院稿纸

陈超兄：

两次来函均收到，感谢你在此次组稿中为我和朋友们所做的一切。组稿是件极为辛苦之事。《诗神》我在北京已经见到，总的来说是不错的，但如你所言，编辑部看来是偏向于"口语诗"。这也无可非议，一个杂志完全可以，也应该有自己的特点。兄不必为此与他们有过多争执。

我上月中旬至月底与翟永明及其夫何多苓（画家）赴京，我们与北京诸友在一起，玩得很痛快。海子之死使我痛心不已。我正打算写一文章纪念他。

你有无机会赴川一游？我和钟鸣正为《诗刊》拉赞助，拟于年底前在成都搞一中等规模的诗歌活动。如能搞到款子，就可能与诸诗友及评论界朋友在川聚会一次,到时请你争取来一趟,可去九寨沟或海螺沟一游。

握手!

欧阳江河
1989.5.8

邮 戳：1991.2.28 四川成都
1991.3.3 河北石家庄
信 封：河北省石家庄市河北师范大学中文系　050016
陈超
四川省社会科学院成都青羊宫　电话：669347
电挂：6755　邮编：610072
信 纸：四川省社会科学院稿纸

陈超兄，请一定到会，与会者有谢冕、郑敏、牛汉、蒋维扬、程光炜等，及西川、唐晓渡、邹静之、王家新、陈东东、肖开愚、孙文波、伊蕾、石光华等，大家聚聚，讨论90年代中国新诗发展趋势。请陈兄一定写一篇有分量的文章。

欧阳江河

1991.2.21

通知

陈超同志：

为了客观、深入地探讨中国当代诗歌的创作现状，推动当前和今后创作实践及其理论批评的发展，我们决定举行"91'中国当代诗歌创作研讨会"，特邀请你参加。请你准备一篇严肃的、负责的、内行的论文，于会上宣读，并将由会议汇印成册。

会议定于1991年4月5日至1991年4月9日在四川德阳市委招待所召开,请你于1991年4月4日到德阳市委招待所报到。(从成都火车站广场左侧乘小公共汽车一小时即到德阳。)按有关规定,会议期间食宿由会议(主办方)负责,车(差)旅费回所在单位报销,对于个别情况特殊者,会议将给予适当考虑。

致礼

四川省社会科学院文学所

中国新诗研究所

四川德阳市文化纸张公司

四川德阳市文联

一九九一年一月三十日

注:陈超在1991年3月8日给欧阳江河复信。该会议通知已由系领导陈慧签署意见,同意陈超参会。

> **邮　戳**：1991.4.24 四川成都
> 　　　　1991.4.27 河北石家庄
> **邮　票**：云南民居（10分），上海民居（20分）
> **信　封**（航空）：河北省石家庄市河北师范大学中文系
> 　　　　　050016
> 　　　　　　　　　　　　　　　　　　　　　　　　　陈超
> 　　　　　　　　　　　四川省社会科学院文学所　610072
> **信　纸**：四川省社会科学院稿纸

陈超兄：

会议取消，不能相晤，甚为遗憾。我们当初把会议提前到三月下旬开就好了，考虑不周，太遗憾了。

在《诗人报》上连续读到兄的大作，很是欣慰。兄所撰写的一部辞典我也曾在书店里看到过，只是此书卖得很快，转眼就告罄。在中年一代评论家中，兄是扛大旗者，引人注目，贡献和影响均大于他人，此为公论。

上次在江苏我们没有深入交谈，本来此次可在四川弥补一下，现在又告吹了。何日再晤，实在不得而知。我今年有个人诗集出版，到时奉寄兄一册，请指正。《花城》三期、《星星》五期将发我的几首诗（去年之作），请兄找来看看。

握手！

　　　　　　　　　　　　　　　　　　　　　　　　欧阳江河
　　　　　　　　　　　　　　　　　　　　　　　　91.4.19

信 纸：普通稿纸

陈超吾兄：

　　近好！附带寄上两首近作《风筝火鸟》和《哈姆雷特》,给你看看。

　　我的长诗有《雪》(晓渡处有前半部分手稿)。《我们的睡眠,我们的饥饿》,无法寄。最近写了一些短诗,这是其中两首。

欧阳江河
1995.3.2

风筝火鸟

飞起来,就是置身至福。
但飞起来的并非都是鸟儿。

为什么非得是鸟儿不可?
我对于像鸟儿一样被赞颂感到厌倦了。

不过飞起来该多好。
身体交给风暴仿佛风暴可以避开,

仿佛身体是纸的,夹层的,
可以随手扔进废纸篓,

也可以和另一个身体对折起来,
获得天上的永久地址。

鸟儿从火焰递了过来,
按照风暴的原样保留在狂想中。

无论这是迎着剪刀飞行的火焰,
可以印刷和张贴的火焰,

还是铁丝缠身的斑竹的鸟儿,
被处以火刑的纸的鸟儿——

你首先是灰烬,
然后仍旧是灰烬。

将鸟与火焰调和起来的
是怎样一个身体?

你用一根细线把它拉在手上。

急迫的消防队从各处赶来。

但这壮烈的大火是天上的事情，

无法从飞翔带回大地。

你知道，飞翔在高高无人的天空，

那种迷醉，那种从未有过的迷醉。

1995.2.27

注：欧阳江河在信中所附的《风筝火鸟》手稿与后来正式出版的版本之间有很大出入，写作时间也由 1995.2.27 调整为 1995.2.17。兹把改订版附在这里，以供读者和研究者参照——

风筝火鸟

飞起来，飞起来该多好，

但飞起来的并非都举着杯子。

我对香槟酒到处都在相碰感到厌倦了。

这是春天,人人都在呕吐。

是呕吐出来的楼梯在飞翔,
是一座摩天楼从胃里呕吐出来。

生活的账单随四月的风刮了过去。
然后剃刀接着刮,五月接着刮。

是的,自由人的身体是词语做的,
可以随手扔进废纸篓。

也可以和天使的身体对折起来,
获得天上的永久地址。

鸟儿从邮差手里递了过来,
按照风的原样保持在吹拂中。

无论这是朝向剪刀飞翔的鸟儿,
印刷的、沿街张贴的鸟儿——

你首先是灰烬

然后仍旧是灰烬。

一根断线,两端都连着狂风。

救火车在大地上疾驰。

但这壮烈的大火是天上的事情。

手里的杯子高高抛起。

没有人知道,飞翔在一人独醒的天空,

那种迷醉,那种玉石俱焚的迷醉。

1995.2.17

哈姆雷特

在一个角色里呆久了会显得孤立。

但这只是鬼魂,面具后面的呼吸,

对于到处传来的掌声他听到的太多,

尽管越来越宁静的天空丝毫不起波浪。

他来到舞台当中,灯光一起亮了。

他内心的黑暗对我们始终是个谜。

衰老的人不在镜中仍然是衰老的,

而在老人中老去的是一个多么美的美少年!

美迫使他为自己的孤立辩护,

尤其是那种受到器官催促的美。

紧接着美受到催促的是篡位者的步伐,

是否一个死人在我们身上践踏他?

关于死亡,人只能试着像在早晨一样生活。

(如果花朵能够试着像雪崩一样开放。)

庞大的宫廷乐队与迷迭香的层层叶子

缠绕在一起,他的嗓子恢复了从前的厌倦。

暴风雨像漏斗和漩涡越来越小,

它的汇合点暴露出一个帝国的腐朽根基,

正如双鱼星座的变体登上剑刃高处,

从不吹拂舞台之外那些秋风萧瑟的头颅。

舞台周围的风景带有纯粹肉体的虚构性。
旁观者从中获得了无法施展的愤怒,
当一个死人中的年轻人像鞭子那样抽打,
当他穿过血淋淋的场面变得热泪滚滚。

而我们也将长久地、不能抑制地痛哭。
对于我们身上被突然唤起的死人的力量,
天空下面的草地是多么宁静,
在草地上漫步的人是多么幸福,多么蠢。

1994.12.8 于华盛顿

> **邮 戳**：1995.5.12 Washington
> 　　　　1995.5.20 河北石家庄
> **信 封**：Ouyang Jianghe, 510 21St NW, Apt #613, Washington, DC 20006, U.S.A
> 　　　　　　　　　　　　　　（AIR MAIL PAR AVION）
> 　　　　To:陈超 先生 启　中国河北省石家庄市
> 　　　　　　河北师范大学中文系 P.R.CHINA
> **信 纸**：单线信纸

陈超兄：

来信及稿子收到，我立即与北岛、王渝、孟悦等人在电话（里）打了招呼，并已将稿子复印后寄到孟悦处（孟乃评论编辑）。我担心的是孟悦害怕论战性的东西得罪人。另外，稿子也实在是长了一点。等孟悦看了再说。晓渡也来信谈到这篇稿子。我感到很有分量，切中时弊，冷热相宜。弄这篇稿子费去二兄极多精力，我则拔腿走到远处，实在不大像话。

二月以来埋头写东西，诗和文章。我的诗几乎都发在《今天》上，今年两期都有，第二期有二百行之多。

寄上为兄所书三幅字，我在这里没有文房四宝，毛笔仅一支（写信及写那三幅字用的是同一支笔，我喜用大笔写小字）。还好，买到了纸，问题是我的印鉴不在美国。我给你出个主意，若兄对这些字尚感兴趣，不妨自己找朋友或朋友的朋友刻一印章（欧阳江河），我想这在石家庄并不困难，在美国则难如上青天（找不到刻字的金石家）。印刻出后，可找一写字或作画的朋友盖在字上，这会使字变得好看一些。由于笔的限制（这是一位学中文的美国人赴中国前送我的，典型的初学者之笔），我只强调书卷气的一面，但愿能合兄之口味。

我六月将赴德国，然后去布拉格，这是我真正想去的地方，有卡夫卡的幽灵，乃欧洲的灵魂。九月底则去荷兰莱顿大学，晓渡也会去。

你夫人所在的省外贸，有无与美国的商务往来？我夫人在美国的国际开发署亚洲部门做事，应该沟通一下，看有无可以合作的地方（比如组织来美考察团，办个签证等）。

请向尊夫人及大解、小放、刘（向东）兄问好！

春安！

欧阳江河

九五·五·八

你来信的地址有误，以我信封上的地址为准。

又及

注：欧阳江河在华盛顿写的这封信。此信按传统信札格式，由上向下、由右往左书写，书写工具为毛笔。

邮　戳： 1995.7.18 Washington
　　　　　1995.7.28 河北石家庄
信封（国际航空）：Ouyang Jianghe, 510 21St NW, Apt＃613,
　　　　　　　　　　Washington, DC 20006, U.S.A
信　纸： 单线信纸

陈超兄：

欧洲归来，收到你的信及著作，展读之余，深为兄的见识、思想及情怀所感动。我以前很少读到兄的文章，断断续续，印象远不及此番集中读来深邃。多年前我买过一册兄的诗作阅读辞典，也很喜欢。关于我的那篇"潜对话"，我认为写得很好，看来兄是能理解我的写作的少数人之一，我自以为对这个时代、对中国现今生活方式（而言）都显得不合时宜。

我在欧洲呆了二十多天，主要是在德国（去了法兰克福、斯图加特、汉堡、柏林，但大多数时间在图宾根大学，荷尔德林的母校及终生居住地），参加荷尔德林逝世100年纪念活动，就在荷尔德林博物馆（故居）。荷尔德林是德语第一诗人，很可能是人类有史以来第一诗人，可惜完全不可译。我听张枣在出神状态中，在深夜即兴译了某些（我从前熟知的）片段，简直好到不可能的程度，我的感觉是多年以来诗完全白写了，一无所成。第二天张枣想重译一遍，结果完全失败。

张枣德语比大多数德国人更好(他是学者兼诗人型的德语),中文程度更是一流,尚且面对荷尔德林茫无所措,其他人的翻译可想而知,应该说无异于谋杀。我们从前读的全是假荷尔德林。

这次我见到了一个(研究)荷尔德林、马拉美及史蒂文斯的权威,图宾根大学(这是德国首屈一指的名牌大学,黑格尔、谢林、荷尔德林、黑塞等人的母校)德语系前主任保尔·霍夫曼教授,这是德国头号诗学理论权威,欧洲文艺复兴式、百科全书式人物,著作等身,修养之高、学识之广博,令人敬佩。他很喜欢我的诗,认为当今德国无一人能与我们中国最好的诗人相比,多次对记者说我们中国最好的诗人处于现今世界"领导"地位。这种见解在德国引起震动,因为此次活动是德国正统学界的高规格的,远在汉学界之上,直接面对德国知识界(一些诗人和汉学家没有受到邀请,霍夫曼教授不喜欢朦胧诗人的作品,认为不成熟)。这事对我们有所提醒,证明我们已有实际成绩。但我当然知道,西方人如何看我们的写作并不重要,重要的还是我们自己的认识和实践。

我还去了布拉格,为了看看卡夫卡的幽魂和城堡。布拉格之美恐怕是世界之冠。我整日漫游街头,最后一天去了城堡,见到了城堡外围的卡夫卡书房,但已旅游化。

杨小滨回美,谈到贵州会议。我以为,有人出钱是好事,但若无实际作为,则将贻笑大方。开会实在无多少意义,邀人住宾馆更属荒唐之事(与度假计划何异?),我以为,应该认真考虑为一流诗人出个人诗集(高规格,好版本)的事,多年来这事一直未做,倒一大堆肯自己花钱的三、四流诗人出个人集子,这实在是诗界和出版界的共同丑行(你书中一篇文章也谈到此事)。你作为编委,一定运用自己的见识、影响力,促成此事。这是为诗坛做真正有历史价值的好事。总不能看着我们先出英文、德文个人诗集吧。这次德国为"四川五君子"出版了一册中德双语的大型诗集,20马克一册,全国发行,知识界反响极好,是一个极重要的纯文学出版社出版的。在活动最后一天的中、德诗人,译者,理论家对话中(国家电台现场转播),一位参加对话的德国诗人兼出版社编辑(在柏林一家大出版社)对我很感兴趣,表示要出版我的个人诗集(技术细节通信讨论)。但想到我的中文诗集迄今未出版,真是感慨万千……我个人认为,集体合集出得太多,已到可疑程度,而好的个人集子太少,更是可疑之至。这里有一个历史诡计,只能通过福柯所说的"时间广场恐怖"加以克服,但愿不要最终成为历史噩梦的一部分。

我读你的著作的一个强烈感受在于,多年来诗坛人士热衷于作秀,而你却能踏踏实实地坐下来,通过文本表达自己对世界、生命、诗和诗人的看法,这将为历史证明是最可贵的、唯一真实的。许许多多年后,人们回头看我们这个时代,会惊讶为什么文本如此之少,而喧嚣、表演、谎言是如此之多。这是个疯了的时代。

我积累了一大堆信要回,就写这些,下次再寄我的近作。谢谢你寄书给我。我建议你给奚密、张枣等人也各寄一册书(如可以的话,下封信我转给你地址)。

问候你的夫人及儿子。

即颂

夏安!

欧阳江河

95.7.14

P.S.

你书中提到我关于"付账说"的片段回忆,我突然想起我的诗作的一个主要隐喻正是"吃"(《快餐馆》《晚餐》以及这一期《今天》上发表的 100 多行的诗作《我们的睡眠,我们的饥饿》都是与"吃"有关的),其可以引申的子题有消化(作为一种功能,一个系统,一种后果)、饥饿、时间、粮食、生与熟。下封信我会寄去《我们的睡眠,我们的饥饿》一诗。

另外,一位在德国享有盛誉的翻译家(专译英语现当代诗)看了"五君子"诗集后,特别喜欢我的诗,其理由是我的诗有一种特殊的"客观性",这是成熟的重要标志。此看法与我的诗学观念暗合。

去年在石家庄度过的几天真痛快,尽管不够"秘密"(那是宁静的源头)。明年回国一定要再去石家庄看看你。我去年回重庆探父母,父亲说已退休的河北省委书记邢崇智刚去探望过他(他们是老乡,一块抗日的战友)。想到我老家在河北,但去年的石家庄之行是第一次去河北(去北京不算),真不可思议。

你读到过我去年、前年在《今天》发表的两首较长的诗《纸币,硬币》及《市场经济的虚构笔记》没有?

P. S.

临寄出信前又看了一些文章,其中《印象或潜对话》中为几个诗人所作的文本、精神和个性素描极为传神,是我迄今看到的最大度的、视野开阔同时又准确(融主观透视及客观性于一体)的论述,看来你的观察力、理解力、想象力及叙述能力能够在涉及个别人与其时代的复杂关系时,作扭结成一体的移走,这是极为难得的专业能力——相信我的判断,因为我读了大量的庞杂书籍(远远超出诗、诗学范围),有鉴识能力。你对周伦佑、韩东、于坚、吕德安四个人的叙述使我深为折服。我认为这是写当代诗史的一条向天之途。

于坚致陈超(13通)

信 纸:《大西南文学》稿纸

陈超好！

文章收到,并读到你的另外几篇,《山花》《河北文学》上的,对所谓"第三代人"的把握,你是第一人。我迄今为止,未读到比你的文章更好的东西。

但我以为,语言态度和诗人对人生的态度是一致的。第三代人的心态以及他们对当代社会的把握、他们的哲学意识、他们笔下人生在中国当代诗歌史上的价值是比语言态度更重要,也是使中国的新诗有了一种实质性进展的东西。不知超兄对此是否有一番思考。当然,这是一个敏感的问题。

我最近见到《非非》二期,这是令我失望的一种激情……突飞猛进的气势没有了。

寄上近作,发表在《十月》三期上的,有一首被他们改坏了,我恢复原状,请指正。

有空来信！

于坚

1987.6.27

邮　戳： 1988.6.6 云南昆明
　　　　1988.6.10 河北石家庄
信　封： 河北省石家庄市河北师范大学中文系　050016
　　　　　　　　　　　　　　　　　　　　　　陈超
　　　　云南省德宏自治州文联
信　纸： 云南省文联稿纸

陈超兄：

近好。钢铁厂信收悉。

宋琳讲的"导读"就是三联那一本,《中国先锋诗导读》。我已将我选定的诗寄给三联,请他们转你。他们要求如此。如你尚未收到,可去信上海三联书店(上海绍兴路5号),三联书店上社分店编辑部　赵孝思。

我另寄过一信,也是写导读,是唐祈搞的《新诗欣赏辞典》,想你已见到。

在这里的工作,6月底结束,你下次来信,可寄我单位。

寄上一份《重建》,请指正。写得匆促,因晓渡原拟请我也去开会。现在有些想法,可能更广阔一些。但我的基本思路是这一条。对传统文化的反省仍是很重要的,我许多看法和中国今天许多青年学者不谋而合。在这点上,我和韩东的看法不尽相同,他以为太偏激,他似乎受到某种影响。这从我的诗和他的诗比较也可以看出。韩东对你印象很好，曾来信说及。

我将在7月初回昆明。

想念你！

于坚
1988.5.28

邮 戳:	1988.9.3 昆明
	1988.9.7 河北石家庄
信 封:	河北省石家庄市河北师范大学中文系　050016
	陈超
	云南省文学艺术界联合会
信 纸:	中国作家协会云南分会稿纸

陈超好！

来信早已收到。

《先锋辞典》评论，无心来写，就罢了。这样是写不好的。我会另找别人，不必介意。我忙得要命，一个月前结了婚。

许多文债等着。

××是个不错的人，可以联系联系。

某地评选第三代诗人十佳评论家，我推荐你和唐晓渡。现在第三代是热门了。我这里不断有信来索要诗。第三代人和北岛们不同。北岛们有传统支撑，在那个背景下可以轻易站住，第三代人什么背景也没有，重建得更深厚、扎实，全靠自己，而且要战胜时间。我对前景是不乐观的，现在拜金主义盛行，诗人逃亡了一大批。我是不会逃的，但真正是孤独了。以前是内心体验，现在真是只有一个人了。中国诗人总是要自己创造一种罗曼蒂克的氛围，陶醉其中。这时代无情得很,要破掉这梦了。新时代的诗歌肯定要建立在新的社会秩序、经济关系上。就看诗人们能否适应了。

你忙些什么?

握手!

于坚

1988.9.3

> **邮 戳：** 1988.9.17 云南昆明
> 　　　　1988.9.24 河北石家庄
> **信 封：** 河北省石家庄市河北师范大学中文系　050016
> 　　　　　　　　　　　　　　　　　　　　　陈超
> 　云南省文学艺术界联合会（地址：昆明市翠湖北路一号）
> **信 纸：** 中国美术家协会云南分会稿纸

陈超好！

　　见到9月8日的信。我想你不必担心，我的诗是否会被败坏，那要看我的诗本身如何。如果那些东西确实是容易被败坏，那只证明这些诗确实不行。我最近又写了一批东西。我想那将是无法模仿的。不久你会见到。我现在走得更远，也更信心十足。我相信我是掌握了和永恒对话的钥匙。

　　看见你在《文艺报》上关于第三代的文章，写得很扎实。我以为你是目前国内最好的诗评家，其次还有王干和唐晓渡。

　　对诗人的个性进行区分，现在是你们的事。指出第三代人并非混乱的群体，其代表人物，未必没有奠定比北岛更深厚的个人价值基础乃至永恒的位置，也是你们的责任。这可以把我们的诗和他们比较。我以为我们超越的不是北岛，而是鲁迅。

　　随着时间的深入，我们的诗将越来越显示出它的巨大价值。我深信这一点。

我只希望你能心平气和,好好写些东西。我期待读到你的更多文章。

　　祝

笔健!

于坚

1988.9.10

> 邮　戳：1989.2.27 云南昆明
> 　　　　1989.3.6 河北石家庄
> 邮　票：云南民居（10分）
> 信　封：河北省石家庄市河北师范大学中文系　050016
> 　　　　　　　　　　　　　　　　　　　　　　陈超
> 　　　　云南省文学艺术界联合会（地址：昆明市翠湖北路一号）
> 信　纸：《大西南文学》稿纸

陈超兄：

　　好！

　　信收到了。很少有人能像你这样准确地把握我的作品。《心灵的寓所》，我曾担心读者并不理解它的深意。那实际上是一个"中国盒子"式的东西。"诗意的互否"。我想，我已进入语言深处，诗歌本身所叙述的事，只是材料一类的东西，不是目的。诗人到这个层次，是什么都可以拿来写的，进入真正的自由。

　　你在《光明日报》上的文章我读过了。很好。中国诗评缺的就是这种分析一粒米的文章。许多评论者往往喜欢写大而洋洋的文章。把诗人分成许多派，而忽略他们之间那些最本质的区别。这或许是评论者本身无法把握、无法从结构来分析诗人。或许许多诗人根本就经不住显微镜的透视。北京一些评论家就是最热衷这类群体扫描的文章。在一大堆名字里，把自己的哥儿们全都填上去。我以为这样的评论以及这类的诗选,可以休矣!

我最近又仔细研究了新诗的结构。

"朦胧诗"以前,诗的语法结构多喜用判断句、祈使句。而当代诗人似乎叙述句用得特多。我当然不以为诗人不能判断,问题是有观念的判断与语境造成的判断、祈使,你是否注意到这一点?"我不相信"——这是一种价值判断。另有一种现代判断,它不是价值上的而是语境、语感造成的。这个问题,是否和传统文化思维有关?宋词,很少判断而多叙述。而唐诗却多判断。你或可想想这个问题。

老木在《读书》二月号有一文章。他硬要在诗人中分出两派,而不强调他们的个人价值。我不知道是否我们真的就那么"不高贵",一定要写希腊、写雨季才能高贵?这个问题几年前我以为在年轻一代已是解决了的问题,不想,近一年,年轻诗人又要"高贵"去了。我最近又看了《约翰·克里斯朵夫》,克里斯朵夫对法国上流社会的虚伪文化的深恶痛绝。他们以"德国派"自居的坚决态度给我(留下)很深印象。以前读尼采,尼采也是多次痛骂"德国上流社会文化"。一些诗人那么多想当"贵族",真是令人悲哀。你可以看看他们的小传,往往是什么"曾译为×××到过某国云云"。这是年轻一代的心态么?真令人悲哀。才过去了几年,许多"斗士"就已经面目全非了。

程光炜已来信,我复了。

祝

好!

于坚

1989.2.25

邮　戳： 1989.4.20 云南昆明
　　　　 1989.4.25 河北石家庄
邮　票： 云南民居（10分）
信　封： 河北省石家庄市河北师范大学中文系　050016
　　　　　　　　　　　　　　　　　　　　　　陈超
　　　云南省文学艺术界联合会（地址：昆明市翠湖北路一号）
信　纸： 中国作家协会云南分会

陈超兄：

　　好！

　　前去一信，不知收到没有，北京我暂不去了，拟找个机会，举家一起北迁。你的书出来了没有？我的诗集月底可出。

　　中国人现在精神愈发堕落，我常悲观。往昔对重建的信心，日益丧失。最近云南开××会，"作家"们丑恶无比的表演，真令人绝望。我由于力主从作家立场出发说话，因而几乎得罪了全部云南"作家"们。看来还是埋头写作好，可我又是耐不得寂寞看不惯无耻的人。总是要惹一些事。我的经验，最好不要理睬或评说那些使民族精神日益堕落的人们。要当鲁迅，需得百个阵地。

　　《人民文学》四月号有我几首早期的作品。

　　祝好！

　　　　　　　　　　　　　　　　　　　　　　　　　于坚
　　　　　　　　　　　　　　　　　　　　　　　1989.4.17

> 邮　戳：1990.2.10 云南昆明
> 　　　　1990.2.14 河北石家庄
> 邮　票：北京民居（8分）
> 信　封：河北省石家庄市河北师范大学中文系　050016
> 　　　　　　　　　　　　　　　　　　　　　　　陈超
> 《大西南文学》（地址：昆明市　电话：24534　邮编：650031）
> 信　纸：中共昆明市委党校稿纸

陈超：

好！

大著已读，很新，很准确，对我理解一些一向不太感兴趣的诗人很有帮助。公正，是你最令我喜欢的品格。

这样的一本书，真叫人嫉妒。

一辈子能这样地出十本，我看此生不虚度了。

我现在写得少，想得多，看得多。

我在考虑的主要是：对自己过去作品的批判。以后有机会给你细说，我要努力摆脱以往的干预，哪怕这会导致抛弃读者。

九十年代，我以为是"操作的时代"。中国文学已到了这样一个时期，仅仅是"才气、空灵"是混不得的，时代需要"巨匠"。"为诗人写作的诗人"。

我现在一反往日的单纯空灵和对整体感的强调，我想得更多的是怎样更"分析"些。对"语感",我现在也有另外的看法。这个东西,受传统影响还是很大。

最近,在读波普尔的《历史决定论的贫困》。我想,你也找这书来看看,可以悟出很多东西。

我的诗已寄给杨。未见回音,你问一下吧。

想念你!

于坚
1990. 2. 10

邮　戳：1990.11.20 云南昆明
　　　　　1990.11.24 河北石家庄
邮　票：上海民居（20分）
信　封：河北省石家庄市河北师范大学中文系　050016
　　　　　　　　　　　　　　　　　　　　　　　陈超
　　中国作家协会云南分会（地址：昆明市翠湖东路三号
　　　　　　　　　　　　　　　　　　邮编：650031）
信　纸：《大西南文学》稿纸

陈超：

　　好！

　　来信收到了，很高兴又听到你的声音。

　　我现在日益抛弃读者，更喜欢分析和"无话可说"的境界。斯特拉文斯基说他在没什么想法时才对一张白纸开始作曲。我现在也是如此。《乌鸦》，我尝试了若干种不同方式。灵感、冲动完全是靠不住的。最近读李约瑟的《中国科学技术史》，他说中国人的"理性"是对"人际关系"而不是对"物"。我现在很理性，很重视这个东西，正是"物"这一方面。

　　我想，浪漫主义才子们的时代该结束了。诗人应当是作坊中的"操作者"。我最近系统地读了乔伊斯，中国人对他的理解仅仅到"意识流"为止，真是可叹。乔伊斯是"在着"这种意义上的现实主义。一些诗人把海德格尔理解成农业社会的行吟哲人，真是可悲。中国今天的所谓先锋诗人，多数是靠灵感、直觉、隐喻过日子的才子，而少乔伊斯这样的真正"作家"。

中国人是用浪漫主义的方式去理解现代主义，因此他们特别喜欢拉美作家、埃利蒂斯、帕斯这些浪漫主义变种的诗人，而伟大的卡夫卡、乔伊斯、弗罗斯特以及后来法国罗伯·葛利耶这些人，不被理解，也不会被重视。中国思维模式和十九世纪的爱尔兰一样，天生排斥着乔伊斯这样的作家。浪漫主义、矫情、激情充斥诗坛。

今天的中国诗人，我觉得杨黎是个很不错的诗人。他看到这个时代大多数人，包括韩东都没有意识到的东西，更不用说海子、××这些浪漫主义者了。我近来经常和杨黎讨论这些问题。

另外还在读福柯的东西，以及他旁边，巴尔特这些人，非常好。真想和你长谈一回。

结婚是种讨厌的事，对写作来说，完全是个负担。当然我得承受。

祝好！

于坚

1990.11.10

> **邮　戳**：1993.10.10 云南昆明
> 　　　　　1993.10.15 河北石家庄
> **邮　票**：上海民居（20分）
> **信　封**：河北省石家庄市河北师范大学中文系　050016
> 　　　　　　　　　　　　　　　　　　　　　　陈超
> 　　　中国作家协会云南分会（地址：昆明市翠湖东路三号
> 　　　　　　　　　　　　　　　　　邮编：650031）
> **信　纸**：《人民文学》稿纸

陈超：

　　好！

　　来信所言极是，尤其是，先锋诗如仅以反北岛为价值出发点是极可怕的这一点，我非常赞同。其实这个时代，需要的正是浪漫主义和理想主义。只是伪浪漫太多，乌托邦太多。我这人本质上是一个浪漫主义者，仍坚持诗，仍坚持拓展诗的"批判权力"。我发现我八十年代回到朴素，人生的初衷现在已被曲解为与现实的"和解"。伪浪漫主义表面上不食人间烟火，骨子里是媚俗。《0档案》是语言批判，已有一大型文学杂志要发表，月底可见，头条推出，或将引发争议。望兄到时发言。贺奕已写了一篇《九十年代诗歌事故》同期发表。

　　中国当代诗歌如不能进入经典时代，出现经典意义上的诗人，如鲁迅、胡适当年，其八十年代的风云就只是一种文化现象，甚至只是一个有七十三或二十五个蹲位的公共厕所。对于真正的诗人来说,最好的办法也许就是从这种诗歌大合唱中逃亡,韩东是一种方式,奔小说去。我则仍企图通过诗来和所谓第三代人、先锋决裂。《0档案》是这种方式,但决裂不是目的,诗的语言批判的恢复是主要的。你不觉得那种一个又一个的选本令人恶心吗?《××》也是越办越令人恶心。诗歌蹲位。陈超,或许我们应当跳出来,以另一种眼光看看世界。我今天有一种心境,看诗坛如看台球桌上那些盲目被人用杆子操纵的球弹。我想,我是那杆子,但我决不再去击球。

于坚

93.10.10

邮　戳: 1994.6.7 云南昆明
　　　　1994.6.11 河北石家庄
邮　票: 上海民居（20分）
信　封: 河北省石家庄市河北师范大学中文系　050016

　　　　　　　　　　　　　　　　　　　　陈超

　　　云南省文联文艺理论研究室（地址：昆明市翠湖东路三号

　　　　　　　　　　　　　　　　　　邮编：650031）

信　纸: 云南省文联稿纸

陈超：

　　好！

　　钱已收到，非常感谢。

　　我买了一台电脑，写作是另一种境界。

　　布鲁塞尔未去成，但《0档案》的戏剧形式在那个艺术节和巴黎戏剧节上演，前后十场，老戴领会了，很轰动！说是"来自中国的卡夫卡故事"。

　　你忙什么？你们的那本书至今未见踪影，只收到北师大寄来的15元！

　　有事来电话、信。

　　　　　　　　　　　　　　　　　　　　　　　于坚
　　　　　　　　　　　　　　　　　　　　　　　94.6.6

邮　戳：1995.7.9 云南昆明
　　　　1995.7.15 河北石家庄
邮　票：上海民居（20分）
信　封：河北省石家庄市河北师范大学中文系　050016
　　　　　　　　　　　　　　　　　　　　　　　陈超
　　　云南省文联文艺理论研究室　昆明翠湖东路三号　650031
信　纸：云南省文联稿纸

陈超：

书看了，你这几年确实很勤奋，看得出来你的专业精神和思路。你小心地挑选了几个人，又小心地说了一些不让他们难堪或彼此不满的话。这是你为人的忠厚所在。但对批评家也许在最终却是致命的。

贵州我的收获与你一样，知道了朋友们的想法。这个时代还有纯粹的批评或诗吗？我很怀疑。一万之类是小事，但围着一万或五十万上演的闹剧却完全令我吃惊并印象深刻。我本来是对这次会议寄予希望的，正如你一样，我一直是一个严肃并且认真的人。

在诗人中写。写作这件事上，我同样孤独。正如你所说，我在诗人中不会得到更多，但我一直努力做的事，正是要让"诗人们"不投我的票。诗，是一件比"诗人们"更伟大的事。我对诗一直有一种使命感，我要负责的并非"诗人们"，而是更伟大的东西。而诗人们，与我同时代，恰成为我在"途中"的一批靶子。

为什么写诗,在这个"词不达意的时代"已经变成了一个"小世界"中的小把戏。因此,伟大的诗人的首要出发点,就是与他的时代的"诗人们"断开。

这并非什么"先锋"姿态,而是来自一个人最起码的真实。

什么时候,找个机会,我也去北戴河玩玩。

好!

于坚
95.7.9

> **邮 戳：** 1998.2.6 云南昆明青云街
> 　　　　1998.2.13 河北石家庄
> **邮 票：** 江西民居（2元）
> **信 封：** 河北省石家庄市河北师范大学中文系　050016
> 　　　　　　　　　　　　　　　　　　　　　　陈超
> 　　　　云南省文联文艺理论研究室　650031
> **信 纸：** 笔记本纸

陈超：

好！

人在各个时期，想法不同，甚至自相矛盾，我也常常如此。这是好事，不断自我否定、自我调整，为的是更近真理。

"乌托邦××"，其实是诗歌中的主题之一，硬要变成"话语"其实不通。桃花源中人语是不可能与违禁人的话语"通信"的。如果限于某些"大词"，它难道不是二十世纪以来最媚俗的么？

隐喻，就是"山脚""桌腿"么？我看到××这儿说，很吃惊。世纪末的知识档次低啊。隐喻拒绝，如果绝对理解当然有问题，但我不是理论家，我讲的东西，靠的是经验。我常讲反传统，但后来发现我讲的"传统"，恰恰不是唐诗宋词那个传统，而是二十世纪的"隐喻"传统。

寄给你两篇文章，可否推荐给《文论报》？去年我写了两个长诗，一个在《作家》三月号上,《哀滇池》,另一个更长,《飞行》,会发于《花城》。

　　祝

春安。

于坚

98.2.5

> **邮 戳:** 2001.10.21 云南昆明
> 2001.10.25 河北石家庄
> **信 封:** 河北省石家庄市河北师范大学西校区文学院
> 050091
> 　　　　　　　　　　　　　　　　　陈超
> 云南省文联文艺理论研究室（地址：昆明市翠湖东路三号
> 　　　　　　　　　　　　　　　　邮编：650031）
> **信 纸:** 于坚个人专用信纸（标明通信地址、电话，中英文，
> 右上角有战国马图案）

陈超：

　　书收到了。很不错，至少作为选本，西方诗歌选来选去，也就是这些了吧。影响，也就是选本、译文的影响，但它必须是一流汉语。如果没有译成一流汉语而在原文是如何一流，也是白搭。

　　我觉得你确确实实做事的精神是很可贵的，天道酬勤。

　　又：如何西方诗可译出一流汉语效果？因为汉语有一流的传统，故此我们可以有一个标准。这个标准恰恰不是由西方诗歌建立起来的，而是汉语自己的传统。

于坚

2001.10.21

程光炜致陈超（1通）

> **邮　戳：** 1990.1.4 湖北黄石
> 　　　　 1990.1.8 河北石家庄
> **邮　票：** 北京民居（8分）
> **信　封：** 河北省石家庄市河北师范大学中文系　050016
> 　　　　　　　　　　　　　　　　　　　　　　　　陈超
> 　　　　　湖北师院中文系　程　435002
> **信　纸：** 湖北师范学院备课纸

陈超兄：

　　好！

　　信悉。谢你为南野那篇文章说项。我这就将它另给一处。

　　不知《诗歌报》预告的写海子和骆一禾的"重要文章"是不是你所为？我们真该为海子写点什么。他从容死亡的意义，恐怕不是一个短期的话题。

　　所以，圣者海子在人类尽头凄厉的嘶喊，就分外令人颤栗。一个人当不为自己活着或死去的时候，他才真正能领受幸福。

　　晓渡和谢冕要弄一个百科全书，让你和我等集体参与。不知会弄点什么名堂？

　　你和朋友的信，每次都让我不胜快慰。

　　再叙。

祝快乐！

光炜

1990.1.3

　　对了，河北明年乡土诗会我就不再去了。我觉得自己早和他们了结了。不过朋友还是要做的。

又及

陈超致程光炜(4通)

> **信　纸**：河北省作家协会稿纸

光炜兄：

你好。昨天刚发走一封,今天又收到大函,心下痛快!

的确如兄所言,我们会被很多人误解,我也有此忧虑,但我又想,真正的内行是会理解我们文中细节的含义的。这两年我的写作日趋艰难,主要也是我对形式批评的陌生。你清楚,我一直搞的是语义阐释,路子熟了,形成惯性。我的主场始终是存在主义的,没有更新的东西。因此,我现在感觉还是"在路上"。但是,我觉得,作为评论家的我们存在并言说的基本依据恐怕还是独立的个人性。先保持住这一点,并加深这一点,方能形成个人的强烈性、连贯性。

你的形式批评和语义(文本)阐释均非常杰出,有目共睹。你的文章锐利、广阔,又对形式体会准确,让我羡慕。我想,在几年后,我最终还得进入对诗本体依据的专业性研究。我已做好转型准备。

你尽心帮助我约稿,而且都是一流的,让我怎么表达谢意?我为《文论报》组稿,是想做点事的。《文论报》信任我,我也想让《文论报》站起来。墨先生和昌切的稿发出来并已寄去样报;另一位下周见报。

均是好稿!!

不知兄这次约的是理论还是评论?因我只负责理论版。最急切的是需要你的大作。请放开写,尽快寄我。一定。字数可长。

你的文章入选的是《生命形式》,吴思敬负责编,已复印送他。再写。什么时候到我这住几天?

紧握

你永远的兄弟:陈超
1993.5.21

信 纸：河北省作家协会稿纸

光炜兄：

你好。来信收到。你洞开了一个关键问题，使我获益很大。你的广阔、扎实、学者风度，值得我学习！

前几天，我到保定，见到了我89(1989)年的那本《辞典》，立即给你挂号寄出，请注意查收。收到请来一信。

钱文亮的文章已发，收到了吧？《文论报》正梳理财务，稿费可能稍迟寄去。此情况还望转达墨、昌切、钱三先生。

我的另一本书如顺利，年内可望印出，到时一定及时寄兄批评。

评陆健的文章已转评论版。编者不太痛快。因压稿多，人际关系复杂，很可能难以见刊。我与编者关系一般，尽量争取，但把握不大，请老兄谅解。有消息再告。

为大作写序，我非常愿意。但怕写不好。如写不好，就请撤掉，朋友之间勿客气。我等着校样来。何时放假？有时间到我这玩几天吗？随时等你的大作。再写。

紧握

陈超

1993.6.9

如你一时动念自己为序或想另择人写,也请不要客气。

又及

注:这封通信没有信封且信的落款也没有标明是哪一年,程光炜老师也不能确认。因为信中涉及钱文亮在《文论报》所发的文章,编者遂在2021年9月3日上午给钱文亮兄发了一个信息:"文亮吾兄,久未联系,一切好吧！您当年在河北的《文论报》发过一篇文章,还能否记起或查到当时的时间？能确认是哪一年就可以。我在整理陈超老师的材料,需要确认下。谢谢！"文亮回复"晚上到家查一下",当时他正在参加学校新生见面会。当晚九点四十二分,文亮兄发来信息:"俊明,晚上好,我的那篇文章《后现代主义:于无所希望中得救》发表在1993年6月5日《文论报》上。是陈超老师托程光炜老师约的稿子。祝一切顺利！"根据陈超与程光炜信中所涉及的信息,可以确认这封信的写作时间是1993年。

信　纸：河北省作家协会稿纸

光炜兄：

你好。来札拜悉。在新的一年开始时，你的一切愿望都是我所祝福的！

最近怎么样？一定又有杰出的想法和文章出来吧。你扎实、智慧，外语又好，这都是我钦佩的。中国现代诗学因为有了你，在现在和将来，会更朝专业化方面迈进。我相信，我的想法不会错。

现代诗创作现在又趋活跃，冒出一些新人。但我的目力仍集中在八九年前出来的同龄人身上。我认为，它们更具内力。这点，我想我们看法一致。

什么时候出来玩玩，到我这儿，住几天。

问候你全家。

陈超

12.24

信 纸：河北省作家协会稿纸

光炜兄：

您好。

《中国当代诗歌史》收到，先匆匆翻了一下，感觉甚好。这种重大工程，不仅需要对史的深切了解，也需要对诗歌文本独特的敏识。而这些，你都具备。这不是资料、史实的堆积，而是含有你的史观，你内行的筛选。特别是90年代，有重要的个人识见。因此，我有时间会好好读读，我现在一周9节课，还有一些必须履行的写作"任务"（已答应人家的约稿）。我的诗集三月底可出，到时寄兄。

紧握

陈超

2004.2.18

唐晓渡致陈超(8通)

邮　戳： 1989.3.19 北京
　　　　 1989.3.21 河北石家庄
信　封： 河北省石家庄市河北师范大学中文系　050016
　　　　　　　　　　　　　　　　　　　　陈超
　　　　　　　　　　《诗刊》社　100026
信　纸：《诗刊》社全国青年诗歌刊授学院稿纸

陈超兄：

好！

5日大札悉。迟复了几日，甚歉。

你的热情使我惭愧。扪心自问为诗都做了些什么，常使我夜半困窘。无论是出于不为还是不能，我都逃脱不了这根无形鞭子的抽打，并且注定还要被抽打下去。日前接到××和××的信，称他们春节后在《星星》搞了一次对话，着重说了建立先锋诗歌内部的批评风气问题，顺便收拾了一些所谓"批评家"，包括我，为此我感到高兴。或许来自外部的鞭子有助我解脱内心的绝望和孤独。我多么渴望自我解体，但理性中毒太深，以致无法自救。我一直暗中企求被摧毁。

杨松霖的稿约我早收到了，终日疲于奔命，竟未能遵命（实在说压根儿就忘了）。若此从一开始就预支内疚的事已干过很多，对不起许多朋友。请向松霖、小放转达我的深深歉意。日后或可以别一方式效力。

　　近期正筹办首届"幸存者"诗歌艺术节,甚为忙碌,若无特别意外,艺术节可望4月2日举行。你有无兴趣来玩玩？或可再延至4月中旬,届时欧阳(江河)、翟永明、钟鸣等将一起来京。

　　"青年诗歌研讨会"的事亦在同时与四川方面联系,主要是资金问题。一俟定夺,会随时告你。

　　匆不一一。

　　紧握！

晓渡
3.17 灯下

邮　戳：1989.8.7 北京
　　　　　1989.8.10 河北石家庄
信　封：河北省石家庄市河北师范大学中文系　050016
　　　　　　　　　　　　　　　　　　　　　　　陈超
《诗刊》社　北京市朝阳区农展馆南里十号文联大楼　100026
信　纸：《诗刊》社稿纸

陈超吾友：

　　好！

　　8月2日大札悉。5月中旬曾收你一函,本当细细作复,然实难理论学术。尚祈鉴谅。

　　我尚好。近五个月没怎么写作了,看来一时仍提不起笔,暇时唯读读闲书遣兴。但我终要回到语言文字上来。至觉此乃唯一——至少在眼下——自救之途。我们这些人百无一用,只有一点好处,便是永不致自暴自弃。

　　常念你,常来信。

　　遥握！

晓渡
1989.8.6 匆匆

邮　戳：1990.5.3 北京
　　　　　1990.5.5 河北石家庄
信封（挂号）：河北省石家庄市河北师范大学中文系
　　　　　050016
　　　　　　　　　　　　　　　　　　　　　　　　陈超
《诗刊》社　北京市朝阳区农展馆南里十号文联大楼　100026
信　纸：《诗刊》社稿纸

陈超兄：

　　好！

　　大札日前悉。我是13日自山东返京的，回来后一直在等你的信。

　　孔孚的会开得还过得去。发言之热烈、认真在历次诗会中尚属少见。我也写了篇文章，凑凑趣而已。但最真心的几个朋友弄得不甚愉快。看来，在中国要形成真正的批评和学术风气，的确也难。

　　《大百科》的事真是命运多艰。那些天内我的心境真是坏极。近来稍稍平复。我们只能诉诸时间疗法。我想，《大百科》的事应尽可能少受影响，撰写工作应立即开展起来，并且该怎么写就怎么写。我已给李震去信，请他先将四川一块负责起来。此情况亦已向谢、张、蓝、邢诸君通报。他们均表示同意。想着这些事，我们理应更努力地工作。

　　你在信中所说的，李震、光炜来信亦都提及，我已与谢冕说好，近期内碰个头,把该删的统统删去。需要增补的,可逐步增补,删下的,就不拟一一商量了。否则没完没了。

我请刑天尽早把部分原稿寄你。寄你的部分即是由你负责的部分。此前你可先写胸中有数的。有什么情况,我们可随时联系。

苗雨时的这篇文章,××说不拟用了,嘱稿退你。说来惭愧,我还未动笔写《鉴赏辞典》的评论。但既已说好,我一定会写的——就在近期。放心。

"笔谈"不搞了,是好事。我也不知个中奥妙。

芒克诗集之事,我这两天就办,然后立即给你寄去。

我这些日子忙于处理一些堆积的杂务,此外写了几首诗,修改了几首译作。下面准备坐定下来,和两部辞书纠缠。

我皆好,崔卫平、闹闹也都好。你何时能再来做客?

紧握!

晓渡
4.30

邮 戳：1991.11.26 北京
　　　　1991.11.28 河北石家庄
信 封：河北省石家庄市河北师范大学中文系　050016
　　　　　　　　　　　　　　　　　　　　　　陈超
　　　　《诗刊》社　北京市朝阳区农展馆南里十号文联大楼
信 纸：北京电影学院稿纸

陈超兄：

　　好！

　　来信早已收悉，因一直等打印《汉诗》冬季号稿子以及评奖筹备通知，迟复为歉。

　　冬季号本拟在川印，后钟鸣来信称有困难，又转至北京。这一卷我们商量拟增加批评之"半壁江山"，已组了一些稿，但尚未有十分精彩的，你正在写的那本书（或已写完？祝贺你）是否有适合的篇章？还请寄来一二，或另撰一三四千字专论（评）亦好。总之，此番是请你扛鼎。稿子最好于12月中旬前后寄我。

　　说到评论，我一直有一想法。当代诗歌评论之落后局面亟待改变，这里之落后，一是意识薄，二是队伍弱，三是陈旧零落。我总想能由你我牵头，自办一个评论刊物，虽不能扭转乾坤，但只要持之以恒，总能期望有所改善。尤其是在目前情况下，我们不能守着自然主义，以至无所作为。现在困难的是经费,或者我们可再邀约几个同道,一起运筹谋划? 一年能出三期,就很可以了。对这十多年的诗歌发展,批评欠债最多、最重,将来对历史、对自己,总要有个交代。当然此事难度很大,也是我一再踟蹰的原因,这里提出来,你看看有无兴趣和可能?

总是说去石家庄,看来一时又很难提上议事日程了。这学期卫平带闹闹住到小西天,我两边奔走,她们同样是不轻松。前些日子和刘东通电话,说到你,我们都希望能聚一聚,谈些诗的事。不知你近期有无可能分身来京? 当然,实在不行,还可以往后推一推,或我们择日去你那边。

郁葱已回信,留用了刘某一首。

盼你复信。

紧握!

晓渡

11.23

邮　戳：1992.6.18 北京
　　　　1992.6.20 河北石家庄
信　封：河北省石家庄市河北师范大学中文系　050016
　　　　　　　　　　　　　　　　　　　　　　陈超
　　　　　　　　　　　　　　　　　　　　《诗刊》社

信　纸：《诗刊》社稿纸

陈超兄：

　　好！

　　昨天刚从山东"榴花诗会"（实是一次友朋聚会）回来。此行5天。行前两天接到你的信及谢冕的文稿，当即附寄《读书》编辑部吴彬女士。刚才与她通了电话，她说已决定用。请放心。说来惭愧，我本来是答应为你的"辞典"写一书评的，七拖八拖竟不了了之。

　　在收到你这封信之前，曾接到你的另一封长信。读了很感动。可是一直未作复。今年我的心境前所未有地糟。尤其是我大哥于4月1日突然过世，（对我）在精神情感上的打击尤大。整整两个月，一直胸闷，头疼，气沉，且记忆力骤减，竟日恍惚，有的时刻可以说到了崩溃的边缘。我与我大哥自小感情甚笃；他正当华年突然撒手而去，是一件（我）无论如何也接受不了的事情。这次去山东，很大程度上也是为了调整自己。现在我的感觉已经好多了。

　　在这种情况下根本无从写作，就连书也读不进去。事实上，今年以来我除了每月写一篇名作精读外，几乎没有干什么事。上次来信中说到经络的困扰和冲击,我亦感受甚深。看来我们只能把写作当成命运来接受。其应对姿态无非有二:或以不变应万变,或以变制变。当然还可以两手并用,但难度很大。说到底我们是负有使命的(不管"使命"一词在今天听来有多么可笑)。我想任何时候都不应放弃对这一点的意识。

脑子很乱,亦很钝。有不止一次去石家庄的机会,都被我最终放弃了。而我是多么希望能和你做一次灯下长谈。然而无论怎样变,像我们这样的人将会越来越像堂·吉诃德,这是可以料见的。我这不是在感叹生不逢时,而只是说,要认命。

有一件事。我去年底曾寄一篇文章给《文论报》的××,但寄去后至今一直音讯全无,那是一篇为《台湾青年情诗选》写的序文,6000余字。我甚至没有留底稿。我已去过二函询问,亦不见复。有时我甚至怀疑我是否真的寄过稿,抑或是根本就没有××这个人,要不就是突然土遁了。见信后望能于便中去《文论报》问一问,并将结果及时告我。拜托了。

匆不一一,紧紧握你的手!

卫平嘱我问好!

晓渡

6.17

> **邮 戳：**1993.7.22 北京
> 　　　　1993.7.24 河北石家庄
> **信 封：**河北省石家庄市河北师范大学中文系　050016
> 　　　　　　　　　　　　　　　　　　　　　　陈超
> 《诗刊》社　北京市朝阳区农展馆南里十号文联大楼　100026
> **信 纸：**《诗刊》社稿纸

陈超兄：

好！

信和照片均悉。卫平的文章让你如此费心，真是不好意思。

闹闹读了你的信，大乐。她特为你作复，或许还是后现代什么的。

新一期《文论报》上周伦佑的文章读了，主要观点与《红色写作》以来包括《大展》上的大同小异。把"红色写作"当作"非非"艺术概念来用，也更像一种个人情绪的投影，而缺少理论上的严谨性，也不应该把"红色写作"和"后乌托邦"云云混为一谈。

最近孟浪约来了李震的一篇谈"反神话写作"的文章，大概是《文论报》上那篇的原型，李震和周伦佑一样，都立足自身生存，这我很同意，但所谓"反神话"本身就是一种神话。可见真正坚持所谓"诗歌精神"（它不能不是非个人的）有多么不易。什么时候人们才能摆脱那种非此即彼的形而上学思维方式？！

我越来越坚持诗是一门平衡的艺术。我希望在这个意义上重新探讨"纯诗"理想。诗既不可能成为现实,也不可能成个人的某种延伸。

最近我为俗事所累,岳父母刚走,亲弟弟又来,家中人满为患,根本无法写作。他们走后,我们或许会去你那里,以清心理气。时间大概在八月下旬,不知那时你方便否？先打打招呼。若有困难,请直说,我们另行约定。

专此

紧握!

晓渡

7月21日

又：

那篇拙文《结束与开始》已发《作家报》,我留的一份找不到了,文章又没留底,烦劳寄你的那份复印一份寄我。可笑。

> **邮 戳：** 1993.9.2 北京
> 　　　　1993.9.5 河北石家庄
> **信 封：** 河北省石家庄市河北师范大学中文系　050016
> 　　　　　　　　　　　　　　　　　　　　　陈超
> 　《诗刊》社　北京农展馆南里十号文联大楼　100026
> 　（注：陈超在信封背面注明信中所谈到的崔卫平的文章《诗歌与日常生活》是10500字。）
> **信 纸：**《诗刊》社稿纸

陈超兄：

好！

日前一信收悉。《火焰或升阶书》已读了，文章更近于诗性的阐释，颇有力度。读时犹如在刀刃上行走，而刀刃两边，一边是生存，一边是语言。这也是我一直暗中希冀而又始终力所不逮的评论道途。

但同时又有某种不适感，主要是就语言风格而言。大致有二：一是过于内敛，反而失却了张力；二是语词密度太大（说到这里，过去王光明说我文章的感觉，现在却反转赠了你），盘曲过频，以致内部空间局促。这两个问题其实是一个问题，它一方面体现了你思想和焦虑的深度，另一方面，恐怕亦与刻意追求专业化有关。不够专业化，甚至说外行话一直是诗歌评论的一个大问题，但同时似亦需注意，不能走向反面，使评论语言成为过于狭隘的"行话"，甚至"切口"。总之，所论必须专业，而语言必须通达。通而达之，必定是很不容易的。以上只是一些感觉,不作数,谨供参考。

卫平又写成一文,自我感觉是最重要,同时也写得最好的文章。希望你能特别关照一下。我读了,觉得确实提出了一些不能说不重要的问题,可惜未能从先锋诗的内部行踪入手,因而基本上还是思辨性的,说服力不是很强。这当然和她对先锋诗的全貌不够熟悉有关。但无论如何,能提出一些问题,即已具备了价值。

能否如我所希冀的那样处理,由你定夺——《文论报》新换了人,你有难处,这我已经知道了,不过就这篇文章言,难处倒不在此。关键是未就"日常生活的诗意"这一核心问题做出深入、具体的探讨。也许她说的是对的,权作一个"引子"罢。

我最近在读《×××》,拟就"进化"思想的流弊写一文章。详容后谈。

匆匆。

紧握!

问小杜及孩子好。

晓渡

1993.9.1

> **邮 戳**：1996.1.16 北京
> 　　　　1996.1.18 河北石家庄
> **信 封**：河北省石家庄市河北师范大学中文系　050016
> 　　　　　　　　　　　　　　　　　　　陈超
> 　　　　　　　　　　　　　　　　　《诗刊》社
> **信 纸**：《诗刊》社全国青年诗歌刊授学院稿纸

陈超兄：

好！问小杜好！

昨日一路顺利，准点安抵北京。出石家庄不远，即片雪不见，我是替闹闹白欢喜了一场。

数月来每每感念着你的心绪，及至这次见后，放心多了。一年当中陈默的智力发育显然大有进展，可见所谓已成定局，仍有相当余地。世间许多事，非人所能料能及，可为可言者，尽人事而已。我相信，最终"人事"亦将显示为"天意"的一部分。

困难在于，他人视为非常者，你和小杜要视为日常，并非仅仅是从自我宽解的角度说，这也是一种"平常心"的修炼。所谓深谋远虑，于此无非是把可能的结局估计透，否则反而陷于有害的自我折磨。"平常心"对陈默也同样重要；在这方面，没有什么比自然的亲情更好的培养基了。你和小杜都是非常注意细节的人，我从旁观察，颇感欣慰。

有一条或是多言,就是在任何情况下,都不要当着孩子讨论他的病情,不要让他形成是个特殊的孩子的自我暗示。孩子愈大,这一点就愈重要。在很大程度上,这将是他平衡自我和环境真正的自己的支点。

陈默的机械记忆能力不差,可着意加强之,机械记忆并非只是机械记忆,经过积累而转化,是完全可能的。

假期旅行可作为一个固定的项目安排,利当远大于弊。时间不必长,7～10天即可。今年寒假就来实施,第一站就定北京,如何?你和小杜可于腊月二十七、八携陈默来,我处虽不宽敞,尚安排得开。我们一起过个快快乐乐的春节。这也是卫平和闹闹的心愿。请一定认真考虑。

暂此

远握!

问伯母、陈默好!

卫平、闹闹嘱笔问好!

晓渡

96.元.15 灯下

崔卫平致陈超（3通）

邮　戳： 1993.8.21 北京
　　　　1993.8.24 河北石家庄
邮　票： 癸酉年（20分）
信　封： 河北省石家庄市河北师范大学中文系　050016
　　　　　　　　　　　　　　　　　　　　　　　陈超
　　　《诗刊》社　北京市朝阳区农展馆南里十号文联大楼　100026
信　纸： 内蒙古人民出版社稿纸

陈超：

　　"写作业"早收到了，谢谢你的关照。这几天忙着辅导闹闹小提琴考试，昨天上午刚考完，于是我才有了一点自己的时间。为人父母，当牛做马，真不容易。

　　并且我看了你给晓渡的信，读到重新琢磨奥登等人的诗，考虑诗与当代生活之间的转化，感觉这个思路非常对。我现在非常怀疑，中国当代先锋诗歌从一开始就走上了一条反现实，乃至反生活的道路，其间有多少成就、多少失误，这完全是可以重新反省的。照目前的情况来看，先锋诗歌本身已走进了死胡同，她艰苦努力的结果是使得人们不再读诗，这不仅对诗人本身是损失，是过于昂贵的代价，同样，对诗亦如此。那么，先锋诗歌就该自身出面反省自己。这不是妥协，或者是更高意义的妥协：向生活妥协，就像陀思妥耶夫斯基在流放期间反省自己更年轻时的作为一样。我以为那是一个更大的境界。永远地处于一种决绝、拒斥的姿态之中,时间长了,自身也未必有多少合理性,写出来的诗也不大气。我就不相信是生活全盘错了,而诗人永远正确。回想起来,像85、86年左右那种诗歌大潮中,有太多的幼稚、盲目、浮夸的成分,他们至今在人们心理以及诗歌语言上造成难以平复的创伤。也许我当时身处局外,今天也因此走得比较远,但从我现有的切身体验中,感受最深的一点是:所谓诗人(指中国当代)就是在自己的小圈子中忙忙碌碌,他们只看见自己眼前的一点点东西,而拒不接受现实的其他方面,甚至连自己之外的生活都不想去看一眼。这种狭隘的状态不可能产生健康的心灵,健康的情感,健康的诗。也许诗人们会说,我们的确病了,但这是因为时代;时代又何尝不可以说,我是身染重病,但这是因为诗和诗人,看看所有那些先锋派在我身上犯下的罪行吧。可以说,是时代摧毁了一个天才,海子,而海子又何尝不在摧毁这个时代! 在今天,将艺术推诿给时代已经不太适宜,大众文化普及的一个结果是,人们迅速地从任何先锋艺术那里汲取思想感情,把它们变成一种生活。当然,首先诗人们自己就过着这样一种为了体验、寻求激情而无限生长、分裂的生活,他们做着只有在想象中才做的事。至少,我感觉到我自己的生活,我们这个家庭的生活全被这种生活破坏了。我的反省甚至是从自己的生活开始……这当然说来话长了,我希望自己较少个人怨言,而要把它们升为理论。

十分希望日内能全家去你家拜访,许多问题可以谈得更透彻些。我常常感到,如果观点比较接近的话,只有共同做一件事才能把这件事做好。具体的行程,晓渡会写信给你。

祝

好!

卫平

8.12

邮 戳：1993.9.2 北京
　　　　1993.9.5 河北石家庄
信 封：河北省石家庄市河北师范大学中文系　050016
　　　　　　　　　　　　　　　　　　　　　　　陈超
　　《诗刊》社　北京农展馆南里十号文联大楼　100026
信 纸：《诗刊》社稿纸

陈超：

　　非常感激你一次又一次的关注和热情评价,对于正在努力"习此道"的人来说,它们是这样的珍贵和重要。有你这样一位敏感而又公正的朋友,是我和晓渡精神上莫大的安慰。暑假未能成行去石家庄看望你们,真是非常遗憾的事,好在国庆节在即,到时我们可以畅谈个痛快。

　　我近期内又完成一篇文章,许多想法在上次给你的信中已经谈到,我想它可能会引起更多的议论。这篇文章本来不想打扰你,今年实在是让你够费心的了,但想来想去,还是先寄给你。一来希望你能够更早地读到,它所涉及的问题都是当代实验诗歌中比较敏感的问题,很想尽早听到你的意见;二来你们的报纸今年以来影响越来越大,许多朋友都经常谈及它,在这样的阵地上"来点事",会让更多的人高兴和更多的人不高兴。

关于文章本身我不想多说了,需要略加补充的是,"日常生活"肯定是一个不久之后就被更多的人所谈论的对象,在社会大事件日益退出历史舞台之后,新上任的主角必然是日常生活,这是一个人们目前正在熟悉和步入的领域。

跟你陈超说,我自己当然知道这篇文章的角色和局限。它仅仅是提出问题,并同时澄清一些问题,但从未从正面更多地解决问题。我深知这个问题太大了,几乎像是一个圈套,一个人钻进去要想解决几乎不可能。所以与其"知其不可为而为",不如做自己能做的事,说自己能说的话,提出问题本身这已经够了。因此,说这篇文章"抛砖引玉",实在不是任何自谦,它实实在在像是一个引子。还是我先前说过的那句话:一个人要做成某件事太难了,最好大家一起来做。

如果可能的话,我想是否将我的另外两篇文章先压一压,将这篇文章先送出去,我当然希望它能更早地面世。如果没有可能,烦请你将它再寄还给我。这样为难你,真让人非常过意不去。

问候太太和孩子。

祝

好!

卫平

1993.9.1

邮 戳：1995.5.16 北京
　　　　1995.5.18 河北石家庄
信 封：河北省石家庄市河北师范大学中文系　050016
　　　　　　　　　　　　　　　　　　　陈超
　　　　　　　　　　　　　　　　　　　《诗刊》社
信 纸：内蒙古人民出版社稿纸

陈超兄：

读到你新出版的集子，拿在手上沉甸甸的，很结实的一本书。有的人的文章不能放在一起读，而你的文章放在一起读感觉更好。（想起不知是北岛还是顾城的一句诗，"思想像板斧，沉甸甸的"）很替你高兴。

寄上一篇我受人之约刚完成的文章，所约的那是一个叫作《中国电视》的杂志，我也从未见过，可见它没有人知道。而这篇文章是根据陈染执笔编剧的那个电视剧（写的），所谈论之事都是和陈染的小说有关的，富有文学性。记得《文论报》上也发影视方面的文章，请你给转去试试看。又添麻烦了，不好意思说谢谢。

问你母亲、小杜和陈默好！

愉快

　　　　　　　　　　　　　　　　　　　　　　　　卫平
　　　　　　　　　　　　　　　　　　　　　　　　5.12

徐敬亚致陈超（3 通）

> **邮 戳**：1995.10.16 广东深圳
> 　　　　1995.10.20 河北石家庄
> **邮 票**：云南民居
> **信 封**：河北省石家庄市河北师范大学中文系　050016
> 　　　　　　　　　　　　　　　　　　　　　陈超
> 　　　　深圳下步庙南区 23 栋 101 室
> **信 纸**：普通稿纸

陈超：

《诗探索》欲在"认识一个诗人"栏目中介绍一下王小妮，林莽近日到深圳办事到我家小坐，他让小妮请一个评论家写篇文章（万字以内）。

不知你有意否？有时间否？我与小妮都觉得你胜任有余，贵州归来后，我们全家去东北两个月。你呢？忙否？

尽快给我们信或电话，如可，我再寄你些她的诗。

敬亚

十月十五日

邮　戳：1996.5.24 广东深圳
　　　　　1996.5.28 河北石家庄
邮　票：上海民居（20分）
信　封：河北省石家庄市河北师范大学中文系　050016
　　　　　　　　　　　　　　　　　　　　　　陈超
　　　　　深圳市作家协会作家企业家联谊中心
　　　　　深圳市下步庙南区23栋101室　518032
信　纸：打印机专用纸（注：此信修改之处用的是红墨水）

陈超：

电话、电脑、电传……这些电，坏了人类的情感。如今，用笔写信，似乎已成为朋友间一种难得的奢侈！

原以为五月的北京会有那怀里之柔，那柔不成了，就只好变成一张邮票，你的信我一直未回，心里欠着不少话。

对王小妮的诗其实我也说不清，前不久李震寄来了他为《作家》写的评小妮诗文章的副本，在电话中我们探讨了评论的弊端。诗，只是诗，它先天地具有了道理，它总不会错，错只能是我的。诗本身就是一个说不清的事。王小妮自己更说不清。

在贵州，我曾与晓渡说，西方的齿轮能够测量东方蝴蝶那动人的翅膀吗？这是我对中国诗歌界的忧虑。而你来信说到的"说不清"可能恰恰是一种真实的感受。从你文章、发言甚至性格中我感到了你有一种明晰,正是那明晰还没有对准焦距时你感到无法动笔,我与小妮都相信你的真实。

今天更多的人都学会了写文章,在我当年写诗评时只要增加几个灵活的词语都会引出一片"才华横溢"的评论之评论。但是现在仿佛后生们都学会了才华横溢,他们还为自己装饰了更多的文本与语境等新的装饰材料,但是他们中有太多的脑子糊涂者。他们只是一些刻意仿造别人机器的笨拙齿轮!

我这几年在心里一直主张恢复两种感觉,一是恢复诗人的感觉,一是评论的感觉,恢复原本具有的先天具有的味觉、嗅觉和听觉,而王小妮诗歌恢复到的正是这个具有时代特征的难度!我们已经在另一种西方式的僵化面前笨到了连几段明白的中国话都弄不清的程度了!包括我自己在内!

你也这样看吗?

敬亚

拱手

五月二十二日

> 邮　戳：1997.12.11 广东深圳
> 　　　　1997.12.15 河北石家庄
> 信　封：河北省石家庄市河北师范大学中文系　050016
> 　　　　　　　　　　　　　　　　　　　　　　　陈超
> 　　　　深圳广厦报（深圳市下步庙南区23栋70室）
> 信　纸：《作家》杂志社稿纸

陈超：

  大纸长信，恍若隔世，纸笔之谈今朝已为奢侈之事。

  并非你的称赞，而是你古老的人文式基调，王小妮说是生命的评价，我们纷纷活到今日，早已知人达命，功利意义上的得失早已度外，真正让人动情的是作为生物之间的相互理解，许多年来我们二人活在官场之外、文学之外，然而与王小妮昨夜闲聊，回头看自己的文字，却依然还像个"文人"，中国式文人，矛盾而悲哀。小妮离人群日远，而我们难改世俗之眼，只有再活几年，试试再会如何。

  我用了两个晚上翻了全部九个诗人的文字，于坚我认为最好，其次略有失望，××明显有凑笔之嫌，西川内中含不少课堂内外之笔，××自以为深入于诗却可能恰出于生命之外，钟鸣游戏于文字书堆之中。我最不敢乱说的是陈东东，他（的）是一本准专著，深深地陷入词语深处，最有知识分子之风。仔细看来，每人一貌倒也相映成趣。这其实也是今日之诗坛"老派"人物之一瞥。

生命的活力是第一层次,在意念与人格的意义上包括操作方面是第二层次,更强更清澈的哲学、美学或者说透明度,我指的是内在(灵魂与自省)与万物达成的高度是第三层次,并非由于夫妻,我真的觉得王小妮具备某些更高更辽远的可能性,更多的人还是凡夫俗子,包括最俗之我。我只是一天也不想衰老下去而已。中国一整代人之中能产生一个两个心静如水用汉字自成一格者已属大幸,而我或更多人不过是活过了一些年又乱写了一些字而已。我其实真的是从人类的角度越来越悲观!

敬亚
十二月九日

周伦佑、蓝马、杨黎、刘涛致陈超(1通)

邮 戳: 1987.6.6 四川成都
　　　　1987.6.10 河北石家庄
信 封: 河北省石家庄市河北师范大学中文系　050016
　　　　　　　　　　　　　　　陈超
　　　　　　　　　　《江汉论坛》编辑部
　　　　　　　　　　四川新都县文化馆
信 纸: 普通稿纸

陈超先生：

　　寄上《非非》和《非非评论》第二期。

　　《非非》创刊号出刊后，受到朋友们的关注。在热情的肯定与迷惑之间，也听到一些有保留的意见。主要的保留之点是："非非"的作品尚未与理论达成同步。我们敢于正视这点。"非非"主义的理论，由于它的超前性和启示性，只展示一种新的可能性，而并不提供任何规范。如同遥远的地平线，我们不断接近它，而它总在前方诱惑我们。从这种意义上讲，"非非"主义不可理解为一种过程。既然这个过程开始了，便不会停止。"非非"诗人们正以自己多元的创作展示这种可能性和前景。

　　——我们这样迈出了第二步。

　　请对我们的努力做出严肃的判断和批评。

　　　　　　　　　　　　　　　　　周伦佑　蓝马
　　　　　　　　　　　　　　　　　杨黎　刘涛
　　　　　　　　　　　　　　　　　1987年夏

周伦佑致陈超(15通)

> **邮 戳**：1988.11.25 四川西昌
> 　　　　1988.11.30 河北石家庄
> **邮 票**：北京民居（8分）
> **信 封**：河北省石家庄市河北师范大学中文系　050016
> 　　　　　　　　　　　　　　　　　　　陈超
> 　　　　　　　　　　　　　　　　　四川西昌急救站
> **信 纸**：湖北省书刊发行部稿纸

陈超君：你好！

我今天刚到家，同时收到你的信。读得很高兴。

从杭州回来后我即忙着筹编FF3、4期（注：周伦佑信中的FF，特指民刊《非非》）。两期一齐搞，耗资太大。从筹第一分钱到校最后一个字，都得由我承担和负责，出事了，还得由我一个担起。FF就是这样出笼的。我累得精疲力尽。好在又两期FF经由我这双民间之手出生了，也算是一种安慰。

我目前更多的是对人（特别是诗人）的失望和怜悯，我觉得所谓"诗人们"太可怜了。类似改你的信（加上自己的名字）的事在这个办事过程中屡屡发生……

于是我发现：所谓诗人，恰恰是人格缺陷者（这是符合弗洛伊德，特别是阿德勒的"补偿"说的）。

我就这样忙着,但这不是主要的周伦佑。主要的我还是个练"坐功"的人。我认为真正的诗人、理论家是写出来的,不是玩出来的。在扬州我们未能深谈,主要怪我太急躁。正如你感觉到的,我在内心是倾向你的,我回来后给朋友谈起你是个地地道道的北方汉子,耿直坦荡。我觉得这点我和你很接近——我从小长在山里,是个地道的山里人,很不习惯城市人的种种世相。我也有很多缺点,但我是个"真小人"。这点你如果和我处久了会发现并相信的。

FF3期(理论专号)表明"非非"理论从"文化问题"向"价值"的转移。只谈"文化"太空泛、不能落实;"反文化"古今中外早已有之;"前文化"则不出柏拉图的"理念"(理念是一切知识、文化的源泉——语言是理念的影子,文字则是影子的影子);黑格尔的"绝对观念";老庄的"道"(无中生有。道先天地生,道不可道)及近代的"宇宙精神""宇宙无意识"(铃木大拙等)。只有抓住价值,才抓住了文化的核心。这种理论重点的转移表明了"非非"的发展。

明年我想休养生息,面壁读书,陪爱人和孩子过点隐居式的书斋生活。你如有机会入川,一定来我这里做客。这是个山清水秀的好地方。我目前基本生活靠爱人(只供吃饭,每月30元足矣),我烟、酒、茶不沾。倒不算很困难。有时写点小文章或诗补贴。虽然物价飞涨,搞得我时常心惊肉跳,但尚未影响心境之静。谢谢你对我的关心!

　　远远握手!

　　　　　　　　　　　　你的朋友　（周）伦佑

　　　　　　　　　　　　88.11.23

又：

　　我的《头像》及《自由方块》你读了吗？很想听到你直率的批评(信中告诉我)。

> **邮　戳**：1989.1.7 四川西昌
> 　　　　1989.1.12 河北石家庄
> **邮　票**：北京民居（8分）
> **信　封**：河北省石家庄市河北师范大学中文系　050016
> 　　　　　　　　　　　　　　　　　　陈超
> 　　　　　　　　　　　　　四川西昌急救站
> **信　纸**：西昌农业专科学校稿纸

陈超吾友：

　　信收到，谢谢你！

　　遵嘱寄上诗稿，都是我(19)84年的作品，从未向刊物投过的。《带猫头鹰的男人》是我继《狼谷》系列之后的一篇作品，带有某种精神自传的性质；另一首《日蚀》是一次情感体验，一首爱情诗。我对这首诗有着某种个人的偏爱。《日蚀》160行，前一首120行。选哪一首由你酌定。若能争取两首一齐用最好。总之由你决定。

　　你最近在写些什么？今年有什么大的写作计划吗？我能为你做点事吗？若有什么事需要我尽力，望能告诉我，我会尽力而为的。

　　握手！

　　　　　　　　　　　　　　　　　　　　　　　　伦佑
　　　　　　　　　　　　　　　　　　　　　　89.1.6于西昌

若用一首,另一首的原稿望寄回给我,我两首诗都没留底稿。

又及

> **邮　戳**：1989.1.30 四川西昌
> 　　　　1989.2.3 河北石家庄
> **邮　票**：东北林海（10分）
> **信　封**：河北省石家庄市河北师范大学中文系　050016
> 　　　　　　　　　　　　　　　　　　　　　　陈超
> 　　　　四川西昌急救站
> **信　纸**：凉山彝族自治州文化局稿笺

陈超吾友：你好！

信悉。能发《日蚀》也很高兴了，于我它偿了一个心愿，对记忆中的一个情感时间做一个纪念；同时，收点稿费以补贴开支。我过去写的爱情诗不少，也发表过一些，唯这首一直没寄出去过。这里面是一个故事，以后见面我老老实实地讲给你听。

《带猫头鹰的男人》按你的意见，暂留你那里，由你帮我推荐给适当的刊物，有结果再告诉我。

我近期读些书，做些读书笔记和思考笔记。冬天似乎不适合战斗。今年计划完成两首长诗和一篇长文，现在得养精蓄锐。另外，我正考虑筹编FF5期（评论专号），打算集中国内一批先锋批评家的力作，想向你约篇稿（1万字左右）（另外约稿的还有徐敬亚、陈仲义、耿占春、程光炜、唐晓渡、李劼、朱大可、巴铁等，外加我和尚仲敏的文章）。本期不设主编，只邀以上评论家组成编委（包括尚仲敏和我），你是我特约的第一个编委。稿件不急,今年7月份寄我亦可。FF虽然无力付稿酬,但它的严肃性我想朋友们是信得过的。对我的这个打算,你有什么意见望抽空写信告诉我(文章不影响寄刊物发表)!

我闲时也在读古龙。他的《多情剑客无情剑》不知你读否?这是他的成名作,我认为是古龙书中最好的一部。依我之见,武侠泰山当推金庸,其他人都显得小气些了。

信到时可能已过春节,远远地向你拜年,并请代我这位未见过面的叔叔亲亲你的小宝宝!

握手!

伦佑

89.1.29

> **邮　戳**：1989.5.9 四川西昌
> 　　　　　1989.5.14 河北石家庄
> **邮　票**：北京民居（8分）
> **信　封**：河北省石家庄市河北师范大学中文系　050016
> 　　　　　　　　　　　　　　　　　　　　陈超
> 　　　　　四川西昌急救站
> **信　纸**：普通稿纸

陈超吾友：

信和诗都收悉。释念！

这不算什么事情，你用不着为这点小事和那些人吵架。不管出什么事，都是可以理解的。一通百通，比我的什么"反价值""变构"强多了。小弟自叹弗如！

这事不算一件什么事。不管发不发，你对我的一片真心关切我都是心领神会的。

你最近在写些什么？我特约的那篇稿子你在为我写吗？带小孩、当父母是很缠人的，我有过体会（我那时是边洗尿布边构思诗），但愿没有磨你几多斗志。

我正在写一篇较大的作品，待完稿后请你指教。《作品与争鸣》今年第三期（刚出）选登了部分"非非"主义诗作和若干争鸣文章，不知你见到否？你石家庄学校那里若没有或买不到，可告诉我，我这里买一本寄你。

暂此

代问你爱人好！

伦佑

89.5.5

重庆新出的诗刊《银河系》向我约稿，我打算寄《带猫头鹰的男人》给他们，以免给你添麻烦，你将那稿寄我，我给他们！

《文艺报》1月21日"1988年诗歌创作座谈会纪要"，晓渡、谢冕等谈到《非非》的理论和创作（这是朋友告诉我的），你见到了吗？若你订有《文艺报》，能将该期寄我一阅吗？

我夏末秋初打算北方一行，到时到石家庄来看望你。

又及

邮 戳：1989.8.24 四川西昌
　　　　1989.8.30 河北石家庄
邮 票：北京民居（8分）
信 封：河北省石家庄市河北师范大学中文系　050016
　　　　　　　　　　　　　　　　　　　　陈超
　　　　四川西昌急救站　615000
信 纸：四川省凉山彝族自治州社会劳动力管理处用笺

陈超吾友：你好！

　　来信早就收读了，因家里发生了点事，所以没能及时复你，望体谅之！

　　我这被搞得一团乱麻，要学着做家务，要照顾孩子。心理压力和经济压力一齐来，真有心力交瘁之感。

　　意识到语言文字的苍白无力，我们还是只有写作——但显然不能再在"纯艺术"的梦中自欺欺人了，这不是服从某种理论和观念的需要，而是内心良知。我目前最痛切地感到当代文学中的那些假名士的超然是何等无聊！如果还要写东西，就应该真诚些，更真实些。也许真正伟大的作品会在五年、十年的沉默中产生。只有这样，我们才无愧于我们所闻、所见、所感受的一切。

　　你对"反价值"的意象性的把握是独到的，真正的理论之所以不能验证，是因为它不需要验证，它从来是自己证明自己、自己验证自己。

所有要求理论验证的，都是要求理论解答某个问题的，而在我看来真正的理论只是提出问题（即对这个世界给予质疑），而不负责解答问题。

你近期在读些什么、写些什么？我待调整一下心绪之后，也准备静下心来写些文字了（五月正写的长诗《反修辞练习》尚未完成便中断了），完成这首长诗后，再写一个大型组诗，完稿后再请你指教。

暂此

祈祝安好！

伦佑

89.8.7

注：这封信写完之后并未及时寄出，而是在8月23日才寄走。

邮　戳：1992.4.10 四川西昌
　　　　　1992.4.14 河北石家庄
邮　票：映山红（20分）
信　封：河北省石家庄市河北师范大学中文系　050016
　　　　　　　　　　　　　　　　　　　　　　　　陈超
　　　　　四川西昌急救站　周　615022
信　纸：普通稿纸

陈超吾友：你好！

从朋友处知道你常问起我，谢谢你的关心。目前我正在着手一个坚实的艺术构想，初步计划是铅印的大型的。在面对现实世界的全部严肃性的基础上，这一构想将以新的理论姿态和艺术姿态前驱而出。最近读到你的《我看见转世的桃花五种》感受极强烈、极深入！从前不知道你能写诗，而且写诗这样棒！特向你约稿。请将你同等意味的金属之声、力度之作寄10首左右给我（《我看见转世的桃花五种》这首我也将选入）。待收到诗稿后，再告诉你更详细一些的情况。

另外，我想请你为荣誉编委（还请了另外几位朋友）。艺术必须存在并且澄明。望你能慨然应允。

专此。凭空相握于千山万水之上。

　　　　　　　　　　　　　　　　　　　　　　　　伦佑

　　　　　　　　　　　　　　　　　　　　一九九二年四月八日

邮 戳：1992.4.30 四川西昌
　　　　1992.5.2 河北石家庄
邮 票：映山红（20分）
信 封：河北省石家庄市河北师范大学中文系　050016
　　　　　　　　　　　　　　　　　　　　　　　　陈超
　　　　四川西昌急救站　周　　615022
信 纸：普通稿纸

陈超吾友：

诗稿收读了，真是我期待中的诗，《空无与真实》是一首杰作，这几年少有的，已经连《我看见转世的桃花五种》一起五首编入。会慎重排印的，放心。

如果你再写十首《空无与真实》这样的东西，所有专业化的一流诗人都将无地自容。这次绝非戏言！

谢谢你对我的认同。几个相知的朋友互相"吹捧""吹捧"（实为相互肯定），也是一种生活方式，可以增强坚持下去的信心和勇气。正所谓相互认同，自我确认也！

赶紧声明：我对你的诗的意见，绝非无原则的"互相吹捧"，而是严肃的评价。按我目前的标准，真正的好诗必须是直接深入，且包含某种尖锐。你的诗是符合我这个要求的。

曾读到你的短文《诗的信仰》，极充沛的内在张力，观点我是全同意的(只是觉得到此为止略显不够)。我要向你学习。

　　构想的经费我独力解决,估计问题不大。就不麻烦朋友们操心了。相信我会从容不迫地把事情办好。握手!

伦佑
92.4.28

　　我已搬新居,三室二厅(90平方米),就在湖边,很宽松了。你有机会入川,欢迎来我这里小住,体会一下陋居的乐趣!

伦佑　又及

> **邮 戳：** 1992.11.21 四川西昌
> 　　　　 1992.11.25 河北石家庄
> **信 封：** 河北省石家庄市河北师范大学中文系　050016
> 　　　　　　　　　　　　　　　　　　　　　　陈超
> 　　　　　　　　　　　　　　　　　　四川西昌急救站
> **信 纸：** 凉山彝族自治州文化局稿笺

陈超吾友：你好！

两封信都收读了。读到第一封信时同时收到公刘、郑敏、邵燕祥等多位前辈老师的信，对《红色写作》不足方面的感觉和你信中提示的颇接近。有的看法我是同意的，但个别观点我有保留。在认真回答之前我需要思考，理清思路，所以没有及时回复。刚给郑敏、公刘回过，正要给你写信，便收到你第二封信了。

谢谢你向我约稿！真的，我从心中感到温暖。我隐居于山之巢穴，蒙你常想到我，这里面隐含的情感意义是在文字之上的。我在外面给人的感觉是很"嚣张"的，但在山中，我的真正生活（从精神到交往）是绝对孤立和孤独的。所以，我特别珍惜少数几位朋友的情谊。3000字文章我一定提前寄给你，但因我最近心境不定（生活的窘迫感，物价及商品化的冲击正逼迫我退却或逃遁），暂时不能重新命题——就将《红色写作》的第一部分删改。如果你（包括编者）觉得这样还可以,我可以继续把后两部分如法炮制删、砍成3000字左右的两篇给他们接着发表。

你第一封信我认真读了。你对艺术纯粹的坚持使我共鸣——特别是一种身处突变中而唯恐艺术之核被损害的警觉,表现了一种高度的敏锐与识见。我还有一篇9000字的文章《拒绝的姿态》,如果你读了,会更放心得多,在那篇文章中我着重论述了中国诗人如何坚守艺术与生命的纯粹的问题。文章在北京时留晓渡处,若他那里不能印出(《现代汉诗》评论卷),我要回想办法复印给你。

你对《红色写作》的提示中,我不能同意的一点是所谓"二元对立"思维问题。因为这是郑敏、张颐武,还有晓渡都谈到的。所以我感到中国诗人和理论家们正集体陷入一个圈套——按照西方后现代主义和解构主义的规则而游戏!不错,西方后现代主义和解构论是主张消解"二元对立"思维的;我自86年以来的所谓理论写作也在非德里达的思路(我当时确实没读到过有关这方面的文字)上致力于在中国推进这一点(参见我的《变构及其价值》)。但是,结果怎么样呢?世界依然如故!本来对立着的继续对立着,并不因为我或西方后现代论者的消解而有任何改变。所以,我现在不热衷它了。我坚持认为,中国文学的问题,只能由我们自己,以我们自己的方式来解决,而不能借助于国外的理论或概念!为了说清楚这个问题,我把我的思路整理在下面,供你参考——

① "二元对立"是人类精神的基本结构之一,也是人类生存的基本形式。

② 但所谓"二元"并不是绝对对立的,而是相互依赖的,如一枚硬币的两面,从来是不可分的。所谓价值结构,语言中的反义词,褒义词/贬义词便是如此。

③ 我们既然不能再造一个世界,便只有面对这个世界!

④ 即使按照德里达的做法,"二元对立"只有通过对立项的消解才能消除。

⑤ 国内一部分"博士们"热衷的恰恰相反:他们所谓的"解构"着眼的不是对立项的消解,而是自我消解——即在开始解构前便先解除了自己,其结果是作家主体的丧失。而人类精神的种种压抑性机制则毫发无损地站在一边,一面司守着它们的职能,一面看着那些自以为是的"后××××们"(在所有名词前面加个"后"是一部分人的时髦)深陷在词语的网络中心醉神迷地自我纠缠、自我陶醉、自我消磨……

我以为我们不应该进入这个圈套,即不能按照某种预设的模式来思考或写作。管它什么"现代""后现代",什么"二元""三元"!

再补充两点:

① 写作者如此认真地游戏着,殊不知这游戏规则的制定者本人是并不遵守这套规则的,你再读读德里达或福柯等人的文字,他们发誓要捣碎的枷锁自始至终都紧铐着他们的思想。关于这点,下封信我

搞点文本分析给你参考；

②即使反对"二元对立"者（包括你、晓渡、崔卫平）也仍然是"二元"并且"对立"地思考和写作的，只举几个词：先以"纯粹"为例，纯粹/杂质是一个对立，纯诗/不纯的诗又是一个对立，还有暴力思维/非暴力思维也是一个"二元对立"！我想：任何一个写作者只要也主张一点什么，坚持一点什么，他便必然违反这个"非二元对立"的规则。不信你试验看。

一句话，真正自由的写作不考虑任何规则和枷锁。

你关于"虚构的""后现代诗潮"问题，我在北京就有同感，但不是说中国没有本土化的后现代萌芽，"第三代"诗中的最核心部分："莽汉"的诗，"非非"的一部分诗，"他们"的一部分诗等；理论则有"非非"理论。这是已经呈现的应该给予清理的。"虚构者"所指的是另外的东西——我同意晓渡意见，那些（××种种）和诗本身没有多大关系。一些人想占先机，是出于非艺术的原因，他们是在诗的外部谈诗的，不会有多大效果。我们要写，要谈中国诗歌的后现代问题，是在诗歌的内部发言，省力很多。就我个人，我以为"后现代"在中国是无根基的，我只坚持在我的词语范围之内写作，这就够了。管它什么"前现代""后现代"！

你的诗一出现便亮人眼目，确实是出手不凡！完全可以说是那种没有师承，以自己为师的独立面貌。除了应该更具包容性之外，我认为抒情性的降低或逐渐消失是应该考虑的问题。仅供你参考。

这封信写了满5页,是我近10年写得最长的一封信,其中有理论问题还可展开,最好保存着,以后或许有用途。

专此

远握

伦佑

92.11.20

① 张颐武、岛子等欲编一"后现代汉语诗选",来约稿,我没寄,也没回复。我现在对这些缺少兴趣。

② 这封信谈到的有关理论问题,若有机会,可由晓渡、你、我共同搞一个对话,针对"后现代"等问题,将会是很有分量的。此事你先考虑一下。

伦佑

又及

邮 戳：1993.3.4 四川西昌
　　　　 1993.3.8 河北石家庄
邮 票：上海民居（20分）
信 封：河北省石家庄市河北师范大学中文系　050016
　　　　　　　　　　　　　　　　　　　　　　　　陈超
　　　　　四川西昌急救站　615022
信 纸：普通稿纸

陈超友：你好！

　　来信收读了。谢谢你为我推荐稿子及一再约我写稿，你的心意我是理解的，我除感激之外，还为交到你这样的朋友感到满足和自豪。此次在北京我去晓渡家，谈到目前相知较深的几个朋友，我说"陈超是我迄今的朋友中最本真的一个。是文友中少有的'真人'"。晓渡也表示同感。我这个人有许多不足和缺点，但有些基本的东西是不变的：讲道义、守信义，敢于承担责任，对心中认定的朋友以心换心。我以为：我们之间的友谊（还有晓渡和其他少数几个优秀者）不仅是几个孤独的灵魂精神交感的需要，而且对于中国现代诗的整个大局面都是重要的。这不是自大，而是自明。友谊可区分为伟大的和普通的，我想就在于其基点不同。不知你同意否？

　　关于谋生"经商"问题我目前已撤退了，那是一位朋友开的搞室内装饰的公司,办公设备是很豪华的,大经理桌、转椅,我去了10天,总感到不自在(大概就是角色转换无法完成),人人见面都谈生意,而且一往那里坐下就漾溢出一种自豪的神情(显见"经商光荣"的观念已深入人心了,由此也可见传统是多么不堪一击),我的感觉却相反:一坐在那里就感到不伦不类、荒诞……什么事没做(就那里坐坐)回家来累得不想说一句话。这样,我只好向朋友告退,说不适应。我还是要静心写作,感觉这才是内心的需要。生活问题基本维持还是可以的(亚琴现在月收入400元左右,节省一些)。当然诗人不是注定要贫困,我也有些基本的计划,打算明年到北京住下来,和有关朋友合作搞个实体什么的,一边写作一边赚些钱。如计划能实行,届时朋友们的许多问题都可解决的。详细计划待我北上时和你见面再告诉你。

你约的那篇谈"后现代"的文章我暂时无法完成,因目前要专心FF编务和要写的诗,但将有一篇3000字的短文可寄给你(是应黎正光他们搞的"大展"约写的,谈"86大展"后现代诗的进展),时间大约在3月底。本期FF你的诗我一定要,不等到你的诗我就暂不编定,我可等你到5月以内,连《博物馆或火焰》一诗起码要一个组诗(如复刊号上一组就很满意),你慢慢写,时间很充裕的。我等你的力作又一次使我惊喜!

专此

致礼!

伦佑

93.3.3

1.《诗歌报》我没有,所以没读到你的文章。

2.《文论报》2月20日至今没见到,稿酬也没见影子,你帮问问看。

3. 你和晓渡主要着力《现代汉诗》,我着力《非非》,作用是互补的,仅仅印刷形式不同、印数多少不同而已!

再补充一点:想向伊蕾约稿,但不知道地址,特请你代约一组(200行左右),并说明要求什么样的诗,争取4月前寄来。谢谢!

伦佑 又及

邮　戳： 1993.3.26 四川西昌
　　　　　1993.3.30 河北石家庄
邮　票： 上海民居（20分）
信　封： 河北省石家庄市河北师范大学中文系　050016
　　　　　　　　　　　　　　　　　　　　　　　　陈超
　　　　　四川西昌急救输血站　615022
信　纸： 普通稿纸

陈超：你好！

信收读了。《文论报》也同时收读，划版编排挺大方的！稿酬还没到。等到月底，到不到我都告诉你一声。

我在为黎正光的报纸"大展"写一篇短文时，带出了另一篇文章，4000/5000字左右，提出了几个问题，感觉还有点价值，我放一放，4月份改改抄给你。在这两篇文章中，我都在相应部分中着重对你的《诗歌写作》与《博物馆或火焰》议论了一些，我以为它们在中国现代诗写作中"正在提供一种新的话语方式"，这是我真实的看法。因此我以为你的诗歌写作不仅对于你自己，而且对于当代诗歌的品质转变都具有重要的意义。你应该继续写下去，不应该松劲和放弃。诗和文同时写，往往能相互促进的。

两篇文章我都会寄你一阅的（黎正光那篇等到印出来；另一篇则给你用于《文论报》）。

最近北京一批先锋画家和北大一些中青年学者搞了一个公开出版的刊物《文化与艺术论坛》，来信要我介绍诗歌界理论界的几个重镇给他们，以便寄赠刊和联系（我这之前也不认识的，不知他们从哪里看到FF复刊号，来信认识的），我写了你、晓渡、谢冕、朱大可、耿占春五人的地址和邮编给他们，他们很快会和你联系的。《论坛》颇有分量，主持者（一位著名前卫画家）和我通了几封信，感觉很契合，也是和你我同类的人。现在我感觉我们正在以诗歌为根据，逐渐沟通哲学界、绘画界及高等学府的中青年学者。先锋诗歌过去的影响是比较局限的（限于先锋诗歌界），这种局限目前正在打破。

我这里最近有一个新筹划：决定在编刊物1993作品卷的同时，编一个理论卷（即理论、评论卷）。为省却最后一点小麻烦，决定买"国际统一书号"出（作品卷也买书号出）。所以还要向你约稿：请你给我一篇文章，10000字以内。你编完诗选后，休息一下就开战——给我一篇文章和一组诗，时间我可再迟些，等你到5月底（我们有时都有点懒，逼一下往往就逼出成果了）！请你一定要写，要寄来。文章在这里刊出后嘛，不影响再在公开刊物发表的。

我同时也向谢冕、晓渡等去了信约稿。

暂此，凭空远握

伦佑

93.3.18

若写纯理论性的觉得时间来不及,可写成评论性的,针对这几年先锋诗歌,应该顺水推舟,即可成篇的。

稿酬收到了!我可以去买几本书了。

伦佑

19日 又及

邮　戳：	1993.6.10 四川西昌
	1993.6.14 河北石家庄
邮　票：	上海民居（20分）
信　封：	河北省石家庄市河北师范大学中文系　050016
	陈超
	四川西昌急救站　周　　615022
信　纸：	普通稿纸

陈超：你好！

前后两封信和寄赠的《文论报》都收到了。你对"后现代"理论的观念我基本同意。我对这个问题暂不发言并不是避讳什么，而是感到自己对这一方面的问题了解还不够（我基本没读过这方面的专著，只有一本《走向后现代主义》），还应该再深入一些；二是在此阶段"后现代"理论的输入似乎是需要的，而这种输入只有由那些搞译介的人来做。所以先读读书，理清思路，再静观一下再说话，应该是必要的。

我更侧重埋头的写作，不管他刮"东南风"，还是"西北风"，我们仍要固守自己的生命立场和艺术立场，绝不妥协地写自己的文字。关于我们的创作与"后现代主义"的关系，我仍持去年信中告诉你的意见：不去迎合它，但也绝不回避它，而是要努力通过我们的写作感性去包容它。"后现代性"或"后现代的文体意识"应在我们的写作中被体现和包容。我认为，我自86年以来的创作（《自由方块》《头像》

《变构》……《反价值》及《刀锋》20首)中大部分是可以看出这种努力的线索的。

  我最近一切都好。刊物已全部到位。我来石家庄一定是在下半年(估计8/9月份),行前我发电报给你。专此。远远握手!

伦佑
93.6.8

邮 戳： 1994.4.25 四川西昌
1994.4.29 河北石家庄
邮 票： 云南民居（10分，2张）
信 封： 河北省石家庄市河北师范大学中文系　050016
　　　　　　　　　　　　　　　　　　　　陈超
　　　　四川西昌急救输血站
信 纸： 浣花稿笺

陈超：你好！

　　我出外去了一圈，又经过成都、重庆，才回来。你的诗寄来太晚了，我等到2月15日仍不见影，才走的。那边等2月底以前第一辑的全部书稿要全部编定送审。回来没见到你的诗，我已选出《博物馆或火焰》《我看见转世的桃花五种》等三首长的(也是你迄今最好的)，快件寄给责任编辑，请通融总编补编进去——因那边稿子已送终审了，这样算是给人家出了个难题，不过我信写得委婉，并同时给总编去了一封信，想来问题不会很大的。

　　你编的那书至今没见样书，也没见稿酬，倒是××寄来20元"资料稿酬"，我差点退回去了！从未听说过这名称！看来，作家、画家已开始维护自己的权益，诗人至今没有这种意识，任人吸血、吸气。暂此。

　　祝夏安！

　　　　　　　　　　　　　　　　　　　　　　　　伦佑
　　　　　　　　　　　　　　　　　　　　　　　94.4.23

> **邮 戳：** 1995.1.24 四川西昌
> 　　　　　1995.1.29 河北石家庄
> **信 封：** 河北省石家庄市河北师范大学中文系　050016
> 　　　　　　　　　　　　　　　　　　　　　　　陈超
> 　　　　　四川西昌急救输血站　周亚琴　寄　615022
> **信 纸：** 浣花稿笺

陈超：你好！

我刚回西昌，你的信读到了。两本诗选是我在兰州时寄给你的，本要写上几句话的，但这样一来就得自己付邮资，所以就这样寄了。另外还给晓渡也寄了，想来都收到了吧！

其中《打开肉体之门——非非主义：从理论到作品》一本我较满意；另一本诗选满意程度只有85％。不过如你感觉到的：我的想法是理清一个线索——把凯撒的还给凯撒！有些事不清理一下，以后就扯不清了。当然，这里所说的"理清"必须以文学事实为依据，回到"当时"的大文学语境中，多一点客观性，少一点个人好恶；多一点原初性，少一点过后强加。我努力这样做，但做得不够、不好。只有待下次有机会再弥补了。

很长时间没给你写信了，主要原因是我到成都找了份工作：云南的《滇池》杂志今年下半年改刊，并且移至成都办。他们聘我去做编辑部主任。我也想出山换换空气,就去了。本想好好做一下,但随后发现他们的主旨是要搞成以纪实为主偏于大众化的所谓"大文学"概念,和我的思想相去甚远。暂且当作一份工作做做罢了!

这段时间在成都还发生了一件趣事:"非非"旧部杨黎、何小竹、兰马等皆主动汇聚,谓"重聚非非旗下,开始'后非非主义'运动"。并且多有自我反省之念。我感觉杨黎等很有诚意,且内心确有许多默契。我征求一下朋友意见后准备过完春节去成都与几位老友再商文学大计。届时有新鲜事再告。

此次去兰州主要是续签"当代潮流:后现代主义经典丛书"第二辑出版合同。另外一家出版社又约我主编一套大型文学丛书,目前在准备落实一些编选事项。待有把握再告详情。

暂此。二月底前我都在西昌,写信来仍寄家里地址。

远远握手!

伦佑
1995.1.23

这套书发行颇好,在兰州了解到光邮购就达5000册左右——大多数是邮购我编的两本诗选,这点很让出版社方面感到惊讶,但却是在我意料中的。

又及

注:"当代潮流:后现代主义经典丛书"第二辑(敦煌文艺出版社)包括《迷宫里的死亡图案——外国后现代主义小说(一)》《魔幻仙人掌之女——外国后现代主义小说(二)》《脱衣舞的幻灭——外国后现代主义散文随笔》《后现代主义的突破——外国后现代主义理论》《破碎的主观铜像——外国后现代主义诗选》。

邮戳：2000.12.20 成都
2000.12.24 石家庄

信封：河北省石家庄市河北师范大学中文系　050016
　　　　　　　　　　　　　　　　　　　　　陈超
　　　　西部施乐办公系统公司　四川西昌急救输血站
　　　　　　　　　　　　　　　周亚琴　寄　615002

信纸：普通稿纸

陈超：你好！

你的来信收读了，谢谢你的坦率！

每次收读你的信都给我带来愉快。虽然我们很久没有通信了，但这几年来，在谋生的艰难中，我也常常想到你。真正的友谊是超越时间和空间的，这不是套话，是我内心的坚执信念。想想看，在利益主宰一切人际关系的商业时代中，学人之间相互取暖的除了友谊还有什么呢？！

给你寄我的诗集和理论文集是一个半月以前，是和给晓渡的一起寄出的（迄今为止，省外朋友我只寄了你和晓渡）。估计是装书的信封太脆中途散架丢失了。现遵嘱寄上《反价值时代》一书。这书送出版前，应出版社要求选了部分学友评论我的文字作为附录，我选了你的《生命诗学论稿》中谈我的一节文字编入附录中。这本书是作为本版书出版的，和所有学术性读物一样，发行很一般，让出版它的四川人民社亏了好几万。看来，我以后要在这家出版社再出本版书已不太可能了。关于"论争"问题，我感觉你看得太重了一点。以我对你的性情、学养以及为人的了解，我以为你是不会热衷这种战斗的。在商品与权力合谋的当下生存现实中，作为诗歌写作者，在我个人的角度，我认为有比这场"论争"更值得我关注的事。我的某种情感性倾向，只是因为我对你和晓渡的友谊以及对你和晓渡为人的绝对信任。我不与"民间"诸人为伍（这点我多次在沈奇打来电话时告诉他），但"知识分子写作"诗人们也有很多我不敢苟同的东西。至于说到论争中的"问题"，我以为就群体对群体而言，它是存在的，但回到个人写作，这些问题并不重要，每一个成熟的写作者仍只会按自己的方式写作。你不也在第一封信中告诉我"某些观点不能简单地看它的对错，而要看它是由谁说的，在什么时候说的"吗？这说明你对这场论争中的"问题"的是与非是很清醒的。本期FF的卷首论文原是应《大家》杂志约稿写的，起稿于93年底，完稿于94年1月，刊登前只改了几个词语，并不是我对"论争"的加入或回应，我对90年代以来写作的看法就如文中所示，自《红色写作》以来一直未变。

　　暂时就谈这些。希望我们永远是朋友——朋友高于"盟友"和"战友"！你以为呢？

　　遥祝冬安！

伦佑

2000.12.18

袁勇帮我粘信封,他问你好!收到书后告诉我一声。信可寄家里地址。

又及

> **邮 戳**：2001.1.17 四川西昌
> 　　　　2001.1.21 河北石家庄
> **信 封**：河北省石家庄市河北师范大学中文系　050016
> 　　　　　　　　　　　　　　　　　　　　　陈超
> 　　　　四川西昌急救输血站　615022
> **信 纸**：普通稿纸

陈超：你好！

谢谢你的来信和鼓励。我刚从成都回来，现在才给你复信，鉴谅！

我在这里说的"谢谢你的鼓励"绝不是那种令舌头生锈的客套话，而是发自内心的声音。回顾我们相识以来，我的写作虽也获得一些其他朋友的认同，但来自你笔下的鼓励，始终是最真诚、最热切的。我敬重你的学养与人格，更珍惜与你的友谊。让我们在冰与炭激盈的彻骨痛感中，相互照耀，互相取暖和送凉，种植几只不朽的蚂蚁。

我偏爱你的诗，这你应该知道。请将你近年我没有读过（未正式发表过）的诗歌力作多寄些给我（500 行以内都行），同时附一篇你个人的诗歌写作随感（3000 字以内）。我以为，你作为诗人的这一半应该发扬光大了。

专此。亚琴问你和夫人孩子好，祝春节快乐！

　　　　　　　　　　　　　　　　　　　　　伦佑
　　　　　　　　　　　　　　　　　　　2001．1．16 西昌

请尽快寄西昌家里，我二月底才去成都。

又及

附周伦佑致霍俊明的信：

俊明：你好！

来信收读。《悬空的圣殿》是在道辉那里送给你的——你是第一个送的，连同那本《刀锋上站立的鸟群》，两本一套一起送给你的。

也许被别人借走了，你找找看哈。

这本书你手里如果确实找不到，下次有机会见面时我一定记住带给你。

现在暂时无法寄给你是因为我近期身体欠佳，而且邮局距离我住的小区太远，很不方便。

不过，暂时没有也没关系，我这里找出各期《非非》的目录，做成一个文档发给你，你需要的信息上面都有哈。

从你做陈超这件事可以看出，你是个有情有义的人。现在这个时代，像你这样的有情有义者太少了。

专此。多多保重！

周伦佑
2015.4.10

周亚琴致陈超（1通）

邮　戳： 1995.5.22 四川西昌
　　　　 1995.5.26 河北石家庄
信　封： 河北省石家庄市河北师范大学中文系　050016
　　　　　　　　　　　　　　　　　　　　　　　陈超
　　　　 四川西昌急救站　周　寄　615022
信　纸： 浣花稿笺

陈超先生：

您好！

收到您寄赠伦佑的《生命诗学论稿》一书，很遗憾他又不在家，暂时不能给您复信，实在抱歉。

您的书很多章节我浏览了一遍，以我的水准无法谈出有见解的有价值的意见，但您的书不像有的诗评家那般学院派式的晦涩拗口，文体"吓人"。您的即便是纯理论的表述我也基本读得进去，它们有深度但又透明，不绕过多的概念。尽管您是正宗的学院派出身。当然我读得最认真的是《印象或潜对话》一章，而对写伦佑那章反复读了两三遍。我有一种极强烈的好奇心，想知道别人描述的周伦佑与我熟知的有多大程度的相符。所以见到写伦佑的文章我都会读，但大多数都令人失望。它们要么是一鳞半爪地触及他的某个方面，要么也许是缺乏勇气，不敢揭示出他人格和理论及诗歌的本质，只是含糊其辞地暗示。您对他的刻写却令我非常惊讶，您写得多么好，多么独到。短短的篇幅中您却从诗歌文本到理论，从批评原则到人格都作了整体的把握、精湛而深邃的描述。我以为在您写这几位诗人的所有篇章中，伦佑是写得最丰满最传神最有趣的。我的感觉不仅是诗评家在解读诗人，还是一位朋友在谈及神交已久令其心仪的好朋友。当然您并不是庸俗地吹捧，而是呈现出他的全部，他的炫耀和雄辩，他的自悖，他的勇气，他的反复无常……您有一个见解我以为是最独特的，您认为从他早期的诗《带猫头鹰的男人》《狼谷》《自由方块》《头像》等至晚近的《刀锋二十首》都可见揭示生存的递进性质。在您以前从没任何人这样看过，所有人都认为他的诗在八九十年代有一个深刻的变化，从关注艺术的变构回归到人文的关怀，对人类基本价值的重新肯定。我也是这样看的。仔细想想也许您的才是真知灼见，揭示的才是最深刻的。

您不经意中说周伦佑和"朦胧诗人"属一代人这句话在我心中引起强烈的共鸣。我至今仍认为在本质上他应属于"朦胧诗人"那一代。不仅指年龄，更重要的是经历：思想历程与艺术探索历程。待您日后见到他的"诗抄"当信此言不谬。因为历史的原因，他与那一代诗人没有契合在一起而成了"第三代"诗人，这是很复杂的事了，不是三言两语能说得清，等将来伦佑写自传时会明白的。

虽然您论及的其他诗人我一个也不认识，可是能感觉到您用寥寥的点睛之笔便将每个诗人的独特之处揭示出来，给人留下极深刻的印象。就这些吧，再谈就是我力所不能及的。不揣冒昧给先生您写这些，让您见笑了。

祝您和家人安好！

周亚琴
1995.5.21

李亚伟致陈超(1通)

邮 戳：1989.6.9 湖北十堰
　　　　1989.6.13 河北石家庄
信 封：河北省石家庄市河北师范大学中文系　050016
　　　　　　　　　　　　　　　　　　　　　　陈超
　　　　《武当》编辑部　湖北省十堰市柳林路
　　　　　　　　　　　　电话：22253　李亚伟
信 纸：普通稿纸

陈超老兄：

　　四月初我和朋友上了一趟北京，一路上累得像个古人，就没在石家庄下车。火车也不是那么好下的，我俩讨论了一会儿，就补了票继续往南走了，朋友径直回了四川，而我又要返身北上，去领《作家》的奖。大概九号到长春，若回来时火车依然经过石家庄，我就跳下去！

　　我前天才收到重庆转来的你的信。

　　打住！

亚伟

6.2

杨黎致陈超(3通)

邮 戳：1987.6.7 四川成都
　　　　1987.6.10 河北石家庄
邮 票：万里长城（8分）
信 封：河北省石家庄市河北师范大学中文系　050016
　　　　　　　　　　　　　　　　　　　　　　　陈超
信 纸：普通稿纸

陈超：

《非非》和《非非评论》2期均出，上午已经寄你。希望代销一事，已在信内言明。望帮忙！

7月份，《非非》一些朋友要赴凉山过火把节。我和蓝马下午闲谈中，认为有请你来玩的情理。如果没什么大问题，就来吧！吃住我们解决。

7月15日左右，我在成都等你。

怎样？

杨黎
打拱

邮 戳：1989.6.29 四川成都
　　　　1989.7.5 河北石家庄
邮 票：北京民居（8分）
信 封：河北省石家庄市河北师范大学中文系　050016
　　　　　　　　　　　　　　　　　　　　　　陈超
　　　　成都　杨
信 纸：普通稿纸

陈超：

我 13 日到家。

心情不好。我在练气功。

小安将稿子已寄(杨)松霖。

本想好好谈谈诗，可谈什么呢？外面在下雨，已经下了两天了。

那个什么会，晓渡他们搞的，还能开成吗？争取下半年见。

　　　　　　　　　　　　　　　　　　　　　杨黎
　　　　　　　　　　　　　　　　　　　　　6.26

> **邮 戳**：1993.2.14 四川成都
> 　　　　1993.2.17 河北石家庄
> **邮 票**：上海民居（20分）
> **信 封**：河北省石家庄市河北师范大学中文系　050016
> 　　　　　　　　　　　　　　　　　　　　　　　　陈超
> 　成都市广达软工程公司　成都市鲨门街79号3楼　610041
> **信 纸**：普通稿纸

陈超兄：

久违！

面向市场后又纠缠着文化，使整个人都开始变瘦。六月长江上，我们好好一醉。

今年《星星》一期有一篇孙静轩谈好兄弟吉木狼格诗歌的文章，不知你看见没有？我和我好朋友，孙老师等人，都希望你为之写一篇什么。吉木的诗无话可说，是值得写的，孙老师的文章对他来说已万分难得！而对于《星星》这样搞，也可以写几句。老兄说是吗？

忙，暂写到这里！

杨黎
1993.2.12

何小竹致陈超（1 通）

> **邮　戳：** 1990.4.9 四川黔江
> 　　　　　1990.4.15 河北石家庄
> **邮　票：** 北京民居（8 分）
> **信　封：** 河北省石家庄市河北师范大学中文系　050016
> 　　　　　　　　　　　　　　　　　　　　　　陈超
> 　　　　　四川省黔江地区文化局　648700
> **信　纸：** 四川文化报社稿纸

陈超兄：

　　见到你的回信很高兴。我于 88 年 9 月便调离了涪陵。你给我的信不知在哪个环节丢失了，很遗憾。但每每在成都时，同杨黎等朋友谈起你，都十分地想念。你什么时候来四川，一定很好玩。

　　《梦》这集子编定之后，我便开始了另外的尝试。那种被称为所谓"巫术"的东西，已成为我的负担。我不想躲在一个狭窄的地方。也许我总是害怕呆在一个已失去陌生感的房间里。常常有这样的情况，我出门在外，第一夜总是睡得很好。多住几夜，那地方熟悉了，我就往往失眠，难以入睡。

　　进黔江后，作了五十余首诗，选出近三十首，编成《回头的羊》（年底出版）。现在又进入了另一个阶段的实验。我在这里有个好处，或者说我现在有种良好的心境，我能够潜心播种、锄草，而不问收获。这里相对闭塞一些。周围的人事也简单一些。加之老婆孩子都在涪陵，我独身一人，时间（充裕一些）精力也旺盛一些。

我偶尔也读到你的文章。上次在扬州见面，我便对你独立的批评观很有好感。我认为，不论其地上、地下，独立的批评家都不应该受其左右。当然，对地下诗人们，考虑其处境，对其缺点作些适当的回避，在某种时候也是需要的。但适当的时候，自然应正言。不为别的，这对诗歌有好处。

这次算是联系上了。以后多联系。

拱手！

小竹

1990.4.9

陈超致杨黎、何小竹（1通）

信　纸：河北师范大学稿纸

杨黎、小竹：

您们好。"新作品"收到，一口气读完了，好几年我不能一口气读完一本诗，这说明它的魅力。老杨黎的诗坚持了一贯的对所谓"历史意识""深层文本"的悬置和消解。但在新作中涉入了"生活叙事"因素。我很喜欢它们。我要说它们有我关心的另外两种深度：貌似平和但骨子里的怀疑主义，对话语等级制度的拆解和不屑。这使你与日下浅薄的庸众式"后现代"区别开来。而"生活叙事"因素的加强，使诗更好看，教我留恋。至于"语感"之类，不用再重复。小竹的诗变化很大，写《鬼城》和《动词或苹果》的小竹，变成了关心话语与文本关系的小竹。小竹的变化我甚感意外，但是的确承认这是精进。你们二人的诗编到一本，说明你们近些年对书写的看法比较接近。也使我曾有的担心成为多余（"二位一举脱贫，是否不再关心鸟诗"？），我为有这样矢志不渝的优秀诗人哥儿们而骄傲。祝你们继续写出更好的东西。

我近年很少看诗，更不（主动）写诗论（多为被刊物命令写一点）。

我更热衷写诗。我的"诗"与二位很不同,是从评论者的立场写的,读者亦当(按)"以诗论诗"来读。

紧握

陈超

1996.1.24

朱文致陈超（2通）

邮 戳： 1993.2.8 江苏南京
　　　　 1993.2.10 河北石家庄
信封（邮政快件）：河北省石家庄市河北师范大学中文系
　　　　　　　　　050016
　　　　　　　　　　　　　　　　　　　　　　　　陈超
　　　　　　　南京大厂区新华三村　210048　朱文
信 纸： 华能南京电厂公文稿纸

陈超：

　　你好！

　　今天才读到你的信。前十几天，我一直呆在韩东那。丁当从深圳来宁。我们三个一起过了个年。玩得高兴，也就拖了几天，因此到今天才散伙。丁当、我还要上班，韩东反正是没有这一烦恼了。你的信对我很有触动。韩东很久以前，就向我介绍过你。我编《理想》时，又仔细读过你的稿子。早就想互相认识，成为朋友。以后我会常寄稿给你，听你的意见。这次给你寄来《诗选》，不知道韩东有没有给你寄过？《诗选》只印了三期。上面选了我前年的一些诗。其中有我自己较喜欢的《机械》《午睡》《三故事》《1970的一家》等几首。我最近正忙着编选自己的一个近作集，出来当寄你指正。我怕写信，就说这么多。前年我曾在河北呆了一个多月。以后再有机会，一定登门拜访。你如有机会来南京,也请一定告我。下封信再聊。

顺利!

手头正好还有一本《诗选》,也一并寄你。

朱文
93.2.7

邮 戳：1993.2.21 江苏南京
　　　　1993.2.23 河北石家庄
邮 票：福建民居（1元）
信 封（邮政快件）：河北省石家庄市河北师范大学中文系
　　　　050016
　　　　　　　　　　　　　　　　　　　　陈超
　　　　南京大厂区新华三村　210048　朱文
信 纸：华能南京电厂公文稿纸

陈超：

　　你好！从寄给你的集子中，我自己选了以下几首，供你再选：《诗选》（一）中的《简单思维》《入冬》，《诗选》（二）中的《机械》《午睡》《乡村》《蓝色保温筒》，《十七首歌谣，半个梦》中的《唱给鱼恋人的歌》《爱情故事》以及《备忘录》。若你不满意，尽可以另选。以上九首，只代表我此刻的好恶。

　　欧宁、郑单衣的确切地址，我均不知。只知道欧宁是深圳大学的四年级学生。抱歉。

　　韩东向你问好！

　　先说这些，过阵子，我再给你写信。

　　祝

　　一切顺利！

　　　　　　　　　　　　　　　　　　　　　　　　朱文
　　　　　　　　　　　　　　　　　　　　　　　　93.2.20

个人简历

朱文,男,1967年12月出生于闽南泉州,在苏北长大。1989年毕业于南工(南京工学院),工学学士。90年在南大外语系进修。现在南京一家电力公司工作。大学期间开始写诗。91年与韩东创办刊物《诗选》,共印三期。有自印诗集四本。作品散见于《作家》《星星》《大河》《今天》《绿风》等刊物。91年4月开始写小说。在《今天》《北京文学》等刊物上已发表十几万字小说。曾有少量评论文字(发表)。

万夏致陈超(1通)

邮 戳：1990.2.12 四川成都
　　　　1990.2.16 河北石家庄
信 封：河北省石家庄市河北师范大学中文系　050016
　　　　　　　　　　　　　　　　　　　　　　　陈超
　　　　四川成都市物资局宿舍　万夏　610021
信 纸：白纸

陈超：

　　杨黎过来言你好像需要一本《汉诗(87—88)》,我记得去年已将此书寄给你了,是否没有收到？如是,可来信告知,我寄你一本。另《汉诗(89)》正在出书,到时我给你寄去。

　　拱手！

万夏

2月12日

陈东东致陈超(2通)

邮 戳： 1993.1.13 上海
1993.1.16 河北石家庄
信 封： 河北省石家庄市河北师范大学中文系　050016
陈超
上海教育出版社　200031
信 纸： 上海明星纸品厂出品稿纸

陈超：

来信收到。我手边现在一本《倾向》也没有了，我自己也觉得特别奇怪，怎么自己这么不当心呢？《倾向》第二期，一时也无法寄给你。不过第二期的内容你大概不难找到，如果你有南京那个周俊弄的《海子·骆一禾作品选》的话，这本东西，他"编"的其实有一大半是从第二期《倾向》那儿搬过去的，那里面有全部的《倾向》第二期。第二期编入海子的诗是长诗《弥赛亚》，编入骆一禾的诗是一些短诗，包括《巴赫的十二圣咏》《修远》等，还有后来《世界的血》的一些章节。

我现在正编《南方诗志》今年的第一期，想把它真正搞好。我很少写文章，手头没有文论稿，等有了稿子，一定寄上。希望你能寄些文章给《南方诗志》。

　　来信。

　　祝

春节愉快

东东
1993.1.12

> **邮 戳**：1993.5.25 上海
> 　　　　1993.5.29 河北石家庄
> **信 封**：河北省石家庄市河北师范大学中文系　050016
> 　　　　　　　　　　　　　　　　　　　　　　　陈超
> 　　　　上海教育出版社　上海永福路12号　邮编：200031
> （信封背面标注：三个人的"回答"将寄原稿给《文论报》，《南方诗志》上印刷有误。——陈东东）
> **信 纸**：上海明星纸品厂出品稿纸

陈超：

　　来信收到。

　　我刚回上海不久。出门40多天，去了陕西和四川。在西安、成都，见了不少朋友。还跟着旅行团去了一趟九寨沟。算是玩得尽兴吧。

　　开愚现在上海。我把《文论报》要用我、他和朱朱关于四个问题回答的意思跟他说了，他表示同意。我对刊发回答也无异议。朱朱大概也会答应的（我会打电话与他说这事情的）。

　　诗选中用什么诗，你定下来即可。你的鉴赏力是朋友们都信服的。

　　我暂时还没有文章可拿给《文论报》。正准备写一组散文诗。

　　来信。

　　祝

安好

东东
1993.5.21

王寅致陈超(2通)

邮　戳： 1993.10.16 上海
　　　　　1993.10.19 河北石家庄
信　封： 河北省石家庄市河北师范大学中文系　050016
　　　　　　　　　　　　　　　　　　　　陈　超　收
　　　　《劳动报》　上海飞虹路400号　200042
信　纸：《劳动报》社稿纸

陈超兄：

大作收到，谢谢谬赞。

集中的诗是我在一个极端的时期写下的文字，其中直言而出的语义早已超过了词语本身的重要性。这里面确实不是有意尝试一种新风格，而是自然而然地寻找到了这种声音，有时重读令我自己也吃惊。以前我怀疑对词语的迷恋可能会长久地抑制情感的极端和放纵，现在看来，词语的纸壁实在是不堪一击。我们的生命很短暂，假以时日，当能轻易地否定过去，包括我的自己的过去。

万夏最近编了一本《(后)朦胧诗全集》，不知兄是否已收到。我正在为他的书的发行在上海的传媒上做些宣传。随信寄上订购说明，现在只能是穷人兄弟帮穷人兄弟了。兄有新作推出也请告知，然后推而广之。

兄有短文,也请一掷我的破报。

来信!

王寅
1993. 10. 16

> **邮 戳**：1994.7.25 上海
> 　　　　1994.7.28 河北石家庄
> **信 封**：河北省石家庄市河北师范大学中文系　050016
> 　　　　　　　　　　　　　　　　　　　　　陈超
> 　　　　《劳动报》　　200040
> **信 纸**：龙华迎宾馆稿纸

陈超兄：

久疏问候！

最近在展读兄编的《以梦为马——新生代诗卷》，很为兄的编选者序叹服，华丽、紧张、绵密，十分精彩，似是一篇长文，甚至专著的雏形。相比之下，集子里的诗因已反复读过，反而不见新鲜和激动，很多镀金之物确实如兄所言，其成色将遭到公正的存疑。

我现在在报社之外又在电视台，兼一份编导的活儿，与纯诗歌已有相当距离，偶尔回过头来看看诗歌，反而不是陌生，而是惊奇，这或许是好事也未可知。但有一点是可以肯定的，那就是要比此前更依赖和需要诗歌，更需要沉浸，感染美和纯净，也是感受那种纯粹的氛围吧。如果我辈不会被物欲改变，应该归功于纯文学的存在和参照吧。我们因此可以知道我们从哪里来，又会回到哪里去，以前常常会为当代诗人的卓绝建树所感动（当然也包括被自己所感动），但现在不难发现这是不可多得的财富。

兄现在是否又新作迭出,很想读到。在新整合后的客厅里,一定十分舒坦。

我每周一下午在报社撞钟,有事可电话联系(021)2186600－4019,报社日前迁到常德路888号(200040)。

匆匆不尽。

此颂

安好!

王寅
94.7.24

宋琳致陈超(1通)

邮　戳：1989.1.4 上海
　　　　　1989.1.8 河北石家庄
邮　票：北京民居（8分）
信　封：河北省石家庄市河北师范大学中文系　050016
　　　　　　　　　　　　　　　　　　　　　陈超
　　　　　华东师范大学　上海中山北路3663号
信　纸：普通稿纸

陈超兄：

　　大札收到，非常高兴！

　　你在扬州见面之后的时间里活得好吗？你的评论因故没写，我不知道具体的原因，但愿不是文字给你惹了麻烦。

　　还有教书，也是件讨厌的事，并且误人子弟，世界上有些什么纯粹享乐的活儿由我们来干那才称心呢，否则一切都谈不上。

　　你说是不是？

　　我的记忆一塌糊涂，思维混乱不堪，再也想不起卑微者的财富是一本书还是一个人，我不停地写，想克服（成为）所谓不说话的智者，但舌头又有什么用呢？舌头除了好看以外派不上任何用场！

　　谢谢你把我当作朋友，你突然给我写信。稿约我努力履行，我一定好好干！

就这些。

宋琳

1989.1.3

陈超致郑单衣(1通)

> **邮　戳：** 1997.8.16 河北石家庄
> **邮　票：** 郑板桥作品选（20分，3张）
> **信　封：** 北京市北京大学中文系　100871
> 　　　　　　　　　　　　　　　　　　郑单衣
> 　　　　河北师范大学东校区中文系　陈超　050016
> **信　纸：** 普通稿纸

单衣兄：

　　您好。

　　前天接到你的电话特别高兴，兴奋得几乎一夜无眠。一是朋友的亲挚情谊令我感动，二是在盘算那本评论集。

　　昨天我找出了近三年来发的评论文章，本以为至少有十万字，结果一算，只有六万余字。这样如果编足二十万字，将有四分之三是旧稿——我在九四年已出了一本评论集(1986—1994)——对这套丛书的声誉、规格会产生不利影响。如果我"硬编"，是对不起兄弟你和洪子诚老师的。想前虑后，还是决定忍痛割舍。此情况望先告知洪老师，并向他转达我的敬仰之情。

在出书如此艰难的今天,你记挂兄弟,不忘给我争取一个出版机会,这种巨大支持和信任,我当永远铭记于心。

最近,我读了几本好书,《王国维诗学研究》(北京大学出版社)、《现代主义》(上海外语教育出版社)、《超越结构主义与解释学》(光明日报出版社),以及上海人民出版社出的五本"当代思想家访谈录"(福柯、德里达、哈贝马斯、利奥塔、布尔迪厄)。几乎每本都给我极大满足,促使我想一些过去不曾也没有耐心想的问题。读书读得思绪横飞,更感到自己差得远,下笔写作多了忐忑。陈寅恪诗云:"吾侪所学关天意。"我虽没有这种资格自许,但亦心向往之。我感到,当前诗评界太多速成式读书和仿写,像一群"小公务员"在为一点皮毛小事喋喋"论争",其言说没有可靠的属于个人的起点,都是"搬"来的,晃晃悠悠的东西。当我看到那么多硕士、博士在胡说八道时,在为许多明摆着的"假问题"煞有介事论证时,我的心就充满了怅惘和愤怒。当今的学术,不是智力障碍的时代,而是良知障碍的时代。在良知发生障碍、追求功利现报的时代,智力越好,越会出大的问题。你在北大,体会一定比我深。让我们做好自己的事,至少从个人意义上否定庸俗和混乱。

我一直极为喜欢你的诗,那是纯粹的,又不乏复杂深刻的活力。但我的现有书写能力,还处理不了它们。除你外,还有四五位诗人是我心仪的,但就是写不好评论,故也不敢率尔动笔。优秀的诗人就是对批评家的挑战,他远离可类聚的批评概念,成为唯一。如你、小翟

（瞿永明）、多多、吕德安、芒克、（黑）大春、阿坚、庞培，等等，我写不了。

你在北大访学，不知可有主攻课题？我想，凭你的智慧、知识、勤奋、天赋，应该在一年时间内写出一本真正深刻、恰当的"先锋诗歌史"，以补国内这方面的空缺。据我所知，奚密、柯雷在海外做了极为翔实的资料工作，我们总不能等着从海外典籍中认识我们置身其中的诗坛。我是信息闭塞，信息阙如，才力也有限，但对此事始终挂念于心。我但愿有一天能为写出这本书的朋友骄傲，我知道它的作者肯定不是我。

不知何锐近来怎样了，一直没有联系。问（唐）晓渡、林莽、（黑）大春好吧。再写。

紧握

陈超
8.15

附 2021 年 9 月 16 日郑单衣给霍俊明的信：

俊明兄如晤：

收到你的短讯，百感交集。现遵命影上超兄信件（见附件），希望合用。上周末至今，只找到一封我在北京时收到的信，共四页，写信时间是 1997 年 8 月 15 日。大约当时我在为什么出版社组稿吧。无奈，时隔久远,我当时的生活又出现重大变故,后来就来了香港,已不记得具体原由。

今次,一直不愿去碰的某些往事一下子又回来了,不能不说,是感慨万千的。我和超兄通信大约起于1990年代初,不是很频繁,但次次都印象深刻,惜数度迁移,大多散失。记忆中仍有几封贵州时期的信,大约也是丢失了。

他一直是我敬佩的诗人、学者和兄长,他的离去是中文文学及研究的重大损失。这么些年,时常怀念他。谢谢你为超兄及诗坛所做的一切。也许这正是对他的最好的纪念。

保重,并祝编安!

单衣,匆匆不尽。

2021 年 9 月 16 日

郑单衣致陈超(5通)

邮　戳：1996.4.6 贵阳花溪
　　　　1996.4.11 河北石家庄
邮　票：数学家——熊庆来（20分）
信　封：河北省石家庄市河北师范大学中文系　050016
　　　　　　　　　　　　　　　　　　　　　　　陈超
　　　　贵州农学院社科部　550025
信　纸：普通稿纸

陈超兄：你好！

春节过得好吗？

假期本来要给你去信，担心你并不住在学校，故推迟到开学再写。这封信晚了许多年，至少也晚了半年。所以起了很多次稿也写不顺，让我疑心是否小弟开罪了老兄？如果这样，我不仅应先行道歉，且有机会定要去石家庄当面谢罪了。相反，如果没有，我想是兄之大气量使然吧。容我在此先向你道新年如意。

从90年起，我大病两年，几次住进医院。随后是肉体活过来的一年。93年以后，我们开了一家公司，一家光赔钱的公司，一年多以后便关闭了。随后我去了香港，回来后我的写作机器差不多已调试好了，一写又是一年。我的大致情形如此。生活的拓展，尤其是对商业社会的介入使我获益匪浅，主要在于获得了一种更理性的世界观。它帮助我度过了心理上一个极困苦的时期,正是这种困苦几次差点断送了小弟的性命。我还在发现自己并不太想弃绝的这个世界。生命正因为遭受着非人的虐待才更显得宝贵,因而更应该珍惜自己,珍惜自己的写作。

有差不多五年时间,我处于一种精神上的"昏迷"状态,其间,我只写过一个叫《在我们中间》的组诗和几首小诗,一直到94年10月我才又渐渐写起来。那些从《夏天的翅膀》中崩塌下来的语言方阵,那些碎片状的东西才又渐渐地从内心深处浮现上来。这多少有点像一种艰难的苏醒,历时达四个月,写了后来叫《昏迷》的那组诗。石虎诗会期间没好意思给你看,请别介意。当时我的心情极糟糕。我觉得那个"会"多少也有点像"昏迷"之会。大部分人是在昏迷中唠唠叨叨,说着隐晦的内心之语,我敢担保,我们并没有真正或完全理解与会者的"独白"。至少,对我是这样。倒是我们俩说了一阵子,现在回想起来觉得自己十分好笑,像梦境一样变得十分模糊和遥远了。

真正的个人主义时代又降临到我们中间,人和人之间变得更遥远了,但每一个人的诗歌正在内心延续。许多东西变得次要起来的同时,个体内心的变化就愈发重要。我是这样认为的,在经历了集体的嚣张、放肆之后,诗可能又退回到孤独个体的内心,在那里继续歌唱吧。我比较固执,看来也是无药可救了。我只有站在个人立场上才能写出诗来。

我重读了我手里有的你的诗和文章,很受触动与启发。极希望能读到近作,我相信这一年我也会寄一些东西给你。今年有可能是我的一个丰收年。很难得的,五年来又获得了写下去的信心。盼有回复。并祝兄一切安好!

单衣

1996.3.11

邮 戳：1996.4.3 贵阳花溪
　　　　1996.4.8 河北石家庄
信 封：河北省石家庄市河北师范大学中文系　050016
　　　　　　　　　　　　　　　　　　　　　　　陈超
　　　　贵州农学院社科部　550025
信 纸：普通稿纸

陈超兄：你好！

前信写好很久一直没寄。我有点像索尔·贝娄笔下那位赫索格。在我的书桌上有写好的未寄的大量信件。这种习惯养成多年了，我就是在这种方式里和朋友交谈的。

那封信本来永远不会寄了。但上星期我去何锐家，告诉他我决定不去《山花》做编辑的想法。因为我已办理了移居香港的手续，在等通行证。后来他提出了《山花》今年为我做一个评论即"郑单衣论"的打算，想请你主笔，让我将过去的主要作品寄往石家庄。但我觉得此事需先行征得兄的认可，先要看看兄是否有时间和精力，再行决断，至少礼数（当）如此。

做类似的"专论"对一个诗人来说自然是求之不得的好事，但稍不留意就会成为累人累己之事。而且，假如因为这事浪费了兄的精力，影响兄的写作，那就反令我难过和内疚了。

这是其一。

另外,我认为评论家和诗人之间最好应有频繁的交往,以避免就事论事的局限。而我恰恰是一位没有任何机会与评论家交往的人。这主要是我的个性所致。我过去的写作主要是为几个朋友,想讨他们或她们的欢心与赞扬。越赞扬我越来劲,我从不投稿,极少阅读期刊,往往写完、高兴完就忘了。现在,我唯一的听众就是与我朝夕相处的妻子。这也许反而是件好事。

本来这件事情不会出现,按正常程序,我们现在应该回到香港了。但我的申请遭到了拒绝,至今没有明确答复。但我已无所谓了。等吧。十分简单的事,变得很复杂了。

许多事往往出人意料。我们打算和计划中的事全告吹了。原计划回港后去巴黎再去希腊,然后由港入港大或中大读几年书,写几年东西。这些就不必提了。现我只想用食指的一句诗来表明我的心情:"诗人的命运凶吉难卜。"

既然是命运中呈现的事,我就接受吧,反正我正需要时间创作。我相信兄是能理解的。我现在不用上班上课,与专业作家无异,住房(补贴)马上按照副教授相应的标准发放,而且家有急事,可直接要求派车……这又是何苦呢?我只想坐在住了十年的房子里写我的诗和小说。

我开始写起小说了。虽然写得不好,但我兴趣浓厚。同时,我的诗也因前两年的浪荡与奔波发生了改变,抒情性的东西消失了,代之以冷酷的碎片式的东西,是好还是不好,先别问,写了再说。

几乎所有从事写作的人都认为自己受到的关注不够,且远远不够,恨不能让全世界的人都来关心和爱护自己。但这只是幻象。没这回事。诗人之所以能写作,正因为自己难以消除生活深处的孤独,这是一个能源。也许一个诗人越晚成功才越能写好。而且,何谓"成功"呢?

石家庄我没到过。但我妻子曾短期在你所工作的学校进修过油画,并在那里看到了平生最大的一场雪。她时常向我提及一个人在校园里,在漫天大雪里奔跑的那种自由与兴奋。对一个亚热带的女孩来讲,那种体验无异于我们在白纸上写出了一首好诗,或被另一个诗人的诗句深深打动!我很想专程来看你,就像石虎诗会期间我被你写的"以梦为马"的序惹得生气一样。你不介意吧?但这也许正说明我太小气、自视太高了。今后还要请兄多多关照。我乐意再干一个十六年,但愿最后能写几行诗。你发在《北回归线》上的那首诗(第四期)太棒了!但因为闭塞和与外界交往不多,我读的是太少了,极盼能读到近作。

在此,向你致意,并祝春好!

待兄首肯,我即将旧诗新诗一并寄上,或直接来敲你的门。

愚弟:郑单衣
1996.4.3 写于花溪

我的地址略有改变：贵州农学院社科部，邮编550025。

我马上搬家，届时再告电话。

又及

注：郑单衣此信中提及的"以梦为马"即《以梦为马——新生代诗卷》的序令其不开心的缘故，大体是陈超老师在该序言中认为（猜测）郑单衣的写作可能受到了柏桦的影响，"《象罔》中的柏桦，一直是独立的优秀的抒情诗人代表。他的现代诗有着更多的后浪漫主义成分。敏感、柔韧、自我迷恋，'这尖锐的不长胡子的孤儿''一边吃肉 刺耳／一边敬祝宏伟的灵魂'。这个冬日的男孩，有自己独异的心头词源。他怀旧，调侃，叹息，怒斥，祈告，精神'乱伦'、政治'调情'。明亮的语境却令人发生微微的眩晕、倾斜，像心脏的亢奋/疲竭所引起的。他对一代诗人的影响，正逐渐显示出来。（其中也许郑单衣是自发的、优美的，但我想在此猜测一下，郑单衣的那些优秀的抒情诗歌，或许与柏桦的影响多少有关？但郑单衣的诗比柏桦的，速度要慢，均衡力相应要明显些。）"

邮　戳：1996.5.6 贵阳花溪
　　　　1996.5.9 河北石家庄
邮　票：福建民居（1元），云南民居（10分，2张）
信　封：河北省石家庄市河北师范大学中文系　050016
　　　　　　　　　　　　　　　　　　　　　陈超
　　　　　　　　　　　　　　　　　　　貴州农学院

信　纸：普通稿纸

陈超兄：你好！

你的信充满了真挚与激励之言，令我十分感动。你是我最喜欢的评论家之一。无论行文的风度与厚重感，还是诗歌中透射出来的神圣与庄严气派均令人钦佩。学识与内在品质的高贵融合消除了我对评论的不信任感。

我崇尚宽广、深厚、博大的真生命。自写诗始，唯以"天马行空，独来独往"为信条。写诗做人均立足于此。"团伙性"令我反感……有团伙性就有党同伐异……或落草为寇、占山为王或军阀割据，与大小诸侯明争暗斗……自新文学以降，中国诗歌已是如此堕落的。反观之，文学史只是社会史的另一种写法。我有位同乡李宗吾氏，最后干脆将中国人的历史用二字概括："厚黑"。而诗歌创作的团伙性至少是有帮会般的口臭性的。如果一入伙就成了诗人，这和买股票与炒股有何区别？不过诗歌股民还是大有人在的。

我至今都坚信诗歌乃少数高级灵魂的喃喃私语。有一天,当我们回头仔细考证当代人的精神生活时,我相信有一样与诗无关的东西是必备的,那就是"口罩"。我总怀疑,那些写诗者(诗歌中毒者)恰恰就是诗的消灭者,就像他们在现实中所做的那样,无时无刻不在参与对他人和自己的消灭。

我有许多想法,做了大堆笔记,正寻找一种恰当的表述方式。像兄这样有大家风范的批评家,相信比我看得更清楚、更彻底。我觉得问题非常严重,我们前景暗淡。

下次再叙。紧握并祝兄安好。

郑单衣
1996.5.6

另:

寄上《昏迷组诗》给你看着玩。我刚编完自己的诗集《夏天的翅膀》,收了84—92年间80多首诗。《昏迷组诗》之前的一年多,我只字未写。去年写得很多,正托人打印,届时再寄你指正。

兄的新诗文我极想读到。

单衣 又及
5.6

邮 戳： 1997.1.17 北京
　　　　1997.1.20 河北石家庄
信 封： 河北省石家庄市河北师范大学中文系　050016
　　　　　　　　　　　　　　　　　　　　陈超
　　　　北京大学中文系　100871
信 纸： 普通稿纸

陈超兄：你好！

你那封信刚收到两天，我就出事了。去医院住了一个多月，故没有及时回复，盼兄谅解。编书的事情我已交其他朋友办，仍有你一本，现已转花城出版社，在等那边的回复。我刚能写点东西，我的大脑受到严重震荡，平衡系统也损伤严重。所以，今年夏天对我来说大有天崩地裂之感。姑且，将其理解为一场命运中注定要出现的事吧，否则，我难以接受这个事实！

这是我一生中最重大的事情之一，算一个转折吧。

兄听了，不必忧虑。我已喘过气来，已开始用写作来疗伤。总会好起来的。所幸的是我还能写。你还记得我寄去的《昏迷组诗》吗？我在这场灾难中昏迷了三个多小时，事情发生在凌晨两点，当时我正在写一篇小说。不说也罢。

刚给晓渡去了信。他在编诗集。我这人性情过分孤独，来京一年多,几乎一直处于这种孤独中,接下来该怎么办? 仍是一片迷惘。很希望能见到你。多联系!

祝你好!

单衣

1997.1.14　匆草

　　我这有一个传呼电话:6275402,找118房间郑单衣。

又及

> **邮 戳**：1999.7.6 香港
> 　　　　1999.7.12 河北石家庄
> **邮 票**：香港（＄1.60）
> **信 封**（航空快件）：河北省石家庄市河北师范大学中文系
> 　　　　　　　　　　　　　　　　　　　　　陈超
> 　　　　　　　　香港九龙秀茂坪秀乐楼1812室
> **信 纸**：笔记本纸

陈超兄：你好！

经过一番令人痛苦的折腾之后，我已顺利到达香港。现在做一些必需的准备，以应付已经开始和正在到来的，新生活的鸡零狗碎。对这座充满了工业和贸易喧哗的城市，我知道自己只有进一步深入到它之中，才能对它说点什么。这就像我长期生活的西南一样，写作这门手艺寄生于时间，只有获得了由时间赋予的血肉之后，写作才会有生命。目前，我就处在这种安静的准备状态里给你写这封信，很有一点从一个梦过渡到另一个梦的感觉。

和过去不同的是，这次生活的变迁并没有带给我任何一丝激动与兴奋。相反，一切来得如此安静。这安静令我恍惚，像什么也不曾发生般反令我满腹狐疑。我这样说你也许会认为我过分敏感和迂腐了吧？可是，老兄若知道此前我内心充斥那种恐怖与绝望，你就不会这样认为了。可以说，我现在有些精疲力竭。

我打算找一份不太累的工作,养家活口之余,继续来做我的写作梦。在当代这部轰隆作响的机器里,我仍试图去辨认人的声音与气息,并将它们放大在自己的作品里。只是再不可能像从前在学校那样悠闲了。我不知道我们这一代中谁能幸运地继续下去,大部分人将被生活这台抽油烟机抽空、抽走,一点气味也不剩下。想来实在残酷!

我这几年一直想写一批小说。倒不是写诗的人写小说被认为是种时髦,而是一种需要。我在用散文语言来缓解那个过分紧张的自我,没料到一写就没完没了。刚写完一个叫《低烧的鱼群》的中篇,接着就是层出不穷的构思与臆想,天知道会怎样。我五月份去了成都几天,诗人们喝酒,大醉了一场,醒来不知去何处。

好了,就瞎扯到这里。待我安定下来,再给你写。

单衣

1999.7.3

陈超致梁晓明(2通)

邮 戳：1993.11.16 河北石家庄
　　　　1993.11.20 浙江杭州
信 封：浙江杭州昭庆寺里23号杭州青少年活动中心
　　　　310007
　　　　　　　　　　　　　　　　　　　　梁晓明
　　　　师大中文系　　陈超　　050016
信 纸：杭州青年诗活动中心稿纸

晓明兄：

您好。

《北回归线》收到，我感到，这是目下最优秀的民刊，我在给刘翔的复信中，用了"伟大"这个词，我相信这么评估毫不过分。这本刊物，给人突出的印象是广阔、健康、坚实、难度。无论是诗还是文，尽展旌旗，当头来到，它的巨大的影响定会很快体现。

你的大作《开篇》，是中国先锋诗歌当之无愧的碑铭之一。令人难忘，令人钦佩。我感到，在话语形式上，这篇诗章较你过去的诗，更显出干脆、锐利、知性和深展的特点。这使你与那些简单地望着天空祈叹、歌咏的诗人们区别开来，更加深了语境的此在与彼岸彼此纠葛、盘诘的力量！是的，它是美丽的，但又充满力量，雄丽并存，知性与感觉忻合无间，是你写作道路上一次显豁的飞越。祝贺你！

刘翔的长文令我倾倒。没想到他的文章写得这么棒,他如此年轻,真是不可思议。我已写信给他,表达我真诚的敬意。

最近你在干什么?真想念你。

陈超
15/11

时　间：1994.6.1
信　纸：普通稿纸

晓明兄：

您好。来信收到。你总是携带着一股纯净的狂飙，读你的信使我对诗歌、对生活保持了信心！

（耿）占春的《隐喻》的确是中国理论界的骄傲。占春起步很早，记得还在十年前就读过他的《论象征》的文章，颇为深入；那时中国诗论界还在为"懂"与"不懂"打官司，他已分开众人，径直向前了。我很佩服他。你们成为至交，我相信联手谋事，会干出最大成就来的。

《北回归线》这期开始筹划，我想，可否发些诗人的访谈录？由你、刘翔拟十几个与诗密切相关的问题，寄几位诗人征答。这样的东西，直接、具体、实在，是读者与诗人最热切渴求了解的。可否先由下列诗人回答：你、西川、（陈）东东、韩东、刘翔、郑单衣、黑大春、孟浪、周伦佑。

这些诗人有一定代表性，会说出有意思的东西来。

问题我想至少可以有以下几类，可再细分：

① 90年之后先锋诗歌是否有实质性嬗变？如果有，体现在哪些

方面？

②你如何对待或理解"母语"问题？

③拜金时代先锋诗歌的命运。

④你如何理解"有难度的写作"或"不洁的诗歌"？

⑤中国诗学面临的困境是什么？

等等。每个问题千字以内。

在发诗上，除已有的优秀诗人朋友外，似可组一辑"新人"的诗。像庞培、朱文、欧宁、傅维、张曙光等，都很棒。

等我再有了好主意马上写信给你。我编的那本《以梦为马——新生代诗卷》(注：北京师范大学出版社1993年10月版)已出来。我已见到样书，你们的稿费、样书等，由出版社负责。前几天我接到入选诗人的信，说是未收到钱、书；可能还未寄。你可直接与北京师范大学出版社马朝阳(本书责编)联系一下，催一催。因此书印张有限，在我不知道的情况下，出版社撤掉了九位诗人的作品，其中包括刘翔。我深感遗憾。他们的依据可能还是那本《灯芯绒幸福的舞蹈——后朦胧诗选粹》(注：唐晓渡选编，北京师范大学出版社1992年版)的诗人，而对新出现的诗人，了解太不够了。

我最近也在读书，很少写作，笨得难以理解，几乎写不好了，于是也不敢再多写，就先读一阵吧。舍斯托夫我也很敬仰，我想，我们的兴趣大抵一致！问候刘翔兄，他的文章《自由谈》退回，我又转寄贵州《山花》了,有消息再告。

  紧握你的手

陈超

1/6

  黑大春地址:100080,北京海淀区中关村31楼。

  信中其余的诗人,我想你都知道地址了。

又及

梁晓明致陈超（2通）

邮　戳：1993.11.24 浙江杭州
　　　　　1993.11.28 河北石家庄
邮　票：上海民居（20分）
信　封：河北省石家庄市河北师范大学中文系　050016
　　　　　　　　　　　　　　　　　　　　　　陈超
　　　　　杭州青年宫文研室　310007　梁
信　纸：杭州青年诗活动中心稿纸

陈超兄：

　　您好！

　　我刚读完你的来信，我激动得全身汗毛直竖，真是高兴无以言表！作为一个写诗的人来说，能得到这样的知音与友人，夫复何言？！

　　现在可以来谈谈这首《开篇》，其实这首诗，我在九一年便已全部完成。是在九一年三月时，我当时写了十三节，刚开始写时，就觉得胸中有一股长气，一股诗的长气，很长。我就宣布，我将写一首长诗，而且，从"衣服到身体"彻底换过！（我每次写诗，都想与从前的不同）写到十三节时，正巧，耿占春他们一帮人从上海开完中国哲学讨论会来杭，在饭店中，大家朗诵了这首诗，评价是他们开了八天哲学讨论会未解决的问题，在我这首诗中被如此彻底地解决了。一位擅哲学的朋友，用哲学的态度问我："你是怎样进入虚无的？"我一时无言以答。我弄不清我是怎样进入虚无的。说实话,我是从诗学、直觉来理解的。这样问,我一时茫然了。那晚是我多幸福的一晚啊!大家反复读,感叹、背诵,八九个人坐在一起,直至深夜,占春及其他朋友都说可以终止了。刚好,十三节,我一时也这样认为,但停了一阵子,那股气又来了,于是又写了下去,一直到十八节,到现在这样子。又有一些读过此诗的朋友劝我再放五年乃至十年,再拿出来,我也倾向那样。你不知道,正如博尔赫斯所说:呆到一定时候,就会产生野心。我认为它是永恒的。所以我想,我哪怕死了,它也会存在下去。

不知我这样啰嗦,你是否觉得心烦了。因为对这首诗,我实在有太多的话要说啊!而我平常是多么缄默,见到、听到那么多乱七八糟的所谓诗人,多让人烦,以致无言以对。

真想请您立即来杭,我们畅谈几日几夜!其实,这首诗背后,还有大量东西,它仅仅是冰山在水中浮出的一角,比如"惭愧"一节,背后是天台宗的"童蒙止观"的涅槃观。这种观点,是完全有别于郭沫若所理解的涅槃观的。又比如三、四、五节中的马丁·布伯、"我与你"、罗兰·巴特的风格论,与"有没有一种诗的语言呢?"及里尔克的"物"论观。本来计划是每一节后,再配上一段散文诗,然后再一节诗,一节散文诗或散文。这样循环下去,最后再回到开头。有趣的是,当诗写完后,诗题再难以取了,因包容的内容太多了,我曾写信给占春,请他取,隔了一月,他来信说,反复想了,也找不到一个恰当的词。直到有一天,读海德格尔的《诗·语言·思》,忽然看到"开篇"以及海氏的理解,题目来了!我多高兴啊!

诗写完后,我觉得身心交瘁,似无力再写散文诗、散文的部分了,但一直想写,便这样在抽屉里放了两年,那年你们来,我诗早已写完,直至编第三期《北回归线》,刘翔反复劝才终拿出来。

不行了,我又得读你的来信了,那是动力!我内心一直倾向于"缄默"的性格,却往往表现为狂放,第一次见你,我就觉得非常好!我曾几次与刘翔他们谈,能否约陈超一起干呢?但怕你不同意,又见你在其他地方都担着任务,故而,一直未出口。

现在,接下去,便是第四期了,你认为该怎样办下去呢?以前我是这样的观点,要"纯粹",《北回归线》就是纯粹!诗和人的纯粹!这样纯粹下去,也许一时不见叱咤风云,但历史和有见识的人,一定是公正的。很想倾听你的意见。你若将"北回归线"视为自己在办的东西,那便更会使我们喜出望外!

即颂

弟:晓明

93.11.20 杭州

邮 戳： 1994.11.8 浙江杭州
　　　　 1994.11.12 河北石家庄
邮 票： 中华人民共和国第八届全国人民代表大会（20分）
信 封： 河北省石家庄市河北师范大学中文系　050016
　　　　　　　　　　　　　　　　　　　　　　　　陈超
　　　 杭州青年诗社　杭州市昭庆寺里街22号青年宫　310007
信 纸： 杭州青年诗社稿纸

陈超兄：

您好。

我刚从北京回家，时间太紧，我是多想去石家庄，信是在去北京前一天收到的。迟复了，望见谅。

《北回归线》一刊的努力，确得到了人们的认识。这次老诗人牛汉紧握住我的手说，我喜欢你们的刊物。他用了重音，我一时语塞，此前我不认识他，心内一片感动。

努力与答谢使我心酸和禁不住想流泪，但是，我们又将努力一些什么？又答谢一些什么？冥冥之中是谁在看着我们，并和我们站在一起给我们一种努力下去的精神支撑？

圣-琼·佩斯，与狂风一起扫荡人间、大地的佩斯，他似乎是一十字军团的首领，在赞颂他的征服、统治，他国家的安排、市场的贸易与繁荣，他的牛羊，他的舰船与帆索。我似乎每年都要翻他一翻，今年忽然翻出了这种认识，是我错了？这又恰是他与众不同的诗歌根源？试想，世界上又有哪个诗人是站在这样的角度上展开写作的？西方殖民主义与种族主义也能成就这样纯粹的伟大诗人,真是夫复何言!我想到诗歌可能性的宽广。诗歌,它真是让人着迷又永无止境的一种存在,正是这种丰富与广阔性,使得一代又一代人向它奉献了自己的一生。

我现在因为体能的下降,越来越感到跟不上佩斯那强盛的诗气,这个雄壮的人,离开我越来越远了。这个骄傲无比的人,他只顾四处征服,把衰弱的人扔到衰弱的人群中。我天性喜欢高朗、宽阔、舒畅,我天性是多么迷恋这个不近人性、人情的法国佬啊!

另外,成年以来(我把我进入三十岁那年称作成年的开始,我认为那样准确),我又深深进到舍斯托夫的灵魂之中,他那沉重、流泪、灾难与渴望的精神不灭,他的痛苦、坎坷并深深感恩是那样的使我无言、辛酸与重视人生。这已不仅是里尔克说的"有何胜利可言",而是"根本就没有胜利,挺住就是一切"了。

这样呆着,夜已深了。你现在一切都好吗?我又似乎看到了你平和的外貌,激烈的内心。这些向来是那么的亲切。

祝颂

大安

弟:晓明

94.11.4 杭州

注:此信后附有一首诗,题为《荣耀》。

陈超致刘翔（9通）

邮　戳： 1994.3.19 河北石家庄
　　　　1994.3.23 浙江杭州
邮　票： 刘伯承（20分）
信　封： 杭州米市巷万物桥21号公安宿舍　310005
　　　　　　　　　　　　　　　　　　　　　刘翔
　　　　石家庄河北师大中文系　陈超　050016
信　纸： 河北师范大学稿纸

刘翔兄：

　　你好。来信收到，谢谢你对拙作的肯定。你知道，你在我心目中的分量，你的学识、诚挚、手艺，在我看来是非常难得的。因此，我很欣慰。同期上，你的诗我也很喜欢，虽然不是你重要的作品，但依然充满清峭和广大并存的气象，能将此二者同时体现出来，是你刘翔的独特本领。我常常为你惋惜，如此优秀的人却未能得到公正评估；在每个认真的朋友那里，我都会由衷地谈"刘翔可畏"，必如日中天。请相信我的目力。

　　这篇文章我会转给《文学自由谈》的，释念。短短的几页，写得结实、丰富，你的当代外国文学知识，胜我远矣。不过说实在话，你用口语写文章，与我一样，还不太老练。这也是一种功夫，像《读书》上的那种文章、语体，我们恐怕写不地道。因此，我想我们还是得用"书卷"气浓些的语体,对我们而言,这就是"本色""朴素"。

《北回归线》又要筹备,令人高兴。这本刊物影响越来越大,同时难度也相应加大了。我的意思是,宁肯缓出,也要将稿子质量把好。上一期是整整齐齐的,不得了的,诗文俱佳。这次全靠你和晓明严把质量。任重道远!

程光炜去年冬来我处住了几天,我曾激动地谈到你,说你的理论水平、操作,都是一流的,异军突起。我不知道他是否与你有联系,他人很好;学院的那种,安稳、随和。我也会给他去信约稿。(唐)晓渡方面,我也会催问一下。我的诗写得很少,到时若能写够一组好的,一定寄过去。我多么希望我能写一组好诗呵。成事在"天"!

你要在报纸上介绍我,我很感动,也很不安。遵嘱寄一份简历和照片。在文章写作中,你一旦感到无趣,即可罢笔。因为我的确太不足道了。

晓明最近在忙什么?向他问好。看了《作家》上的《开篇》,衷心祝贺!

紧握

陈超

3.18

时　间：1994.7.21
信　纸：河北师范大学稿纸

刘翔兄：

您好。

来信收到。读了你写我的文章,深深感动。要知道,你是我内心深为钦佩的诗人、理论家,你的理解和鼓励,是那么重要。我更感到应该踏踏实实地学习写作,(才)对得起朋友严肃的关心。

前几个月,我就准备写出更好的诗歌,来参加《北回归线》。但事与愿违,一直写不出让自己满意的东西。《北回归线》在我心中,是唯一的诗刊,我担心自己的劣品降低它的质量。你知道,我写诗很迟钝,在价值上一直是个"主题论者"。没有经由自身思考、省察、掂量过的"主题",我就不知怎样写诗。这恐怕就是我们与"唯美主义"者一个重要的区别。现在截稿日迫,我只好请你和晓明理解,理解我的焦虑、笨拙和真诚。

你信中论及的诗人精神大势,与我的想法完全一致。这说明心与心的相逢,就是命运的相通。有你这样深刻优秀的朋友,我会时时感到一种踏实、信心。

朱文是近年新起的诗人,韩东的朋友。他给我较深印象,是他年纪很轻，但对"写作"这件事有较深理解。许多人是从"表现自我"开始写作，但朱文几乎一开始就倾心于明智地坚持诗的本体依据，在语言、结构上，表现稳健。我提出他，是因为这一点。黑大春基本是叶赛宁一路，在这个争强斗狠的炫技时代，保持了诗歌的心灵因素。傅维的诗我是从《声音》上读到的，作为"未名"诗人，他的诗比那些名字到处飞的人更有底气。我提出他入《北回归线》，是想突出《北回归线》的眼力、胸怀。

另外被你说的"唯美主义"诗人，我与你的看法一致。在长期忽视诗歌古老尊严和形式感的中国，这些诗人的存在意义很大。但的确，从他们中很难产生力作。我想，"唯美"是每个严肃诗人赖以依存的前提，作为一种意识、操守，它的重要性不言自明。但更重要的是从这个前提出发，使诗歌变得更丰富、深入、"不洁"，而不是停留在这个前提下——更不能直接在诗中处理这个前提。我们不反对"唯美"，我们完全可以包容它，写出在形式和意义上都不做半点让步的好诗。让我们保持信心。

《今天》已收到。以前在北京晓渡处看过《今天》（早期及海外本），总的感觉尚好。"尚好"，是说它与国内的刊物（如《收获》《钟山》《花城》《作家》等）水平相当。在意识背景和审美趋向上，看不出它更卓越的品质。可能我对它的期望值过高。中国的海外作家不是农民起义型，就是士大夫型。中国文学真正的力量，我想应还在大陆。你看几个人对谈,吵吵嚷嚷什么也说不清楚。我真想不通,他们怎么会选择××来做"一代人"的文章!这使我对留洋的"博士"常抱一种虚无的看法,特别是到西方去留"中国当代文学"的"洋"。

丁方过去曾与我有过几封通信,印象颇好。他曾让我帮助卖《艺术新闻》(报纸),但我却没卖出去(河北这地方比较闭塞)。此后,就断了联系。钟鸣的东西(特别是随笔),写得眩惑,才华横溢。钟鸣的短诗有几首我深深喜爱,特别是那首《找碴儿的狼……》。我不喜欢过分的繁缛、罗列。钱钟书的文论也有这种感觉。这使钱不能成为"精神"得以朗照,人太聪明了,与生存、士大夫味讲和了。

《北回归线》,晓渡的稿子我再去信催一催。他太忙乱,公事家事杂多,未必能及时写出。程光炜的稿子,我不知是怎么回事。无论如何,论××的稿子不适合《北回归线》用。

你那篇《中国作家—诺贝尔奖》,《文学自由谈》退回,一是怕得罪二位作家,二是这观点不适合"主旋律"。我又将之转给贵州的《山花》,待有消息再告。

我最近在读王国维,因为下学期开一门课涉及到他,很有收获。

问晓明好!

陈超

21/7

邮　戳：1994.8.8 河北石家庄
　　　　1994.8.12 浙江杭州
信　封：杭州米市巷万物桥 21 号公安宿舍　310005
　　　　　　　　　　　　　　　　　　　　　刘翔
　　　　石家庄河北师大中文系　陈超　050016
信　纸：河北师范大学稿纸

刘翔兄：

　　您好。日前复信，谅已收读。诗仍写不好。但近日写了两篇短文，谈王家新的两首诗。我现在想更多练习写自下而上的文本分析的文章，以前自上而下的宏观考察的文章写得太多了。我想，文本分析是重要的，应当是我们每日的功课。你看看，如果刊用最好，如不堪用，亦不必挂怀。

　　寄上《博物馆或火焰》，空想的。这是我自己用力较大的一首诗，代表了我的情感、思考、失败和不屈。不知《北回归线》能否发表？这首诗《非非》漏排 2/3，《他们》(6 期)发过，《河北文学》亦发过，但读者面很小。《北回归线》在我心中尤为神圣，我想如果可能，再发一次怎样？让真正想了解我的朋友读到完整的它。此情况如无先例，则作罢，千万莫勉强（我只是想在我最珍爱的刊物上发出我最用心写的诗）。

不知你最近写作情况怎样。朋友们都盛赞你的长文,从北京到四川,从上海到武汉,许多朋友来信都谈到。真为你骄傲!也感到我自己的陈旧、迟钝。

(梁)晓明最近又在写小说,我想,那一定是很棒的小说。写成后,若方便给我复印一份,我看能否帮助发表。此情况转告晓明。

紧握

陈超

4/8

时　间：1994.9.4
信　纸：河北师范大学稿纸

刘翔兄：

您好。

来信收到。读你的信总使我受益很深,在学力上,你胜我远矣。我毫不含糊地认定,你必将是推动中国现代诗学实质性进展的关键人物,是会被今后的人们拥戴的大人物;请相信我的话。

长诗《他》已读几遍。它的内核是结实的,智慧是丰富的,结构是沉稳流动的。这么长的诗,平衡了如此繁多的、彼此冲突的意识,令人佩服。我想,真正内行的读者,会意识到这首诗是新诗史上少数有难度和方向的佳作。我冒昧多说两句:①此诗标题似可再三考虑,使之载力更大、更显豁为好。②速度上似可略作调整,展开的快—慢交替运作。免得从耳感上过于均匀,使读者对个别字、词放弃特殊的"注意"与期待。我于写诗,是十足的外行。此建议仅供你参考,不作数的。

朱文与傅维我同时已去信约稿。傅维的地址我也不清楚,权且按你提供的为准(我听说他在成都《厂长经理报》供职)。朱文现在写小说更上心,如有好诗,他会马上寄你的。

《一行》的诗,可能与严力的后现代倾向有点关系(所谓"怎么都行"),缺乏尺度,但总的说,此刊是不错的。我不敢担保到时能给它撰稿。我最近笨得无以言喻,对自己的文章产生了很深的(严重的)怀疑。我想,我也就这样了,才力不济。唯愿今后多得到你和晓明的教正,尽力而为吧。《非非》的约稿我已收到,但没有好稿寄去。

关于鲁与钱的文章,写出后如方便,寄我一份吧。

祝你们编刊顺利。问候晓明兄。

紧握

陈超

4/9

时　间：1994.10.27
信　纸：冀外经贸稿纸

刘翔兄：

您好。来信收读，很幸福、踏实。"星座"的事，唯一的原因是我心虚，觉得与人家排在一起，不够格。你推荐我，我很感动。我也收到了《艺术潮流》等三种刊物，真是不错。《他》的标题，经你陈说，我以为就这样吧，其巨大复杂的隐语世界要指望合格读者的领悟。你敢于用这样一个朴素的标题，更见出思辨的深湛和作风的求实。

这一阵子我基本没干事。先是欧阳江河、(唐)晓渡来我家玩儿，后是媳妇生病。今年我可能不会写什么像样的东西了，觉得气不足，一种生理意义上的"中年"的征兆。

我过去的文章收到一本集子里，明年初可望见书，到时给你寄过去。还有过一本《中国探索诗鉴赏辞典》(1989年版)，早已送光，我若买到，才能给你寄。你何时到我处玩？

问(梁)晓明好！

陈超

10.27

时　间：1994.11.12
信　纸：河北师范大学稿纸

刘翔兄：

您好。非常想念，可惜那次谈得太少太少！来信收到，更加感动你的内力。因为，你如此优秀，而又如此谦逊，这是很少有人能兼具的。我相信，你是目下最棒的诗论家之一。请相信我的话。

《北回归线》约我做编委，我很感动，也十分愿意与你们一起干。但是，我现在"挂"名的民刊有好几个，都干不了实事。我特别骇怕徒有其名(字)，而干不了实事。此情况不知你们考虑没有。如无碍，一切由你们定。

就写到这儿，有短论寄我。

紧握

陈超

12/11

时　间：1994.11.14
信　纸：河北师范大学稿纸

刘翔兄：

您好。来信收到。知道你已展开大计划，很为你骄傲。我对本世纪外国诗歌，了解得远远不如兄弟你，一时真不知如何向你说。我想，一是尽量占有论家的高度，从你个人的观感出发，大师的诗也可挑剔一下。二是可否考虑加入洛厄尔、拉金、金斯堡。我相信对这三位，你有精彩的话说。总之，我相信你能写好这本书；闭门谢客，干它几个月，春节前可以完工！

我刚刚看完你发在《阵地》(93—94)上的诗，很优秀，很重要。你的诗与许多南方诗人的不同，你处理历史语境、处理经验，而他们的诗更多是能指无穷游动，缺乏重要性和力量。××不处理经验，××只处理阅读经验。

你写我的那篇文章，《文学自由谈》赵玫看了，很喜欢，拿走要用。估计很快可见刊（年底）。你的另一篇《中国作家—诺贝尔奖》，退回后已转《山花》，至今未有消息，有消息再告。

这一段我几乎未写什么，读些杂书，准备新教案。听说周伦佑编的"后现代丛书"出来了，至今未看到，不知怎样。丁方的画当然很棒，我只见过一些复制品(印刷),你评他,真是有意义!

"星座"的事,就按你论的办吧。但我心忐忑。

从昨天起,石家庄下起了大雪。急风鼓着雪霰,令我快活!我想,我们几个若能坐在一起,饮上几杯,该多好呀。(梁)晓明的复信已收,想念他!

紧握

陈超

14/11

邮戳： 1994.11.22 河北石家庄
1994.11.25 浙江杭州
信封： 浙江杭州米市巷万物桥21号公安宿舍　310005
刘翔
河北省进出口贸易公司　陈超　050016
信纸： 河北师范大学稿纸

刘翔兄：

您好。刚给你发去一信，谅已收及。今天见到《文学自由谈》4期，见兄的文章已发。我处无原稿，凭记忆看此文没有大动，标题给改了，内文可能删掉几句。赵玫是细心的人，想不会有大差错。她现在在美国，年底才回来，不知你能否及时看到该刊。我没有订该刊，如果你处见不到，我可从系资料室复印一份寄过去。

能得到你的肯定，在我是最大的事，幸福的事。我写诗的假想读者只有六七位朋友，首先是你和（唐）晓渡。因为你是真正的专家，是诗人又是诗论家。今后我只有更加努力，不让好兄弟失望。

《文论报》托我组稿，想请兄大力支持，但有合适报纸用的，就及时寄过来。再写，问（梁）晓明好。

紧握

想念你的：陈超

21/11

注：陈超在信中提及的刘翔发表在《文学自由谈》1994年第4期的文章是《我眼睛里的陈超》。

邮 戳：1995.2.6 河北石家庄
　　　　1995.2.11 浙江杭州
信 封：浙江杭州米市巷万物桥 21 号　　310005
　　　　　　　　　　　　　　　　　　刘翔
　　　　河北师大　　陈超　　050016
信 纸：河北师范大学稿纸

刘翔兄：

　　春节过得快乐吧！节前收到你的信、杂志，很幸福，振奋。我几乎很少彻底认同一种想法，但读你的每封长信，总有一种至切的默契。我觉得，你是能干大事的人，有一种狂飙缭绕的场。这一点，在眼下的诗人、评论家中比较少见。因此，我还是希望你能将一半精力用于诗学；将本土诗学提高到应有的标度，是你的责任。我们之间，对诗学的理解有相通的关键点，即坚持诗歌的本体依据，并将形式本质论趋向于与之相应的生命本体论。对生存和语言的双重关注，是保证诗学活力的关键，正是在这里，我看到了你的壮阔前景。无论如何，我都不断等着读你深刻警策的诗学论文。朋友们都一样，对你刘翔寄予着浓浓的关切、敬佩之情。

　　写长篇小说是你的宏大愿望，我祝你成功，也相信你会成功！只是我担心你会影响到写诗和诗论。我甚至有些骇怕，怕一个优秀的诗人、诗论家转入小说。当然,对我们来说,重要的不是体裁,而是写作。像昆德拉的《生活在别处》,我从中读到的诗学精义,比从许多专业诗论家那里得到的还要多。我相信你要写的小说,也会如此。

这一阵我读书极无规律,更像一个快乐读者,拎出的书都是感兴趣的书,而许多重要的、计划中的阅读,暂时搁置了。我想放纵自己一下,等开学之后,再中规中矩地读书、写作。

前天收到周伦佑的信,告我"非非"旧部握手言和,要继续"后非非",不知如何"后"法。

问(梁)晓明好。

握手

陈超

2.5

刘翔致陈超(8通)

> **邮　戳**：1993.12.16 浙江杭州
> 　　　　　1993.12.19 河北石家庄
> **邮　票**：上海民居（20分，2张）
> **信　封**：河北省石家庄市河北师范大学中文系　050016
> 　　　　　　　　　　　　　　　　　　　　　　　　陈超
> 　　　　　杭州市米市巷万物桥21号公安宿舍　310005
> **信　纸**：浙江大学应用数学研究所稿纸

陈超兄，您好！

刚刚收到你的信，非常高兴。

《北回归线》编委一事不必推托，到时你一定会帮上大忙的，再说有你的名字和我们在一起，我们也可时时体会一种团聚和宽慰之感。

我比较有自知之明，也是有客观原因的，你和占春的文章，还有欧阳江河和钟鸣的论文都是我学习的楷模。开愚他们一帮也有厉害角色，都隐着。（欧阳）江河在《汉诗编年史》上的论文要不要复印给你（上次在杭州就提起过）？《南方诗志》上（欧阳）江河的论文也很棒，你有没有？

我最近写了一篇论文给《今天》，另外还会为《诗探索》《诗歌报》《文化艺术论坛》《作品》《星星》《一行》写些短论文，都会点到你的创作，朋友之间的呼应是必要的。蒋维扬写来了很热情的信，应该说也是不容易的。

（耿）占春寄来了《隐喻》，他的理论功底很扎实，我很钦佩他，我也视他为最好的朋友之一。

听钟鸣说，出了《海德格尔诗论文集》，你有没有？我邮购了。《二十世纪重要诗人如是说》，不错的。还买了《托马斯·曼》《论自然》（爱默生）、《海德格尔分析新时代的科技》《塞万提斯训诫小说集》，等等。一套随笔丛书（《卡夫卡致密伦娜》《卡夫卡随笔》《伍尔夫随笔》《普鲁斯特随笔》），是否在河北能买到，若买不到，我可给你邮寄来。

好！匆匆。

顺祝

笔健　冬安！

刘翔

93.12.15

邮 戳: 1994.8.21 浙江杭州
　　　　1994.8.25 河北石家庄
邮 票: 上海民居（20分，3张）
信 封: 河北省石家庄市河北师范大学中文系　050016
　　　　　　　　　　　　　　　　　　　　　　　陈超
　　　　杭州米市巷万物桥21号公安宿舍　310005
信 纸: 杭州民生药厂稿纸

超兄：

您好！

两信均收到，勿念。

稿子甚好，我和晓明商量决定全用，到时一定在校对上把好关，让你满意。

诗很优秀，我读了，正巧浙江的沈泽宜老师也来了，读了你的诗文，说他也一直在关注着你的创作，将你视为实力派的代表人物。

（王）家新的诗也很不错，他是当今北京最成熟也许也是最好的一个诗人了。《北回归线》刊用他的一组近作，比从前的又有大的进步。可能他是北京诗人中唯一一个不断进取的诗人。黑大春将把他的近作（8月份完成）给我们，相信也是不错的。

我最近很好，一口气读了七本西方学者编著的论二十世纪文艺理论的导引著作，眼界大开，又一次看见了自己的才疏学浅，以后我会加倍用功,不辜负朋友们的关怀、厚爱。

前几天严力来杭,我、(梁)晓明、梁健陪了他三天,玩了几个寺庙。《一行》将会有些变化(它过去太杂),23 期将是理论专号,我已受严力之约组稿,我将邀你、(耿)占春、庞培、钟鸣一起进入《一行》,"集团"性推出,到时给我一篇 2000~3000 字的文章。

你在上次一信中称自己是一个"主题论者",这深得晓明和我的赞赏,在这一点上我们有一种认同感。现在有些写诗的人太"聪明"了,动不动就写,但结果是有句无篇。在某种意义上说,诗的结构能力就是诗人的思想能力。你对"唯美主义"的看法极对,我们岂能反对"唯美主义"? 正是,"唯美"乃是自在的,而非追求目的或结果,过于追求它反而会失去它。

你举出的朱文、傅维已得到我们充分重视,我们对你的意见总是特别注意的,我和晓明打算让你向朱文和傅维约稿,让他们在 9 月初将稿子寄我处,拜托了!(傅维地址:重庆烈士墓 2308－41 信箱 630031)

丁方他们的《艺术新闻》,现已改为《中国美术报》,已一气出了 4 期,他们是些实干家。现在正准备在杭州搞几期,若我手头有,我会寄你。

关于钟鸣,你的看法是对的,当然他的学问确实不错,更重要的是文章中有些"微言大义",讽刺能力强,我非常喜欢海涅、克劳斯、本雅明、穆齐尔、卡内蒂的讽刺艺术,钟鸣也有点这类倾向,一种"芒刺"写作。他的《城堡的寓言》中有一些随笔很厉害。钱钟书乃博学鸿儒,他的缺点是明显的,他与鲁迅相反。我将在一篇《南方文学的两个文本——鲁迅与钱钟书》中论述他们,这将是一篇迄今最有批判性的文章,我的尖刻可能会使大部分人受不了,但这两个人一个是杰出(钱),另一个是伟大(鲁),是难以颠覆的。我将抓住他们的矛盾、重复、言而未尽、错误、自傲、软弱、言不由衷、苦闷等不放,从外围逼近内在的灵魂。要否定他们是荒唐的,但我可以揭示其极端的复杂性,从而反映中国文化内部的冲突与矛盾。写这两人也是我的心结:我的祖籍与钱钟书一样,而我的出生地又与鲁迅一样,写这篇文章也是对自己的一次清算。

你谈到王国维,我也喜欢他。记得十八九岁时跟一位词学家研究词学,首先就遇见了《人间词话》,当时人小,不大喜欢它,因为我深爱的词人姜白石被王静安贬抑。我更喜欢陈廷焯的《白雨斋词话》,觉得它更公允。现在看来,《人间词话》尽管对一些词家不大公平,但站得高,有大家气象。叶嘉莹(加拿大)关于王国维的诗学论文不错,但难免唠叨。

钟鸣主编、杭州协办的《外省评论》将于10月创刊,我已将你作为编委提上去了,为它写点东西应是责无旁贷的。《非非》又约稿,你给他们什么稿子?

"日内瓦学派"的批评实践颇有成绩,现已有几部中译著作,三联的《火的精神分析》(巴什拉尔)、《文学与感觉》(理查),百花洲文艺版《批评艺术》(普莱),你可注意一下。

现寄上一首我的长诗,创作于1991年,这次将用在《北》刊上。它是我"唯一"的创作。

这首诗的构思花费了我很长时间,一首没有构思的长诗是可怕的,长诗必须是进展的、叙事的(或提供一个发展的影子),我在骆一禾和海子的长诗里看不见货真价实的进展。《他》一诗是复调的或对位的,"他"在前进与"我们"在追逐"他"作为两个主题交替闪现,此起彼伏以推动全诗。诗在进展,"历史场景"也在变幻,从"春天"之现场到当下现实,再到蒙上面纱的封建混沌史,再回到当下,最后面临一个值得回忆的未来。同时,人物也在变化:"他"从一个寻常的复仇者、民族英雄变成一个消沉者,变成一个缺乏历史性别的普通人,但是最后变成混迹在人群中的圣者(耶稣、佛陀、孔子)、变成面包、变成面包的香气,一种羽化升空的精神朗照;"我们"在追逐"他",在追寻中与历史相遇,最后我们发现"他"不在别处,就在我们身边或周围,就是我们自己或者我们正呼吸着的空气。人物在运动,人物的面孔在变化,历史场景在更迭,同时"诗"在进展。人物消失在空气里,诗结束在创世力量的悬空状态中。

我写这首诗很用心,但当时很年轻,很多地方不尽人意,但那种激情也许不可复得了。若见面还可详细谈谈。像《杜伊诺哀歌》这样的作品已没有明显的结构了,这才是真正的神品。要写出真正成熟的长诗,我自知还要走漫长的路,也许永远写不出,但我会尽力接近它。

好,暂此。

祝

写出更多好诗!

刘翔

94.8.21

邮 戳：1994.11.13 浙江杭州
　　　 1994.11.17 河北石家庄
信 封：河北省石家庄市河北师范大学中文系　050016
　　　　　　　　　　　　　　　　　　　　陈超
　　　杭州米市巷万物桥21号公安宿舍　刘　310005
信 纸：杭州师范学院备课用纸

超兄：

您好！

近日可好？甚念。

本来想寄一篇长文给你的，但是文章未完成，等打印出来说不定又要用去一个月，这么再复信就拖得太久了。

最近"意志力"薄弱，每天看八到十个小时"亚运"节目，故而把"要事"拖下来了。疏于读写，心中并不好受，只怪自己"定力"不够。

从（梁）晓明处知你已"婉拒""星座"的邀请，我为你感到有点惋惜。你的名字是我提上去的，我的本意是想由晓明、占春、你、我在《星座》中形成一个《北回归线》诗歌的"强力集团"。好像晓渡等也收到邀请。当然，你拒绝一个似乎完全是有益无弊的邀请，我完全相信是出于一种正直和真诚，无论别人是否误会，我坚信你没有更多"潜台词"。

你的谦虚给我很深的印象。这一点，我要向你学习。我读了你在《中国诗选》上的文章,我认为我写不出来,一种如钻石般坚硬而锐利的语言,但思想却充满弹性。你应该为自己感到自豪。至于"笨",我想我也极笨,记性差,上学时学习也差,也欠执着,因此你千万别对我抱大的希望。当然,自感"笨",有时也有好处,一般当我读完大师作品后就深感自己无从下手,很狼狈,但过一程一看,却似乎有小小的长进。你的情况一定也如此,"笨"一段时间为上进、长水平提供了一个坚实的基础。

对诗学,我没有太大的抱负,学力不济,抱负太多,自身素质也不够,只能"敲敲边鼓"。诗歌我会争取,但诗可遇不可求,我的作品将不太多,也许我会在1999年完成一首长诗。

你相信吗?——我从小就认为我是一个长篇小说作家,唯有这,才是我一辈子的大事。我最关心的是人,人的活生生的命运,人的梦、怕和希望。我认为俄罗斯古典文学是最伟大的文学,真正的文学只能是"批判现实主义"的。

我打算再沉默很长时间。被人忘记不可怕,但被自己的使命和良心遗忘将是可怕的。

谢谢你的支持,这种友谊比什么都重要。

《他》一诗的题目,确实欠有力。但我是这样考虑的:"他"一词乃是众词之词,众词之词根,一种极普遍的人之状态,为什么不能用"我"或"你"呢?因为我们难以想象运用它们做标题:太近,太具体。而"他",乃是人的远方与自身的交融。三联最近出的《我与他》,待读完后即感到在"他"中,有"我"之"他"性,及"他"中之"我"的双重叠印。"他"在语感上比"我"或"你"更开阔,从而使之作为题目成为可能。我渴望"霸占"这一词根——这是要害所在。另外,此诗内容庞杂,我一时想不出别的更好的题目。"他"有包容性,相对于别人每个人都是"他者",万物亦是"他者",福克纳的《当我弥留之际》,把上帝也视为"他",而别有一种人情味。

此诗的节奏太均匀,气不太喘得过来,这也是客观存在的。另外,一定还有别的,甚至更严重的问题。但如佩斯所说"骑手永远在中途",只要不自以为完美无缺,那么在今后的创作中还是有可能有所进步的。

只是严肃、批判、历史感、追踪伤口大的人的问题,将是我一贯的立场,大概也是存在主义的主要立场吧。我属于"保守分子"。

朱文的诗已寄到。

祝

笔健!

刘翔

94.10.17

超兄:你过去的专著及主要论文等资料能够寄些给我吗?

又及

> **邮 戳：** 1994.12.16 浙江杭州
> 　　　　 1994.12.20 河北石家庄
> **邮 票：** 王昭君（20分）
> **信 封：** 河北省石家庄市河北师范大学中文系　050016
> 　　　　　　　　　　　　　　　　　　　　　　　陈超
> 　　　　 杭州市米市巷万物桥21号公安宿舍　刘　310005
> **信 纸：** 浙江大学中文系稿纸

超兄：

　　您好！

　　谢谢你对拙著的关怀，它还没个影儿却得到了朋友的关心，会让我对完成此书充满信心。《文学自由谈》(4)已收到，稿费也收到。若不是你寄赵玫，拙文还得蒙灰许多时日。

　　杂志我收到两本，你若手上没有，我可寄你一本。

　　《山花》的何锐说"诺贝尔……"一文，终审时未通过，他已将我在《大骚动》上的诗用了三首（这些诗是我最早的一批诗，写于1987—1988）。不予登出也在意料中，而且广州一家报纸已登出来了，《山花》不登为好。给何锐写信时代我谢谢他。

　　"星座"的事想必已办妥，很久以前高全喜来信时已告，"所嘱之事会办的"。

　　《阵地》上的诗能受到你的赞扬令我惭愧，这些诗不太好，都是急就的。好久不写诗了，我希望能写出更好的。

关于你提的拉金、洛厄尔、金斯堡三人的诗应入《灵魂烈焰上的歌吟》一事，我这么看：此三人皆重要诗人，但我个人对他们研究欠深，洛厄尔很重要，但也许张曙光、肖开愚等比我熟悉得多。拉金对我来说有些生疏，拉金认为哈代是"二十世纪最伟大的诗人"，我已列入了哈代，把拉金也代表进去了。金斯堡的诗名是很大，但学术地位颇有争议，再说米沃什已经很好地论述了他的诗。当然，最重要的原因是时间紧，研究欠深。想想看！我竟把西班牙的希梅内斯（他的《柏拉德罗与我》多么精彩！）、阿莱克桑德雷（小江河特别钟爱的诗人）都"漏"了，还有洛尔迦——尽管博尔赫斯认为他是个二流诗人。

我刚调入中文系，先干些杂务，以后可能会读个在职研究生。先苦些日子也值得。慢慢来。

最近情况怎么样？希望有源源不断的好作品写出来。

 祝

冬安！

刘翔
1994.12.12

邮　戳：1995.8.28 浙江杭州
　　　　1995.9.1 河北石家庄
邮　票：国际扫盲年（20分）
信　封：河北省石家庄市河北师范大学中文系　050016
　　　　　　　　　　　　　　　　　　　　　　　陈超
　　　　杭州市米市巷万物桥21号公安宿舍　刘　310005
信　纸：杭州民生药厂专用纸

超兄：

　　您好！

　　好久没给你写信了。但我常常在内心里给你写信，有时一写就很长。无疑，你是我最记挂的朋友。（梁）晓明和莫显英分别传达了你的问候，谢谢你。

　　这个暑假，我没有到外面去，主要是在家读书，读了俄罗斯的伟大作品，包括《战争与和平》《日瓦戈医生》及契诃夫的六百页作品，我深信俄罗斯批判现实主义文学是迄今最伟大的文学之一，这种文学的情感力量与宗教力量都是巨大的。我读了一些卡内蒂和米沃什，这是两位特别深刻而又有广阔经验幅度的作家。我读了他们的所有散文，被深深震动。我极为仔细地阅读了《走向十字架的真》，尽管在书上打上了很多"？"，但仍佩服刘小枫的学识及思考力度，我很想和真正认真考虑基督教神学的人一起探讨它极富刺激性的论题及其内在困惑。我还读了康德，决定在几年内咬住不放，我觉得不了解康德无以了解西方思想史，也无法了解近代中国思想史，他对所有的流派都产生影响或给予刺激。从较小范围看，不了解康德也无法深入当代新儒学思想，各家对康德的各执一端，形成了不同的学说。

暑假后我可能修研究生课程，我打算把康德美学及其现代效应当作课题研究。读研究生还可趁机逼自己学好英语。

我觉得康德不仅仅是近代最伟大的哲学家，也是最了不起的伦理学家、宗教学家、自然科学家和伟大的教师，亦是近代人格的典范。钻研康德一则可以打基础（我的基础实在太差了），另一则可以从人格上及耐心和专注上学到一点东西。

这个暑假我的视野变得开阔了，我突然发现宗教学、形而上学甚至科学哲学（像波普尔、库恩）也对我有吸引力了，我不再厌弃经验派的著作了。我高兴地发现我很爱读本来似乎会感到很枯燥的政治学（海耶克、亨廷顿）、社会学（马克斯·韦伯、曼海姆、杜尔凯姆）、人类学、法学（文化视野中的法学）、历史学（主要是年鉴派的著作），真不知为什么，也许是年龄的缘故，也许是我不再狭隘地把自己视为"诗人"的缘故。所有的知识都应该融汇取来，而了解哲学史是关键，其实每一社会科学流派都有不同的哲学背景，我觉得从深一层看，文学流派也如此。

通过阅读，我不是感到更充实了，相反，我似乎比任何时候更虚弱,更无知,因为一切知识不过扩大了无知的程度和疆界。能时时洞察自己的无知是一件好事。

这段时间我还较深入思考了中国近代化与现代化中的知识分子问题,这将是我一辈子揪心的问题。我会在文学中展示(而不是有心解决)这一问题。"左倾"激进主义、自由主义和文化守成主义这中间的关系及其张力是很有诱惑力的课题,对比了胡适与鲁迅,我不再认为胡适或自由主义或经验派或实用主义"更肤浅"了。一切的问题在于:我们不是寻求至善,而是寻求对公德的遵守;我们不信任超越一切的"超人"统治,而只寻求较好的凡人来执行"代议";我们不再期求轰轰烈烈的革命,而只希求一步步的改良。对文学的态度我也比过去"保守",文学不会日日新。

从哈贝马斯到汉斯·昆,从伽达默尔到德里达,西方的学术在强大的张力中,一个学者须深入这张力中,了解它,即使我们不能为这张力做些什么,但对我们一定会有益的,至少会让我们谦虚些。

听说你们在福建开了一个诗歌讨论会(是耿占春一个多星期前来杭谈起的),起因很不错,结果却有些无聊,是吗?我也认识到,许多诗人已不是诗人,而是些奸商了。

接下来谈谈你的书,到现在才谈,真是罪过。书我看了,但不是特别仔细,因为很快书被莫显英借去,她要在文章中大量征引你的观点,并把你的诗列为最好的一类(思?哲理乌托邦?或精神乌托邦?)。我和她的观点一致,觉得越靠前的越好,靠前的大都是近作,说明你越写越有力,越来越成熟。你还有占春的理论都是我所激赏的。占春的《隐喻》一书没有将"隐喻"这一关键词作学术性的展开,看来,还是原来的"诗、语言、思"合适些——尽管跟海德格尔的书名字一样了。占春这次来杭州我都跟他探讨了。胡塞尔和海德格尔是二十世纪的巨擘,最近有关胡塞尔的研究专著出了两本,研究海德格尔的出了三本,我都买了,对比着读。

至于《北回归线》,一定要坚持。为了《北》及别的一些事,我的工作迟迟不落实,杭州是个特别小而敏感的地方,也影响了《北》的出版,但9月份一定下厂。

第5期有一些新的设想,趁占春来,大家议了议。①每期开头推出一位诗人,发一组1000行内的诗,加评论及创作手札。②进一步纯化,弘扬诗歌精神,提倡纯正,以后篇幅不求大,而求精粹,每期在150页左右,阵营相对稳定。③开设"诗与思"栏目,让中国当代一流思想家参与,给他们寻找一个从学术切入创作的场地(拟邀刘小枫、王岳川、倪良康、余虹、孙周兴、高全喜、朱学勤、朱正琳、张志扬、鲁萌、赵一凡、刘文飞、吴伯凡、何怀宏等)。每期三四人。由耿占春全权负责。开始设立诗人对话或诗人问题讨论的文章栏目,由你全权主持。也希望听到你的新想法。

《山花》上论后现代的文章我仔细读了,觉得不错,后半部分还更好。从文章上看,似乎你与(唐)晓渡一起和欧阳江河在关于诗歌主题及精神向度上有所争论。我认为你是对的。小江河的某些诗有以玄学代替真正思想的倾向。《今天》(1995年第2期)上小江河的几首诗还可以。聪明不能代替学识,玄学问题到头来是假问题。语言游戏达到的进展不可能是真正的进展。我不是指责别人,我只是提醒自己,我过去的文章都是以文辞的进展代替真正的逻辑及思想进展(包括《北》(三)上的,及《我们时代的孩子》),因此价值都不大,只是些习作罢了。

好,盼望听到你的消息。

祝

秋日快乐!

刘翔

1995.8.28

邮 戳： 1996.11.15 杭州沈塘桥
1996.11.18 河北石家庄
邮 票： 围棋—古人对弈图（20分）
信 封： 河北省石家庄市河北师范大学中文系　050016
　　　　　　　　　　　　　　　　　　　陈超
　　　　　　　　　　　　浙大中文系　310027
信 纸： 普通稿纸

超兄：

您好！

信收阅，读你的信，甚感安慰，只是感受到过誉，内心羞愧。

我不是个太自信的人。写文章时总感觉文思阻塞，断断续续，还是学养太差之故。回想十余年来，钻研得还是太少，大多数光阴荒废了。其实，我从未有"我为什么如此优秀"之感，而只是痛惜"中国文学为何如此落后，中国当代文学水准之低劣简直难以让我置信"。今天，我在翻看《外国文学评论》这几年的合订本，深感世界先进文学水平与我们越来越遥远了。理论也一样，永远是跟在人家屁股后面的角色。

我很焦虑。我发现自己对文学的爱是极为真诚的。但我一直没有真正献身文学，上班忙忙碌碌，晚上看完报就陷于昏沉。时间都被剁碎了，而且懒惰时常造访自己。从小，我就学习很差，我觉得别人都比我有天才。说实话，我的身体也不好。所以，有时我赋予自己使命感,有时又觉得这些使命是多余的,是我不堪忍受的。我对自己评价不高,有时我想,我或许会成为一个较好的佛教徒。我有点向往庙里的经师,比如像印顺大师那样。

我的目标大概是要成为世界文化经典的较好的崇拜者。至于中国现今的文学,包括诗,不去管它也罢。

另外,我希望你增加自信,你不必认为自己比当今的任何诗评家差。有些出风头的诗评家写文章说到底是为自己的作品捧场的,文辞上绕来绕去,讨论"蛇的尾巴有多长"之类,看似厉害,实际没有学理、没有内容,尤其是没有真正有力度和深度的哲学、伦理学、宗教背景,都是大陆哲学(德、法)之末流的延伸。艾略特、曼德尔施塔姆、奥登、米沃什、布罗茨基的文章是多么好啊,甚至要包括泰戈尔的,那些都是有"根"的啊!

我觉得,我和(王)家新、西川是很不相同的,和小江河、钟鸣也迥异。可能和臧棣也不同,我不属于"大学才子派"(我是从一个高中生自学出来的)。好像现在休谟或罗素那样的人才能真正让我佩服,这点别人很难认同——因为他们的英雄是德里达、福柯、罗兰·巴特。

明年值穆旦逝世二十周年,出版界有"炒穆旦"的趋势。据说《穆旦诗全集》《穆旦诗文集》《穆旦逝世二十周年纪念文集》《穆旦译作集》等都会出版。穆旦诗虽还可以,但我宁愿读他译的作品(如《普希金抒情诗集》《唐璜》等),在他晚期译作中,他成了真正炉火纯青的诗人。

我最喜欢他晚年(1976年)写的那些诗(二十多首,发表十余首),普希金、济慈、丘特切夫,甚至帕斯捷尔纳克的诗韵冲淡了过于浓重的"奥登腔"。穆旦是个好诗人,但不是大师,我们的文学里没有大师。由于资料不全(许多书明年才出),我只能勉强写出一部分,给自己看看而已。穆旦的遭遇最打动我,他是一个多么好、多么勤奋的人啊,现在再也见不到这样的人了。我的论文不会为穆旦研究增添什么色彩,只是要了却自己的一个心愿。

《北回归线》(五)筹集了八千元。稿子已进入打字阶段。12月1日出一校,12月15日前三校完毕,元月1日可见到《北回归线》。因此,你们稿子最好在12月1日前寄来,以便插进去。稿子一定用,勿虑。

你这次分头寄来的所有稿子都用了。华北一片你最熟不过了。

芒克、唐晓渡的文章已收到。但本期难以登出。《北回归线》得考虑它的"生存"。希望得到晓渡他们的谅解。

好,等你的稿子。

并祝

秋安,笔健!

刘翔

96.11.14 夜

邮 戳:	1997.1.11 杭州沈塘桥
	1997.1.14 河北石家庄
邮 票:	西陵峡（50分）
信 封:	河北省石家庄市河北师范大学中文系　050016
	陈超
	浙大中文系　310027
信 纸:	普通稿纸

超兄：

您好！

《北》的二校已完成，大约春节前后即可出版。

我特别满意它的理论部分。在你的帮助下，这部分很充实。

今年下半年，我大概会完成一本论先锋诗的书稿，约20万字，由上海的东方出版中心出版。倒不完全是出于兴趣，而主要是因为环境条件及个人的特殊原因。

匆匆忙忙，不可能写得好，但我也不想让它太不像话。到时，我会和你讨论思路，甚至会向你要些资料。

你约的西川、（王）家新的诗都不错。他们一直在进步。西川的诗有了更多智性因素，多了反讽，令人大吃一惊。家新的诗说不上很有才华，但很干净，我喜欢干干净净的诗。他的《挽歌及其他》，我分别在《作家报》《山花》《人民文学》《江南》《中国文学》上看见，在《北回归线》

上,我把重复部分去除了。

除了中国文学出版社"桂冠诗丛"三本,人民文学出版社马上要出绿原译的《里尔克诗选》(也许是从英文转译居多的另一本《诗选》,当然也不一定,张曙光等人语感颇好)。而我手头上则是《马拉美诗全集》《兰波诗全集》的二校,我应出版社嘱为它们各写一书评,可能发在《读书》《中华读书报》上。仔细思考,清理了马拉美的诗论,对二十世纪诗论的大致流向有了更清晰的看法。

河北人民出版社出的《政治哲学史》(上、下),是我极想买的书,我曾专门汇款至北京王炜他们搞的风入松书店,但已售完。希望你到出版社帮我买下此书,买一套、二套、三套都行。买下后我即刻寄钱给你。

另有一事,浙江《江南》(96.6)上发了一组"北回归线十家诗",规模空前(20页)。由你的一组诗打头。稿费拟一起归入"北回归线基金",不发给各位,是否同意?刊物下次和《北》(5)一起寄你。

好,匆匆。

祝

新年快乐!

刘翔

97.1.11

邮 戳: 1997.6.22 杭州沈塘桥
1997.6.25 河北石家庄
邮 票: 四川民居（50分）
信 封: 河北省石家庄市河北师范大学中文系　050016
陈超
浙大中文系　310027
信 纸: 浙江大学教师备课用纸

超兄：

您好！

刚刚考完外语，马上着手还债。欠下的笔债实在不少。

《北回归线》上的校对失误承蒙兄海涵。下次一定更严格审校。这期上你的两篇文章得到了不少朋友的赞许，谢谢你给我们增了光。前一段，臧棣来信有一设想，欲让我俩搞一个对话，对当前诗界的焦点问题做出反应。这当然是个好主意，你文章中的有关内容促发了这种念头。

臧棣现在努力又精进，势头很好。相比而言，我拿出的都是五六年以前的作品，理论文章也就那么三四篇，看来得努力点了。

唐晓渡在《天涯》(97.3)中提到，我的作品风格属于北岛诗风的继续，他那么说并不出于褒义，但我却自认是恰当的。不知为什么，我有深深的历史情结，我的诗必须为历史、记忆和人道负责。

最近五年我唯一写的一首诗是《关于"变化"的足尖舞》,见于《江南》(97.3),有一些变化。接下来想写一组多达一百余行的诗,题目为《中国近现代史片段》。这是一项终生的事业,与遗忘与邪恶斗争的事业。手法上尽量精致、简洁、有力。

好,匆匆。有空来信谈谈近况。

祝

夏安!

刘翔

97.6.16

《北回归线》(6)开始征稿。截稿日期为九月一日。寄上诗文均可。最好是新的,等《北回归线》(6)出来后,再发别处。这次暂不约西川、(王)家新,上期较多,且发多家。潘维君借调杭州,这期约稿上他多操心些。

又及

周涛致陈超(1通)

邮 戳：1993.4.6 新疆乌鲁木齐
　　　　1993.4.11 河北石家庄
信 封：050016 河北省石家庄市河北师范大学中文系
　　　　　　　　　　　　　　　　　　　　陈超
　　　　　　　　　　　　　乌鲁木齐总医院　830000
信 纸：普通稿纸

陈超学兄：

　　近好！

　　寄我的两份报纸均悉，勿念。

　　我因近期病了一场，一直住院，至今尚未痊愈，尊信迟复，请见谅。现在病躯略恢复，在医院给你复几字，以免挂念。

　　那篇文章是你"逼"出来的，如果还有内容，功劳有你一份。我病是因牙肿疼化脓，引起急性肠炎，关系不大，现已好多了。

　　河北的朋友慷慨豪爽，有燕赵之风，今后有空，还希望能聚会几天才好！

　　无赘。顺祝

　　安好！

　　　　　　　　　　　　　　　　　　　　　　　　周涛
　　　　　　　　　　　　　　　　　　　　　　　93.4.2

复信仍按原址,信封地址是暂时的。

又及

沈苇致陈超（1 通）

邮　戳：2004.4.18 乌鲁木齐（红山路）
　　　　2004.4.22 河北石家庄
邮　票：珍惜生命之水（80 分）
信　封：河北石家庄河北师范大学人文学院中文系　050016
　　　　　　　　　　　　　　　　　　　陈超　先生
　　　　新疆维吾尔自治区作家协会
信　纸：新疆维吾尔自治区国家税务局稿纸

陈超兄：

　　谢谢你寄来诗集。

　　新疆太遥远，诗集在路上走了半个多月，昨天才拿到，今天花一天时间读完了。我写信时窗外天色正在暗下来，但我内心愉悦而充实，如同刚刚享用了一席盛宴。

　　以前读过的几首印象深刻的诗现在仍觉得很棒，如《博物馆或火焰》等。但如此系统读兄的诗有了更全面的体验，初步印象可能是不成熟的，还需进一步消化。我认为第一辑是"雄辩"，智性、尖锐的批判力，我称之为一种"风骨"；第二辑是"记忆"，个人体验与切肤的疼痛感；第三辑是"反讽"，读来痛快、过瘾；第四辑是"亲切"，也是明净，代表你身上安宁和放松的部分，使我想起苏东坡、陶渊明，一种寄情山水的古典回音。

这些诗是语言的多棱镜。兄写出令人惊叹的多种类型的诗,并非语言的魔术和花招,而是一种综合能力,是心灵与才华的广度,因而有了表达的诸多可能。一位书斋里的"老派人物"(忧愤的古典主义者),他的视野如此开阔,令人钦佩。读你的诗我想起你的诗句:"你的躯体如此细薄,可心儿却在砺石中奔跑。"这是你自身的最好写照。

谈流行"先锋诗"的评论是一篇奇文,不,它是一份启示录,因为它击中要害。许多人会有同感,而且(你)是第一位一针见血指出来的。这不是对诗坛的批评,而是一位批评家的大善意,是用心良苦。而诗人们是不会去做这一工作的,他们要么忙于自恋,要么忙于相互拆台。

我下月开始要忙于一本江南水乡的游记,共需半年左右。之后,已与一家出版社初步谈妥,写一本当代诗人的诗论集(朦胧诗后40人左右,配每人照片及代表作),届时会认真写出关于兄的评论。

祝春天好,一切好!

沈苇

2004.4.17

车前子致陈超（2通）

邮　戳：1988.6.17 江苏苏州
　　　　1988.6.20 河北石家庄
邮　票：北京民居（8分）
信　封：河北省石家庄市河北师范大学中文系　050016
　　　　　　　　　　　　　　　　　　　　　　陈超
　　　　《江南雨》编辑部　江苏苏州市三十八号信箱
　　　　　　　　　　　　电话：25160（顾）
信　纸：《江南雨》杂志社稿纸

陈超：

你好！

收到你的信，总很感动。你的激情和热情会给我一股力量的。我想是的，只有去干一件实事，才会摆脱掉"四顾茫然"。

海明威好像一件破衬衫一般被人遗弃了。中国的作家也许觉得地位卑下及其他，总有一种"崇拜明星"意识，其心态的确是幼稚和可疑的。唯新的庸俗之处是当你觉得他是陌生的，你就盲目地鼓吹，而稍稍有了点皮毛的熟悉，就一下抛弃了。没有一个研究、批评的过程。就像交朋友，初次见面，被新鲜感所左右，新鲜感一旦消失，就完了，缺少推心置腹。海明威、马尔克斯都过去了，现在又争相讨好着昆德拉。

所以说,当初面对海、马,不是把他们作为人类文化的优秀精粹,而只是想找到一件走捷径不费力的工具。把文学艺术作为工具,也就不可避免地把读书也作为工具了。我觉得"迷惘的一代"不仅仅是海明威(在法国的美国知识分子)他们的那个范围,二次大战后的西方社会和当今中国,一代、一代,都不可能摆脱掉"迷惘"(的)影子。

以上是我写到"四顾茫然"时想到的。我常常会冒出这个词,见到你写了,我感到亲切。对"四顾茫然"的亲切,实在出于无奈。

近来苏州高温,已连续几个星期了。人都像狗一般,呆在风扇前,一动也不想动,吐着舌头。一接到你的信,就想回信了。但实在不能出手,头一直晕乎乎的。

对于古典主义问题,我想:

一,有两类。第一类是矫揉造作的贵族化倾向。第二类是不自觉的小农经济式的思维方式。前一类比较明显,因为他们是刻意追求的,后一类的"力量"更大,许多诗人都是同谋或者说(都有)参与。他们渴望着人世间的一点红粉,并没有在人性探索上走多远。前一类是表皮的,作为一种流派,而后一类却是骨子里的,有普遍的社会基础。

二,探索性的文学艺术带来了价值判断的混乱,使大家有一种回归——求真、求一的倾向。于是,经典、潜价值判断系统在作梗了。

三,不值得奇怪。一位优秀的作家身上两种文化(经典与前卫)冲撞原本厉害，只要有意识即可。

……

车前子

1988.6.16

注：此信缺页。

邮 戳： 1988.11.28 江苏苏州
1988.12.1 河北石家庄
信 封： 河北省石家庄市河北师范大学中文系　050016
陈超
《江南雨》编辑部　江苏苏州市三十八号信箱
电话：25160（顾）
信 纸：《江南雨》杂志社稿纸

陈超：

你好！

我也是如此，几次想给你写信，但想诉诸文字便只觉惘然。一个手势、坐姿与延伸，都比纸丰富。它能传达出（语言）不能传达的东西。语言具有一种扼杀性。太确定了，也就顿然若失。心灵与情感丰富和深厚了，就无凭着。

天上的行云，地下的流水。古人悟得更多。他们对人与人之间的友谊看得很深，而（对）那诗歌却是轻慢的。所谓"雕虫小技"。

但人类越来越急功近利了。

我们是迷惘的。价值观的失落我们敏感到了。我常常觉得即使是刚写出来的东西，也是无意思的。下午，一个人坐在窗边，觉得浪费了许多时间。写这些诗歌，有什么意思呢？

奥古斯丁的《忏悔录》我没有读过。近来，我常常想起"神圣性"这个词。在现代社会,"神圣性"已经消失了,所以现代艺术必然是瞬间的艺术和浅薄的艺术(这"浅薄"不含贬义,是指一种状态),(是)价值仅仅在过程之中的艺术。我们还是恋旧的,这"旧"不是"古典",是一种仪式感,是内心的主人或者上帝。

所以,我们常觉迷惘。希望更确切地把握到价值评判标准,召唤走开的主人回来。但这,又有多大的可能性呢?也许,我们是不合时宜的。痛苦的根源没有真正找到,从怀疑自己开始,这或许是最可靠的第一步。

我相信我们在进步,是否定之否定吧。将承受住更多,更考验我们的心理素质。

诗歌使我们相识相知,但诗歌随即像一个小站被我们坐着的列车撇得远远的了。在高高的山上有风吹着的地方,我们相聚,不说话,但已心领神会。

在五年前,我对自己的告诫是"反对喧嚣与骚动",现在还是如此。苦闷得实在慌了,就突然地放声歌唱或一个人躲在家里往宣纸上大泼墨。

宁静是需要付出代价的。

我们疲倦了

因此我们在路上

才走了一半

> 爱你!
> 车前子
> 1988.11.28

叶舟致陈超（1通）

邮　戳： 1993.8.20 甘肃兰州
　　　　　1993.8.22 河北石家庄
邮　票： 福建民居（1元）
信　封（邮政快件）：河北省石家庄市河北师范大学中文系
　　　　　050016
　　　　　　　　　　　　　　　　　　　　　陈超
　　　　　　　　　　　　　　　（兰州24支 0000337号）
　　　　　　　　　《甘肃经济报》副刊部　叶舟
　　　　　　　　　兰州市中央广场一号　730030
信　纸： 普通稿纸

陈超兄：

您好！信收到，感谢。

感谢您对我几首小诗的美意和关注。那些诗也写了很久了，现在刊出，不免也有些脸红。现在我自己慢慢摸索，写出一些更有力度和深度的东西，等印了集子，寄给您批判。

我和伦佑常谈起您，为您的一些文字常常激动不已，我想在某种程度上讲，这就是所谓"战友的情谊"。

给大解通了长话，不知他通知您寄稿了没有？等您的消息。

好。

　　　　　　　　　　　　　　　　　　　　　　　　叶舟
　　　　　　　　　　　　　　　　　　　　　　　　93.8.20

巴铁致陈超(1通)

> **邮 戳**：1990.2.18 四川涪陵
> 　　　　1990.2.23 河北石家庄
> **邮 票**：北京民居（8分）
> **信 封**：河北省石家庄市河北师范大学中文系　050016
> 　　　　　　　　　　　　　　　　陈超
> 　　　　　　《涪州论坛》编辑部　巴铁
> 　　　　　　四川涪陵地区地委党校　648000
> **信 纸**：《涪州论坛》编辑部稿笺

陈超兄：

2月2号的会我误了。我是6号才抵北京的。（唐）晓渡7号陪我去了谢冕和蓝棣之家，同时也见到了刑天，对书的情况有了一个大致的了解。我于12号又离开北京回到涪陵。看来2月23号的碰头会我是没法参加了。我这几天正在拉条目，这不难，因我的面积是四川，所以，我估计我的条目要在2月25号左右才能到晓渡手里。还有，我这信可能也要等你从北京回来才能看到。

这次北上，没有去见你，这是一大遗憾。原想路过石家庄在你处落一下脚，结果考虑到车票不便故作罢了。

在晓渡家读到你近来所撰的辞书，很振奋，为你的成果感到骄傲。能送我一本吗？已经在辞书之海里称得上是一块礁石了。

现在，我们着手干的事，任务还很艰巨。我若只负责四川部分，也不太难，难的是界限和标准。不知你处资料如何？如果我们能时常联系，不至于有太大的疏漏和重复就太好了。到时我们视情况进展而通信补缺和充实吧？！

近几年我也惭愧，想编书、写书，却难以打通出版渠道。我也读过你的文章，扬州会议留下了很深很好的印象。我们得联袂起来干点实事才行啊。这边西师有个叫李震的研究生，我这次想拉他入伙，他的气质不错，很能写。见到他我时常想到你。

好了，写这些，请将你的进展、范围和详情随时反馈给我，我也好工作。其他下次详谈。

笔健。

巴铁
90.2.18, 四川

老木致陈超（2通）

> **邮　戳**：1988.9.27 北京
> 　　　　　1988.9.29 河北石家庄
> **信　封**：河北省石家庄市河北师范大学中文系　050016
> 　　　　　　　　　　　　　　　　　　　　　　　陈超
> 　　　　　《文艺报》北京朝阳区农展馆南里10号　100026
> **信　纸**：《文艺报》稿纸

陈超：

　　你好。很惊讶你对我的诗的判断——这使我对你抱有一种相见恨晚的情感。作为朋友，我非常幸福。我的诗纯粹是个人（化）的。我理解个人的方式通过诗歌方式体现。在我的诗歌方式中我强调形式这一诗歌本体。而在我的个人方式中强调爱这一主题因素。诗人就是使这个无意义的世界成为有意义的世界的中介者，他通过爱达到自我拯救，也就是说，通过对艺术的痴迷实现一种解脱和承担的双向度的价值。在这里，孤独和怀疑是绝对的，在君临万物的神性的光辉中，诗人多么渺小——可他又多么骄傲。既卑微又神圣，这是艺术家的天性。在这样一个时代，诗人们的绝望可以说达到了极值？我们将选择什么支撑自己？虚无仅仅是对我们所反对的传统的搁置，而传统一日又一日影响和照耀我们——通过血液也通过每一件小事、每一个单词。站在世纪之末，诗人仍然歌唱——这就是我的一些想法。

《中国作家》第 5 期将有我的一组诗,(是)我比较满意的诗作。去年《作家》10 月号也有一组我满意的诗作。希望你能谈谈看法。(这些都远胜于《诗刊》的两首诗。)

陈超,我们是一伙哥儿们,互相鼓励与互相交谈是很必要的。最近我在弄一个后朦胧诗选,这几天就交稿,很不错。

希望以后多联系。我或许没有写信给你。你的那篇文章很难发出——我想做的讨论中辍了。

问石家庄朋友好!

见到醉舟等人问好!

老木
1988.9.26

注:老木(1963—2020),原名刘卫国,1963 年 2 月出生于江西萍乡。1979 年考入北京大学中文系,大三因患肝炎而休学一年,1984 年毕业。先后在北京市委党校文史教研室、中国作协《文艺报》工作。其于 1985 年 1 月编选的《新诗潮诗集》(上、下册)、《青年诗人谈诗》影响深远。后赴法国,之后罹患精神疾病,流落法国街头。2016 年经朋友救助回到老家萍乡,2020 年 11 月 27 日去世。

邮 戳：1989.4.13 北京
　　　　1989.4.16 河北石家庄
信 封：河北省石家庄市河北师范大学中文系　050016
　　　　　　　　　　　　　　　　　　　　　　　陈超
　　　　　　　　　　　　　　　　　　　　　　《文艺报》
信 纸：《文艺报》稿纸

陈超兄：

顷接大作，我当力争发出。

现将王家新所嘱的文寄上，此文代表了我对诗歌的一些看法（对公刘一文的反驳）。

你近来如何？《光明日报》的文颇有反响，北岛也有誉词。

我最近尚好，只是忙。《百花洲》二期我有一组诗。到时请阅批。

握手！

老木

3.24

南帆致陈超（1通）

> **邮戳**：1993.4.26 福州
> 　　　 1993.4.30 河北石家庄
> **信封**：河北省石家庄市河北师范大学中文系　050016
> 　　　　　　　　　　　　　　　　　　　　　　　陈超
> 　　　　　　　　　　福建社会科学院　350001
> **信纸**：福建省戏曲研究所稿纸

陈超先生：

　　十五日来信收悉。很高兴您能为我提供《文论报》的版面，我很乐意为《文论报》撰稿。

　　目前我还无法预定何时可能完成稿件。近期的日程已经安排得很满，下半年又须赴另一所大学任几个月的访问学者。事先允诺，恐怕失信于您。我会记住您的盛情，待有合适的作品，定会主动奉上，如何？

　　好！

南帆

四月二十二日

陈晓明致陈超(1通)

邮戳：1993.7.12 北京
　　　　1993.7.18 河北石家庄
信封：河北省石家庄市河北师范大学中文系　050016
　　　　　　　　　　　　　　　　　　　　　陈超
　　　　北京建国门内大街五号中国社科院文学所　100732
信纸：中国社会科学院文学研究所稿纸

陈超兄：

大札颂悉，迟复为歉。因刚从福建老家回来，诸多事务，兄所嘱稿子，弟过一段奉上。

有机会来京，欢迎兄到敝舍叙谈，我通常周二到所里，平时在家。

但所里电话尚未安上，要等上三四个月，安上以后我再告诉您。

匆匆　顺颂

夏安！

　　　　　　　　　　　　　　　　　　　　弟：陈晓明
　　　　　　　　　　　　　　　　　　　　　　顿首
　　　　　　　　　　　　　　　　　　　　93.7.11

刘东致陈超（1通）

> **邮　戳**：1995.8.29 北京
> 　　　　　1995.9.4 河北石家庄
> **邮　票**：上海民居
> **信封**（航空）：河北省石家庄市河北师范大学中文系
> 　　　　　　　050016
> 　　　　　　　　　　　　　　　　　　　　　　　陈超
> 　　　　　　中国社会科学院外国文学研究所　刘东
> **信　纸**：中国社会科学院外国文学研究所稿纸

陈超兄：

　　自黔返京后，即忙于还文债会债，似乎永无宁日。虽早收兄札及所赐之书，亦未尝回信道谢，歉甚！

　　这次有幸与兄结识，十分快慰。兄道我天性快乐，殊不知我每每为苍生忧也。倒是你的性情十分欢快，甚有天趣。

　　（唐）晓渡曾从这里拿走了你的照片，想已寄到你处。我将我们的合影再行奉上，以为永志。

　　专此奉复

　　即颂

大安

　　　　　　　　　　　　　　　　　　　　　　　　　刘东
　　　　　　　　　　　　　　　　　　　　　　　　95.8.28

张颐武致陈超(1通)

邮 戳：1993.2.9 北京
　　　　1993.2.11 河北石家庄
邮 票：上海民居（20分）
信 封：河北省石家庄市河北师范大学中文系　050016
　　　　　　　　　　　　　　　　　　　　　　陈超
　　　　　　　　　　　　　　　北京大学　100871
信 纸：北京市电车公司印刷厂出品稿纸

陈超兄：

你好，大札收到，十分高兴。去年一晤未及深谈，实在是相当遗憾的事。

收到发了那组诗歌文章的《文论报》，我还以为我兄调入此报了，一见信才知道情况。

约我的稿，感谢你的盛情，一定从命如期交卷。只是好坏、可用否还得由你来裁决。

何时来京，咱们好好聊聊。诗歌现在还颇冷寂，应该有些新东西出来才好。多联系，祝春安并于鸡年大吉大利，少病少恼（此佛家语）。

张颐武

2.8

沈奇致陈超（1通）

信 纸：陕西经贸学院教案纸

陈超：

你好！"诗潮"的会我知道，很高兴你从哲学中抬眼重顾诗坛。就人品和学养而言，兄是诗学界难得之真人高人，不能离场的。99年诗坛可能有些热闹，我"被迫"介入，于本性稍违，但想来或也有助于诗坛的发展。散淡如菊的人，有时也会迸溅一点野草的腥味，好在我也从未在乎过什么。

据悉兄的书房很是煌煌，随信送上四帧新得的汉瓦当拓片，很不错，你可请懂行的书法家再题几句，然后装裱，会十分雅致的，或可为新年添点小小的喜庆，余愧，容后再汇报。

即颂

新年新春幸福顺心！

沈奇

一九九九年十二月廿日

西渡致陈超（1通）

> **邮　戳**：1999.6.7 北京
> 　　　　　1999.6.10 河北石家庄
> **邮　票**：何香凝国画作品·虎（50分，2张）
> **信　封**：河北省石家庄市河北师范大学东校区中文系
> 　　　　　050016
> 　　　　　　　　　　　　　　　　　　　　　　　陈超
> 　　　中国计划出版社　北京西城区月坛北小街2号3号楼
> 　　　　　　　　　　　　　　　　　　　　　　100837
> **信　纸**：普通稿纸

陈超大兄：

大札并剪报收到，谢谢。

××的文章并非老调重弹，实不堪疗救也。《北京文学》第7期可能先登这边三篇，有（唐）晓渡兄和您的，那边可能登于坚、韩东吧。第8期登我和臧棣的。他们还是在搞平衡。一块登也好，但不取（张）曙光诸兄的文章，有些过分。（据说××写了两万字长文，《北京文学》不用，但××大半会通过别的渠道整出来。）

我近期想就现代诗在台湾的命运写点文字，与这场论战似也不无关系。于坚他们的命题殊非自创，台湾那边讨伐现代诗时全玩过了。台湾现代诗70年代后的消歇，与几场论战不无关系——但根本的原因还在台湾现代诗自身,未能为自身的立场确立在写作伦理、心理与实践上的依据,诗人的自恋心态,甚至未能完成对传统的清算,即使主张最激进的纪弦,在写作实践上也一直没有停止与传统"调情"。为写作此文,昨日咬牙买了一套余光中诗集。

　　祝

好

西渡

99.6.7

注:此信涉及的是"盘峰诗会"之后"知识分子写作"和"民间写作"的论争。1999年4月16日至18日,由北京市作家协会、中国社会科学院文学研究所当代室、《北京文学》杂志社和《诗探索》编辑部联合举办的"世纪之交:中国诗歌创作态势与理论建设研讨会"在北京市平谷县盘峰宾馆召开,后被称为"盘峰诗会"。《北京文学》1999年第7期刊登了陈超、李志清、唐晓渡、谢有顺、西川、韩东共六篇文章,《北京文学》第8期"关于诗歌及批评的争论(之二)"刊发了于坚、臧棣、西渡、孙文波、王家新、沈奇、侯马七人的文章。

臧棣致陈超（11 通）

> **邮 戳：** 1994.10.26 北京
> 　　　　 1994.10.30 河北石家庄
> **邮 票：** 上海民居（20 分）
> **信 封：** 河北省石家庄市河北师范大学中文系　050016
> 　　　　　　　　　　　　　　　　　　　　　陈超
> 　　　　　北京大学四院 103 室　100871　臧
> 　（注：信封背面有一则陈超记事："北京王家新也来邯郸。L 要求回电话。"）
> **信 纸：** 中国新闻社稿纸

陈超：

你好！我目前正应约写一篇"1980 年以来的当代诗歌批评述评"的文章，拟对 10 多年来的当代诗歌批评的基本状况、思路、缺陷作一次"总结"。老一代诗评家我谈的不多，大约只涉及谢冕、洪子诚等几位，中青年我选了（唐）晓渡、朱大可、徐敬亚、陈仲义、程光炜、张颐武等人。当然，还有你。入选的标准，以出过诗评专著为准（这是糟糕的标准，不过只能如此）。我听说你出过一本专著，我指的是除《中国探索诗鉴赏辞典》外的。如可能，也请将近 10 年你的诗评列个目录，供我去查找。我的文章想突出中青年诗评家对当代诗的独特关注，所以有赖于各位朋友的支持。盼望回音。

　　颂安！

臧棣

1994.10.25

邮 戳： 1997.1.5 北京
　　　　1997.1.8 石家庄
信 封： 河北省石家庄市河北师范大学中文系　050016
　　　　　　　　　　　　　　　　　　　　　　　　陈超
　　　　北京安外青年湖北街1号楼　100011
信 纸： 普通稿纸

陈超兄：

适值新年，寄上一本 Rilke，收到后，可否回一短笺，但愿它能示出我对你的敬重。

石虎诗会，本有幸会之盼，怎奈那时被一患病学生拖累得精神不振，故未能赴会。其实，在那个会中，我想认真与之攀谈的几个人中就有你。

我现在在昌平带学生，当班主任，很累人。暇中写诗，及修改论文。

月内将出一本个人打印诗集，收的全是近作。到时肯定寄你。

你现在忙些什么？下次回信可否将你家中电话告我？

顺呈

新年如意！

　　　　　　　　　　　　　　　　　　　　　　　臧棣

　　　　　　　　　　　　　　　　　　　　　　　1997.1.4

邮　戳：	1997.4.3 北京
	1997.4.6 河北石家庄
邮　票：	联合国第四次世界妇女大会（50分，2张），上海民居（20分）
信　封：	石家庄市裕华路1号河北师范大学中文系　050016
	陈超　先生
	北京安外青年湖北街1号楼407室　臧棣　100011
信　纸：	普通稿纸

陈超大兄：

好！寄去一册私人印品。它是我九五、九六两年写的东西的一半。这两年写作发生了一点变化。雄心和抱负都像是对准了焦距似的，不再写空泛、模糊的东西。批评文字也写了不少。待以后整理寄你。突然发现自己原来写东西很勤奋。但我的写作习惯不好，偏爱散页纸，然后以纸袋聚之。

我正在筹办一份诗刊，正式出版。如有诗、诗评可寄来。我相信它将成为国内最好的。寄来的作品务请不要再投寄国内任何官、民刊物。基本上不发已在国内各种刊物上发过的诗文。这里，只是向你——我敬重的一位兄长——作长期的约稿。

寄去的《燕园纪事》，目前只印了十一册。外地只寄了你。有空的话,请翻翻,提些睿见。

匆此。

颂安!

臧棣

1997.4.2

邮　戳：1997.4.25 北京
　　　　　1997.5.1 河北石家庄
邮　票：唐·张议潮出行图（50分）
信　封：河北省石家庄市裕华路1号河北师范大学中文系
　　　　　050016
　　　　　　　　　　　　　　　　　　　　　陈超　先生
　　　　　北京安外青年湖北街1号楼407室　臧棣　100011
信　纸：《中华读书报》稿纸

陈超大兄：

　　信收到。喜读。我把信中那些赞扬的话看成是来自一位有卓识的兄长的鼓励。据我观察，一个诗人在他的时代只要能得到几位同行、里手的真正欣赏也就足够了。除此之外的其他称美，不过是陌生读者根据他们自己的需要进行的解读罢了。

　　你信中的"评述"，对我很有启发。不是客套。说到"智性""才气""才力"，愚弟以为大兄过于"悲观"。我始终认为"才气"是"个人的一点秘密"(John Berryman)，最好对之采取神秘主义，不可定量化。我信仰勤奋、专注。从勤奋得来的东西，恰如从劳作中获得的收成，其快感强烈而纯朴，更重要的是它可靠。当代诗坛中那些标榜靠"灵感"写作的人，在我看来，都是杂耍。不知你怎样看。

　　我的确很少发诗。但可能也发过不算少，1995年前主要见于《诗林》《花城》《诗刊》《诗神》,和一些作品选集。去年在《山花》(96.9)、《作品》(96.11)、《今天》(96.4)、《现代诗》(96.4)上发过4组诗。今年将会发得多些,已见《人民文学》(97.1)、《上海文学》(97.4)、《十月》(97.3)、《花城》(97.4)、《天涯》(97.3)、《北京文学》(97.6)。另《诗刊》《诗神》《山花》《大家》《星星》已索稿留用,也将于年内刊出。甘肃叶舟他们编的《中国当代主力诗人诗选》(华北卷)也收有近作600行(15首)。《今天》(97.2)也将发我一组诗。有时,感到是不是发得太猛了点。不过,最大的心愿是今年能出本个人集子,估计问题不大。

我也不会放弃批评。对批评,我始终有种文类上的迷恋之情和亲和之感。

我想我们今年会见面。

匆此。

春安!

臧棣

97.4.24

> **邮　戳**：1997.12.1 北京
> 　　　　1997.12.3 河北石家庄
> **信　封**：河北省石家庄市河北师范大学中文系　050016
> 　　　　　　　　　　　　　　　　　　陈超
> 　　　　北京大学中国语言文学系
> **信　纸**：冶金工业出版社稿纸

陈超大兄：

　　近安！很久未得知兄的近况了。我恐怕是少数几个对当代诗歌还有信心的从业者。今年以来，参加了不少会，不断听到人们对当代诗歌的指责。这些指责令我感到厌烦。不知你怎么看，我历来主张对当代诗人（乃至当代文化）应采取罗兰·巴特式的态度：积极地肯定它的存在，为它的意义进行辩护。因为在文化的方向上，当代诗对历史采取的是一种审美主义的态度，它是人类感性在现代工业文化中得以存活的为数不多的审美空间之一；在某些极端的时刻，它甚至是唯一的。在当代的文化条件下，我也感到要采取否定的态度太容易了。批判性正在成为一种教条。

　　寄去《小杂志》，希望能听到你的意见。

　　顺祝

一切安好！

　　　　　　　　　　　　　　　　　　　　　　臧棣
　　　　　　　　　　　　　　　　　　　　　1997.12.1

邮　戳：1997.12.21 北京
　　　　1997.12.24 河北石家庄
邮　票：神门鸱吻（20分，2张），云南民居（10分，1张）
信　封：河北师范大学中文系　050016
　　　　　　　　　　　　　　陈超　先生
　　　　　　　北京安外　臧棣　100011
　　　（内附一张明信片：图案是一只盖着花被子熟睡的小黄猫，上面是一棵圣诞树，挂着一只红袋子。）
信　纸：北京大学中国语言文学系稿纸

陈超兄：

　　必须赶紧声明，《小杂志》是孙文波办的，而我只是负责寄给你，因为我觉得你是它的最主要的阅读人之一。

　　你现在还写诗吗？可否寄我拜读？

　　感谢你的推荐。据《北京文学》编辑李静说，我已被列入什么纯文学排行榜。因为（有）你和（唐）晓渡参与，我感到有趣和荣幸。

　　明年我们总该有机会见面吧！

　　新年快乐！

　　　　　　　　　　　　　　　　　　　　　　　臧棣
　　　　　　　　　　　　　　　　　　　　　　1997.12.21

> **邮 戳：** 1998.12.15 北京
> 　　　　1998.12.18 河北石家庄
> **信 封：** 河北省石家庄市河北师范大学中文系　050016
> 　　　　　　　　　　　　　　　　　　　　　　　陈超
> 　　　　北京大学中国语言文学系　北京大学五院　100871
> **信 纸：** 中国新闻社稿纸

陈超大兄：

　　寄去两首诗，其中一首是献给你的。它可以说是我在完成《燕园纪事》后尝试写"情境诗"（这是我对萨特的"情境剧"所做的字面上的移植，用清晰的语言去触及意识中的复杂的经验。）的一个"代表作"：自认在技艺上无大的闪失。不知你看了是否喜欢？

　　匆匆。

祝好！

臧棣
1998.12.12

注：所附两首诗为《宇宙风景学——致陈超》和《在海滨疗养院，或黑洞学》。

邮 戳: 1999.3.13 北京
　　　　1999.3.15 河北石家庄
信 封: 河北省石家庄市河北师范大学中文系　050016
　　　　　　　　　　　　　　　　　　　　陈超
　　　　　　　　　　　　　北京大学中国语言文学系
（信封背面标注：3月19日下午三点河北师大东校区行政楼三层会议室举行园丁奖颁奖会，请务必参加。）
信 纸:《中华读书报》稿纸

陈超大兄：

好！我刚刚拆看了寄来的《作家》第3期，读到了你的评论。我想说，它写得非常之好。我把它视为对我的写作的不可多得的鼓励，也把它视为一种珍贵的友情。你的一些见地，对我也富有启发。

我很感念。

《中国诗歌评论》向你的约稿，不知写了没有，我们正在打印；如有满意的文字，速请寄来（3月底前）。如赶不上这期，我们还想在9月份出一期，请寄稿。

我们1月份在(唐)晓渡(处)计议的事，似应落实。

今年的诗坛似乎会有大风恶浪。

颂安！

　　　　　　　　　　　　　　　　　　　　臧棣
　　　　　　　　　　　　　　　　　　　1999.3.12

邮　戳：1999.10.15 北京
　　　　　1999.10.17 河北石家庄
信　封（挂号）：河北省石家庄市河北师范大学中文系
　　　　　　　　050016
　　　　　　　　　　　　　　　　　　　　　　　　陈超
　　　　　　清华大学管理学院　齐良书　寄　100084
信　纸：北京大学稿纸

陈超大兄：

　　我已在 Davis 安顿下来，这是一个很不错的大学城，很舒服。我正在适应。

　　国内诗坛现在怎样？他们是否有熄火的迹象？老实说，我们身上都有激进的倾向——我自己的源于尼采和萨特，但他们让我感到势利，不讲友情。

　　在这里，想多看一些美国现当代诗歌方面的著述。这些天，主要是忙于恢复英语。

　　上次来京你提及《诗神》改刊，让我寄一些今年发的诗，我让夫人给你寄一些，请转给大解。

　　我的地址：Zang li, 11F Alegre Way, Davis, CA 95616, U.S.A。

　　祝好！

　　　　　　　　　　　　　　　　　　　　　　　　臧棣
　　　　　　　　　　　　　　　　　　　　　　　1999.9.30

注:齐良书,1993年获南开大学管理学学士学位,1996年获北京大学经济学硕士学位,1999年获北京大学经济学博士学位。之后任教于清华大学经济管理学院经济系至今。主要讲授课程包括:发展经济学、经济思想史。主要研究领域为经济发展理论、区域经济发展等。教授课程有政治经济学、发展经济学。

邮 戳： 2002.2.7 北京
　　　　 2002.2.9 河北石家庄
邮 票： 先明峡倒虹吸（80分）
信 封： 河北省石家庄市河北师范大学中文系　050016
　　　　　　　　　　　　　　　　　　　　　　陈超
　　　　　北京大学中国语言文学系　100871
信 纸：《现代汉诗年鉴》稿纸

陈超大兄：

　　我一直在心里感念你的友谊。你也是第一个在我给朋友们寄出诗集后回信的人。

　　我自己觉得新出的集子，在整体上比前面两个要好些，主要是这次，没有太受审稿的干扰。

　　你的集子(诗集)或新的评论集什么时候出？我欠你一篇评论，届时会补上。

　　正在整理一本评论集《一首伟大的诗可以有多短》，是我的处女论集。夏天会出来。

　　祝

　　新春快乐！

臧棣
2002.2.6 北京

邮　戳：	2003.5.4 北京
	2003.5.7 河北石家庄
邮　票：	宝鬘（30分），长城（50分）
信　封：	河北省石家庄市河北师范大学中文系　050016
	陈超
	北京大学中国语言文学系　1000871　臧棣
信　纸：	北京大学中国语言文学系稿纸

陈超大兄：

　　好，你一切还好吧？北京这边非典肆虐，闹得我们人心惶惶，我母亲两星期前又住院动手术！我常出入医院，真有向死而生的感觉，你和家人也要多注意。

　　上次为你写的书评，本该早些寄去。但去年办去台湾的手续，忙乱不堪。这篇文章，还发在《中国图书商报》上，5月或6月，本来有很多样报，但现在全找不见了。现只找到发在上海《读者导报》上的。

　　你的诗集现在进展得怎样？书出来后，让（唐）晓渡尽快给我一本，我会为它写篇东西。

　　多多保重！

　　春安！

　　　　　　　　　　　　　　　　　　　　　　　　臧棣

　　　　　　　　　　　　　　　　　　　　　　　　2003.5.2

王晓明致陈超(2通)

邮 戳： 1993.4.3 上海
　　　　 1993.4.6 河北石家庄
信 封： 河北省石家庄市河北师范大学中文系　050016
　　　　　　　　　　　　　　　　　　　　　　　　陈超
　　　　　上海复兴西路34/4C　200031　王
信 纸： 华东师范大学出版社稿纸

陈超兄：

《文论报》我是每期必看的，近几期的理论版确实多一些学术的色彩，原来是你在编。其中有好几篇都不错。如今一片文化荒漠，《文论报》堪称是其中的一片绿洲，以后的影响，当会更大。

我近来正着手写一部文学史(1910—1990)，全身心投入，满脑子都是这方面的事，一时怕是无法完成你的嘱咐了。盼望能够谅解。以后倘有合适的文章，当奉请斧正。

李劼处，我会传达你的问候。余言不赘，祝好！

　　　　　　　　　　　　　　　　　　　　　　王晓明
　　　　　　　　　　　　　　　　　　　　　　四月三日

邮 戳：1993.8.25 上海
　　　　1993.8.29 河北石家庄
邮 票：癸酉年（20分）
信 封：河北省石家庄市河北师范大学中文系　050016
　　　　　　　　　　　　　　　　　　　　　　陈超
　　　　华东师范大学中文系　200062
信 纸：《为了孩子》杂志社稿纸

陈超兄：

　　收到来信已经有一个月了，迟复为歉！今年暑假杂事极多，包括要为学校办的讲习班讲课，真是既无聊又无奈。文学史仍未进入实际写作的状态，因为我是从晚清入手，需要看大量不熟悉的材料，虽然自以为收获不小，但写作却不得不一再推迟。我会记着兄的好意，一旦开始写了，有了合适的篇章，当奉请指正。

　　余言不赘。祝

　　好！

　　　　　　　　　　　　　　　　　　　　　　晓明
　　　　　　　　　　　　　　　　　　　　　　8.25

李劼致陈超(2通)

邮 戳: 1993.3.2 上海
　　　　1993.3.5 河北石家庄
邮 票: 云南民居
信 封: 河北省石家庄市河北师范大学中文系　050016
　　　　　　　　　　　　　　　　　　　　　　陈超
　　　　上海华东师范大学中文系　200062
信 纸: 普通稿纸

陈超兄:

前后两本书均收到,虽然邮路艰难。不胜感谢!

……

这学期给学生上《红楼梦》课,一面讲,一面写。对于当代文学,似乎无话可说。……昨晚有一梦,甚奇怪,梦见你、我、(唐)晓渡去了一个讲习班讲课,邀请人为刘再复,组织者为谢冕。刘再复甚为热情。我记得晓渡第一个讲,他提问题然后向听众收纸条什么的,后面情形忘了。

这年头居然还有这样一梦,真有趣。

上海的朋友们那里,我碰到他们会转告你的约稿的。我近来连校门都很少出,全然自得其乐。

辞典编得很齐整,这种编法似为首创。此贺。

有空来信。

握手！

　　　　　　　　　　　　　　　　　　　　　李劼

　　　　　　　　　　　　　　　　　　　　　3.2

我要写这方面稿子会寄你的。

　　　　　　　　　　　　　　　　　　　　　又及

邮　戳： 1996.1.20 上海
　　　　　1996.1.27 河北石家庄
邮　票： 西安慈恩寺大雁塔（20分）
信　封： 河北省石家庄市河北师范大学中文系　050016
　　　　　　　　　　　　　　　　　　　　　　陈超
　　　　　　　　　　　　　　　　　　　　华东师范大学
稿纸：《佛山文艺》稿纸

陈超兄：

　　来信及所寄大著均已收阅，十分感谢！

　　虽说彼此交往不密，然兄之情谊，我已心领。朋友之间的相通，不在于"过从甚密"而在于灵犀相通。我有不少好友，平时来往时间和机会很少，但即便十年不通音讯，见了面依然像昨天刚聚首一般。

　　我这些日子在写历史剧，电视连续剧。这种活儿不像写论著，得花大量的时间去跟人谈判，因为它带有一定的商业性。因此经常忙碌，东奔西走。收到你的信后，一直想回，直到今日方才得空，赶着学生考试之时，赶紧给你写信。

　　这些日子还值得一提的是学会了电脑，当然程度何止"初级"。不知你现在是否也已用电脑写作，若还在犹豫，我在此劝你一试。

　　这几年写了不少"抽屉论文"，以后等我用电脑整理出来，可给你看看。有时觉得，真正的好文章不一定非得诉诸传媒，朋友之间传阅也已足矣。

我看过你和(唐)晓渡、欧阳江河的对话,很有意思。在文化衰落到无以复加的地步时,热情本身都具备了文化的意味和价值。我还没来得及拜读你的大著,但从与你的交往中,我可以感觉到你对文化的钟情。在文化人竞相当流氓的当口,有一份执着都是一种叛逆。

许多想法,在信中无法一一赘述,但愿以后能有机会面谈。

远握!

李劼

元月十七

黑大春致陈超(2通)

> 邮　戳：1993.8.11 北京
> 　　　　1993.8.13 河北石家庄
> 邮　票：爱国民主人士——李济深（20分）
> 信　封：河北省石家庄市河北师范大学中文系　050016
> 　　　　　　　　　　　　　　　　　　　　　　陈超
> 　　　　北京海淀区中关村乙31楼　100080
> 信　纸：普通稿纸

陈超兄弟：

正如初次谋面我所感喟的那样：神交已久，早闻你的为人及诗品之纯粹！

我大方地领受你信中的溢美之词——

手上不是金冠，而是响当当的纯金的友情，像我常常感触的那来自远山大河的质朴的风，它能激起血液和因缔缘于臻诗的人生所共有的默契！又像美酒，一饮便知。

我正是这样阅读你的声音的！

整个雨季，我仅在写一首雨所引发的谣曲，而且是日夜兼程，所以万望兄弟不必计较回信的日期。我们会坐在一起的，谈谈诗，像谈天气一样！

　　　　　　　　　　　　　　　　　　　　　　　　　黑大春
　　　　　　　　　　　　　　　　　　　　　　1993年7月31日夜

上封信,迟迟未发,本想附上"谣曲",却先写完了《黑棺材钢琴奏鸣曲》。未最后定稿。

望兄赐教。以图完美！——读完后请焚毁吧。

大春

8.11

注:信后附《黑棺材钢琴奏鸣曲——为亡弟而作》一诗。

邮　戳：2000.1.7 北京
　　　　2000.1.9 河北石家庄
信　封（挂号）：河北省石家庄市河北师范大学中文系
　　　　　　050016
　　　　　　　　　　　　　　　　　　　　　　　　陈超
　　　海淀区中关村（乙31楼）　庞春清（黑大春）　100080
信　纸：普通稿纸

陈超：

　　一晃又为"万里悲秋常作客，百年多病独登台"时节！《人民文学》第10期刊发了《老家》及其他，简直一塌糊涂，尤其《老家》不仅版式未按约稿时数次承诺的那样单排以保全建筑美感，甚至出现了不可饶恕的错误。我们都深晓"诗中错一字将牵连全篇"之利害，最可怕的则是将浑然一体的《老家》注释部分不加任何说明地"抛到九霄云外"——与《吟策兰》注释混于最后……

　　原谅我一上来就唠叨这些扫兴的，但多少与此相关的，我得亲自寄上给《人民文学》时的《老家》最后定稿，如果它堪配新浪漫主义交响诗，以上的牢骚，就戏称它新增补的序曲吧！

　　借此，请诗兄将前次的此诗及《自省》（也做了修正）两首寄还我，地址详见信封，再次感谢！那个电话我不再沿用，更换的号码奉上，日后到京如有谈诗雅兴请拨打这个手机，我随时恭候诗兄大驾光临!

黑大春

2000.1.7（立冬）

老家

白杨下回首青年时代略微嫌早

艳俗的翠绿碎花布尚未遮蔽隐居者的鸟巢

这儿正值解冻,从木栅铺向森林的亮水洼

像猛醒于《自新大陆》千万只狩猎的圆号

我手足舞蹈,远远用不着挂根气节什么的

磨蹭在那条沙沙响的怀旧大道

孟浪致陈超(2通)

邮　戳：1991.10.5 上海宝山
　　　　1991.10.8 河北石家庄
邮　票：上海民居（20分）
信　封：河北省石家庄市河北师范大学中文系　050016
　　　　　　　　　　　　　　　　　　　陈超
　　　　　　　　　　　　　　　　　西藏青年报社
信　纸：深圳大学稿纸

陈超：

　　好！

　　旨在推进中国现代诗建设的《现代汉诗》，在各地诗人的支持下已先后出刊春、夏二卷。为共瞻现代汉诗之未来，散居各地的编委同人定于今秋在扬子江畔采石矶雅集，把酒欢晤，以诗会友，务请出席。（不论能否赴约，望尽快明示，函告我处，以免届时牵念。）

　　时间：1991年11月1日中午　12:00
　　地点：马鞍山市采石矶采石公园门口

　　　　　　　　　　　　　　　　　　　　　孟浪
　　　　　　　　　　　　　　　　　　　1991年10月5日

　　我的地址：201900　上海宝山区宝钢一村44号203室。
　　　　　　　　　　　　　　　　　　　　　　　又及

> **邮 戳**：1996.1.25
> 　　　　 1996.2.5 河北石家庄
> **信 封**：BROWN UNIVERSITY, Providence, Rhode Island 02912, U.S.A
> 　　　　　　　　　　　　　　　　　　From: Meng Lang, Box1852
> **信 纸**：布朗大学英语系稿纸

陈超兄：

新年好！

我离开已四个半月多，去年夏天我应布朗大学的邀请来了这里做访问学者和驻校诗人。你应已知悉。去夏出国前我曾在北京呆过一段时间，与芒克、（唐）晓渡也喝过酒，当时我和（刘）漫流、王一樑、阿钟都在北京。

过去的几年中我的生活颇不安定，现在终可获得一个安静的阅读与写作环境。作为一个写作者，这太重要了。且在西方的游历、观察及批判，如果可能，汉语作家均应当尝试。

你的近况如何？望告。我也常了解你目前写作的情形。我在此地仍然执编 Tendency（倾向）。如有诗稿，可给陈东东，他是我们的诗歌编辑。如有文论,可直接寄我。《倾向》需要好稿。

　　撰安!

孟浪

1996 年 1 月 24 日晨

李震致陈超（1通）

邮　戳： 1992.12.17 陕西西安
　　　　　1992.12.20 河北石家庄
邮　票： 上海民居（20分，3张）
信　封： 河北省石家庄市河北师范大学中文系　050016
　　　　　　　　　　　　　　　　　　　　　　　　陈超
　　　　　《美文》杂志社专用　陕西省社科院文学所　710061
信　纸： 陕西省社会科学院稿纸

陈超兄：

近好！大函收悉，蒙兄不弃，稿子理当及时完成，只因近日我们刊物正在下厂前夕，时间很紧，才推了几日，但按您规定的时间现还不晚。

我还是写了篇有关诗歌批评的文章，因为《文论报》89年初发过我的一篇关于批评的文章（这您知道），那篇东西有一些反响，有两家刊物转摘，所以这一篇我想应该继续谈批评。此外，这篇东西可以作为你我兄弟之间的一次交流，其中有些比较刻薄的话纯属一己之见，不一定准确，有些观点是冲着一种诗学——一种在圈子里被玩熟了的诗学。

您的批评与大部分的前卫批评家不同，十多年来您做的工作是非常扎实的、非常可贵的，您是真正将自己的批评建立在实实在在的文本解读和真切的诗歌感受力之上的，您的批评语言之精彩和文风之求实对我产生过不小的影响。在北京会议上,您的实在与真朴确实感动了我,而且激发了与您长期交流并向您学习做人致学的愿望。

8月后的两封来信不仅使我而且使我周围的朋友们为之感动。我在您的身上感受到了中国诗歌的内在力度和后劲,我因此而觉得踏实了些。

最近我和我爱人正在翻阅从一位朋友处借来的《中国探索诗鉴赏辞典》,觉得这是"辞书运动"以来最扎实、最有成就的一部辞书,我和我爱人(诗人刘亚丽)都十分喜欢,最近朋友已催着要索回,我们只好加速度阅读。

您若觉得此文不适合用,可速寄还我,或许还来得及换一篇。

暂此,谨祝:

冬安!

紧握!

李震

92.12.16

刘亚丽在西安市文联贾平凹主编的《美文》杂志任编辑,您若有好点的散文可寄我,最近北京一大批知名作家都来稿了,其中有谢冕老师和(唐)晓渡,还有季羡林、张中行等,好的随笔、书信、日记也可。

又及

伊沙致陈超(1通)

邮　戳： 1994.5.12 陕西西安
　　　　　1994.5.14 河北石家庄
邮　票： 上海民居（20分）
信　封： 河北省石家庄市河北师范大学中文系　050016
　　　　　　　　　　　　　　　　　　　　　　　陈超
　　　　　西安外语学院社科部院刊　伊沙　710061
信　纸： 普通稿纸

陈超兄：

你好！

接到你的来信，我是多么高兴！

一年前我们在办《创世纪》杂志，李震曾让我读过一封你给他的信，在信中你问起写摇滚文章的伊沙是否是写诗的伊沙。当时有一种感觉你可能喜欢我的诗，为陈超注意到了伊沙的存在而高兴。不知当时李震是否回答了你的问题：这两个伊沙是一个人。

在一两年或两三年前，就有朋友建议我寄些诗给你看看。这件事虽未去做但一直记在心里。我在读你《中国探索诗鉴赏辞典》时对你写严力的那一段印象深刻，钦佩不已。我想我有一天会让你读到我的诗的！

喜欢我诗的朋友大多是与我不同"道"的，反而我几年前认为会喜欢我的诗的于坚、韩东、丁当、杨黎等反应平淡,丁当说我"走火入魔",杨黎说"浅薄",看来我与他们也不是一"道"。

我是在精神上来理解后现代的,所以特别赞成你的说法,即"对异化现实锐利的省察、批判",我不能在"后现代"的招牌下对自己的诗无所要求,我所理解的"后现代"也不是一堆小技巧小游戏。现在许多起哄者不知是无知还是别有用心,把汪国真搅进来,王朔也不是那回事,胡同串子和嬉皮士本质上是两回事。

今天沈奇拉我去陕师大参加一个名曰"后现代主义与当代中国"的研讨会,据说(参会的)都是哲学界的,这些人在讨论后现代对改革开放的好处,居然有人提到贾平凹《废都》的"后现代倾向"。呜呼!这样的闹剧不知还有多少?

目前诗界似乎还稳些。我对有人一看我的诗就往"后现代"的瓶子里装的做法是心存不满的,我想哥儿们辛辛苦苦写了这些难道只为了一个词儿?可似乎在中国不贴个什么在脸上你好像就不是个人了,谋生之道吗?

我和我的同龄者多多少少都有这么一种心态,一个"第三代"的名号就使鱼龙混杂的人"入史"了,我们头上光光的似乎缺顶草帽。心一急就来者不拒,什么"第四代""89后",什么"后现代",等等。

我想最实在的是不停地写,写着高兴就什么都忘了,这样就挺好。

这次先聊到这儿,望今后多来信!

  谨此

紧握!

伊沙　敬上
5月10日于西安

阿坚致陈超（1通）

邮 戳：1999.12.31 北京
　　　　2000.1.1 河北石家庄
信 封：河北省石家庄市河北师范大学中文系　050016
　　　　　　　　　　　　　　　　　　　　　　　　陈超
信 纸：普通稿纸

陈超：

　　接你信很高兴，如同小晤。我也有所俗套，每人的活的形式不一，只要像你说的"知道啥是真东西"。可能我身体比别人好一些，容易选择较外在的生活，甚至行起诗来也照搬生活，所以缺啥补啥，我还相当喜欢有"知识分子"风格如西川、欧阳江河的诗。当然伊沙的我也喜欢，侯马的也棒。我倒觉得"打架就打架"，就算诗人们的课间体育吧，互相骂骂，骂错了没啥，捧错了也无所谓，因为比起诗来，那都是小事。我倒是跟所谓"民间""知识分子"的朋友都常在一起喝酒。"龙脉诗会"我也去了，洗温泉，喝酒。（我）前几天还对西川说："来白吃白住不挺好么。"

　　来京时呼我吧，128—3124（留名）。不过我每月大约有一周在外地转悠，比如圣诞期间去转了蔚县的几个乡村教堂。写了篇关于我哥儿们狗子等的书评，你现在还编《文论报》么？算投稿吧，夸他们的太多,我得给浇浇凉水。上次给你寄的是《自由宣言》吧?最近朋友正帮我打印《自由宣言·补铁》(之二),也是两千多行,等出来了寄你。我身边有一帮喝酒的哥儿们,其中一半各有一道吧。估计你的样子就像教授吧,多喝些酒就不像了。我倒是想当"知识分子",没被划进去,看来我要努力学习知识。

问大解好,他的诗棒,超越了"知识"(分子)和"民间"。

阿坚

12.30

岛子致陈超（1通）

> **邮 戳：** 1990.3.1 北京
> 　　　　1990.3.3 河北石家庄
> **邮 票：** 北京民居（8分）
> **信 封：** 河北省石家庄市河北师范大学中文系　050016
> 　　　　　　　　　　　　　　　　　　　　　　　陈超
> 　　　　北京朝外十里堡鲁迅文学院研405#　100025
> **信 纸：**《人民文学》稿纸

陈超：

近好！

几年来音讯中断，但读到你不少很卓异的批评文章。自八七年以来，受外物所扰，疲于生存，很少与朋友们来往，自然从相对聱乱中淡定了许多，去岁遇到些麻烦，未几趋于宁静，如是几度岁月，寥寥陈述，权当叙旧。

去冬李震来，才弄清你的地址，此前曾将拙诗寄伊蕾让她转寄给你（因看到《诗人报》上你的文章），不知收到否？我自八八年秋考入北师大和鲁院办的这个研究生班，也是一种辟邪的方式吧，虽在京，很少与诗坛人物来往，只是借此读些书，消解内心黑暗，自我拯救而已。

诗一直在写、在译，我窃以为作为西方现代意义源头的先锋诗歌，其智性的根底，经美国后现代以至所谓我们的第三代，被斩断了，第三代诗人所反的东西,恰恰正是以科学理性否定人文精神中的奥义,语言哲学在诗学中批评致用是十分可取的,倘在诗歌创作中将其当成终极追问,可能是一致命的误区。当然,要展开其中的层位谈才有意义,在此只是信手侃来。现在我个人的状态是重新读解欧洲的诗,上溯到希伯来先知文学,也着手译些欧洲诗人的东西,我一直极其看中七十年代"今天"的那批东西以及八十年代中间对史诗精神的涉足,惜乎,这种迹象很快被掉以轻心。

有空来京时,在我这喝酒。

一年前和老河到大同时还谈到了你的诗论诸观念。

即颂:春绥!

岛子

90.2.28

张曙光致陈超（1通）

邮 戳： 2004.6.19 黑龙江哈尔滨
2004.6.22 河北石家庄
信 封： 河北省石家庄市河北师范大学中文系　050016
　　　　　　　　　　　　　　　　　　　陈超
　　　　　　　　　　　　　　　　《黑龙江日报》社
信 纸：《黑龙江日报》社稿纸

陈超兄：

上次一见，甚慰。从你身上，我看到了很多好的品质，这在当今社会是越来越少见了，真的有些相见恨晚。

容后寄上我译的《地狱篇》，请指教。这本书是自己印的，全书（包括另外两篇）还压在河教社，时间长了，也就麻木了，由它去吧。

我对世情看得很淡，唯愿有几位知己，间或一见，把酒闲谈，大可快慰。

欢迎来这里玩。

祝

安！

　　　　　　　　　　　　　　　　　　　　　　　张曙光
　　　　　　　　　　　　　　　　　　　　　　　六月十八日

注：2021年9月1日下午，张曙光兄给我发来信息："俊明好，我2004年与陈超初次见面，那是在汝州的诗会上。中间，他带家人来过哈尔滨，我接待了他，之后与他在杭州开会又见过。但遗憾的是，我们那时更多是通电话，书信往来很少。能把他的书信结集出版，是一件大功德。希望一切顺利。多多保重！"

刑天致陈超（1通）

邮 戳：1990.9.8 北京
　　　　1990.9.10 河北石家庄
邮 票：北京民居（8分，三张）
信 封：河北省石家庄市河北师范大学中文系　050016
　　　　　　　　　　　　　　　　　　　　　陈超
　　　　北京建材局西三旗小区5号楼　100085
信 纸：《华人世界》杂志社稿纸

陈超兄大鉴：

一直没有在家，今天才收到老兄的大札，迟复为歉！（唐）晓渡并没让我寄？给你"具体撰写部分"，而我一直认为老兄你已经收到了呢。我不止一次问过晓渡，他说你们已经开始撰写了。我最近在一家公司帮忙，给晓渡打了几个电话也没有找到他。我一定尽快同他联系上。

陈超兄，你最近是否又有大作问世？如方便可寄来让小弟拜读，前一段写了一首长诗，待整理好后请你评点。

另外还有一事相烦，你是否有时间就我的诗集《隐痛》批评一番？《海内外》索要关于我作品的评论文章，拜托了，等你老兄的消息。

有时间到北京来玩！

抱拳

刑天
1990.9.7

注：刑天(1969—　)，原名唐伯志，北京人，系"圆明园诗派"代表诗人，"圆明园四才子"之一。著有诗集《隐痛》。当年"打倒北岛"的口号就是刑天提出来的。

陈超致张洪波(4通)

> **信 纸**：河北师范大学稿纸

洪波兄：

您好。上次开青创会你为何不来？《作家》上的长诗我早已看过，写得大气、流动、澄明，对你的创造力形态是一次变异、突破，我很喜欢这首诗。如果再有一些形而下的具体生活场景，当会使之更具温度。我以为，像《荒原》这样伟大的诗，也依赖了伦敦琐屑的日常经验描写，不仅是形而上。

我现在正玩命学外语，因为三月初要评职称，给我们规定的是理工科的俄语教材，一点都不摸门。我只有从头干。整天昏头涨脑。不知你那边怎样？何时来石一聚？再写吧。

握手

陈超
1992.1.15

信 纸：河北师范大学稿纸

洪波兄：

　　大作收读，许多诗以前看过，也有十七八首很陌生。你的短诗写得很有滋味。我一直认为，短诗非常难写，不能遮丑。而你的许多短诗，可称精品。

　　寄一本我刚出的书，当时写时感觉挺好，如今不过淡淡一笑尔。

陈超

1995.5.30

信 纸：河北师范大学稿纸

洪波吾兄：

您好。大著收到，因"非典"封校，今天才收到。刚才翻了一遍，颇为内行、有趣，行文简隽，角度亦好。可的确如大家所言，最后二辑拉分不少，你不必将就，应选最好的编书。

如果可能，你可将"手记"（注：《诗歌练习册上的手记》，时代文艺出版社 2003 年 1 月版）编到以后的一本诗集里，成为"诗文集"，一定好。向你祝贺，你的书很棒。

郁葱老说编诗集一套，有我们的，但困难总是重重。你有什么招儿，帮他一下么？

紧握

弟陈超

2003.6.9

信 纸：河北师范大学稿纸

洪波兄：

您好。大著收读，写得甚为整齐，比之我所熟悉的你的诗，这里许多作品更有引我入胜的细节、个人化的感悟。而且，比起其他许多诗人，我感觉你的视野更宽，题材范围更大。不知为何你认为我没好好看过你的诗，其实都好好看过。我关注朋友的写作。只不过，近10来年我很少或根本不再写诗评，一门心思写诗（有许多人认为我的诗比评论更有趣，不如就写诗了）。所以，写到今天还在写。前不久我为《清明》写文章还谈你的诗，（那）是我对你多年关注后才能准确概括出的一段话。

现将拙著诗集寄兄笑看。请随时回河北玩！

握手

陈超

2004.11.18

陈超致杨克(1通)

信　纸：河北省作家协会稿纸

杨克吾兄：

　　您好！

　　诗年鉴收到，很兴奋，谢兄赠书！这本书很有特色，代表了一种新的眼光。特别是不囿于我们熟悉的"格局"，给新人以充分篇幅，让真正的佳作浮现出来，这一切令人敬重。

　　最近我已无暇读诗，因为研究生开设"二十世纪哲学"一课，全力投入。读了兄主编的年鉴，了解了近两年诗坛的变化，感到诗歌前景令人放心，绝非像舆论说的什么"低谷"，我祝愿这本书能继续编下去。另外，我建议设一"长诗卷"，会显得更全面。

　　贵阳一别五载，时在念中。祝您99精进。

陈超
99.2.3

注：杨克在给我寄来这封信的复印件的时候，附一补充："这是陈超1999年2月3日的来信，他收到《1998中国新诗年鉴》，98年鉴是99年初出版的。"

庞培致陈超（2通）

邮　戳：1994.3.24 广东广州
　　　　　1994.3.29 河北石家庄
信　封：河北省石家庄市河北师范大学中文系　050016
　　　　　　　　　　　　　　　　　　　　　　陈超
　　　　　大时代文摘报社　广州三寓宾馆2号楼8楼　510080
信　纸：大时代文摘报社稿纸

陈超：

你好，来信收悉。

我最近在写《自然历书》（计划37章）。写得时而吃力，时而轻捷。因上月回家（江阴）过年，至广州刚稍息下来。你信中提的刘翔，我已在回乡旅途中熟识（见了面，在杭州）。我同意你的想法（"此人很优秀"）。咳，报社工作太忙。你想不到我那阴湿而宁静的老家（城里）有多美。一路坐旅游车从上海到江阴——四小时路——我简直想打碎任何一块窗玻璃，就到那原野的广漠中去（消失）。我身在广州，但患着严重的思乡病，要不是老板（林贤治）非常不错，我真的不能在粤语区的"岭南"呆下去。

原打算九四年回江苏，但现在报社情况不错，几位编辑同人——是前几年广州地区写诗的文友——少有地和睦，因此，我不能肯定几时能回去。希望常来信。诗（我的诗），我曾把它称作"草稿中的草稿"。但愿我的加倍（时刻）努力能使它渐渐令我满意。你在石家庄怎么样？校园生活应该是不错的。

　　谢谢你来信——问你家人好。

庞培

九四年三月二十四

广州三寓宾馆

邮　戳：1996.4.13 江苏江阴
　　　　1996.4.17 河北石家庄
信　封：河北省石家庄市河北师范大学中文系　050016
　　　　　　　　　　　　　　　　　　　　　　陈超
　　　　江苏江阴市北门曙光新村 12 幢 105 室　214431
信　纸：《热风》杂志社稿纸

陈超：

我也是一样，大部分时间都在看（读）。"好书，好的文字真是太多了——""我比较喜欢英国小说，喜欢保守、清朗的风格。诗歌方面，我趋向于无名诗人的未竟之作，那往往有一种美，当我们研究美时，我们应该注意它的完全不谙人世的一面（美的残酷性就在于它的远离人寰）"……

《北门杂志》承蒙喜爱。我想请你写篇 5000～10000 字左右的评论，谈谈你喜爱的诗歌，撇开"朦胧诗""后朦胧诗"或"九十年代"等称谓。用一颗明净的、如孩子们回忆他手里的夏天最初的石榴那样的心，谈谈近年在中国绽裂过的美好的诗。如果你能写，我和我的朋友们会感到荣幸——

我们太轻易地说着"喜爱"或"不"。写作使我们堕落进这个深渊。但另一方面，沉默对此也无济于事。我们的处境在于，即便我们注意到了危险,我们仍旧不得不(尝试着)去做——而批评(评论)那双善于留意,并使我们在黑暗中感到好过一点的眼睛,又在哪儿呢?

我又要开始看(读书)。但愿我的信能使你读到——我同样正在想的,而未能告诉你的——并从中感到——这个时代的,写作者之间的友谊!

祝

欢乐常存。

庞培

1996年4月12日江阴

蔡天新致陈超(1通)

> **邮 戳：** 1993.11.22（FRESNOCA），
> 　　　　1993.12.1 河北石家庄
> **信封**（航空）：Tianxin Cai, 4502 E.Sierra Madre, Fresno, CA 93726 -
> 　　　　1256, U.S.A
> 　　　　中国河北石家庄河北师范大学中文系　　陈超　先生
> **信 纸：** 杭州大学教师备课纸

陈超兄：

您好！来信经国内女友的转寄于昨天收悉。我于九月二十一日从上海飞抵洛杉矶，再改乘小飞机到达位于旧金山和洛杉矶之间的弗雷斯诺(Fresno)，我是作为交流学者来此间的加州州立大学的，稍后经系学术委员会推荐被聘为客座教授，这是(中国)大陆来的访问学者中的第一人，算是为下学期要我开设两门课做了准备。

谢谢您的称赞，尤其是你提到的"野性"两个字，我记得有一次在杭州我对陈东东说，《倾向》各期中我最喜欢的是柏桦的一组《未来》(好像是七首短诗)，现在想来也是因为他的"野性"。这(对诗人来说)在当代文化被忽视的中国特别重要。

从气质上看，您是属于写作的一类，而非"论证"的一类，这是初次见到您的印象。不过通常来说，人们接受一个人第二个方面的才华更难一些。

来美国两个月,所见之事甚多,我依然保持着初时的新鲜感,由于忙于办理赴港(我于6~7月间去港大参加了一个数学会议)和赴美的手续,我上半年几乎一无所获,抵美后迅速恢复了写作,差不多是每天早晨,直到上个星期一个美国男孩搬进了我独居的二室一厅的公寓,破坏了我的生活节奏;正巧我也想暂停一下。我想这些作品大都是关于美国的,这对我比较重要,最近我在华文报刊上看到顾城在新西兰杀妻自缢的消息,我想起他们都是靠回忆写作,我记得多年以前顾城就发表过这方面的见解。

最近一期的《美国诗歌评论》(双月报)介绍了北京三诗人(多多、王家新、莫非)的诗歌,译者是一位三年前赴北京的老外。即将出版的《芝加哥评论》(季刊)也有三四位在国外的中国诗人,他们开了一个好头。在获悉此消息以前,英文老师 Haight 夫人正开始和我合作翻译《梦想活在世上》。这有点像一位小说家亲自和一位剧作家合作改编电影的脚本,令人兴奋。余刚曾说我的诗歌好译,现在看来不存在好译的诗歌。

就写到此吧,希望您能不断写诗,有机会能让我在太平洋的这边读到吗?

我的地址如封面,电话 209 - 225 - 8642。

蔡天新
93.11.21

高星致陈超（1通）

邮　戳： 1995.8.22 北京
　　　　1995.8.26 河北石家庄
信　封： 河北省石家庄市河北师范大学中文系　050016
　　　　　　　　　　　　　　　　　　　陈超
　　　　　　中国保险杂志社　西交民巷22号
信　纸： 中国保险杂志社稿纸

陈超：

你好！

收到你的书很高兴。

目录印错了，我倒没觉得怎样，而纸张和封面设计有些令我遗憾。

一是理论书应更精致、庄重、大气一些。而印刷水平、纸张和设计都不够，下角的小绿花更是多余和幼稚，它也违反了你的反"美文"的诗学。

另一个是里面的插图也多余，不金贵。

还有就是标题区太小了，文章排得太满，像学术会议草发的论文集。

不知说得对否，有机会让东方或三联再出一本，不能糟蹋了你的大作。

书还没看完,看完了也不可能深评。但只是感到你对"美"的忌讳,对"美文"的轻视,对"完美"的厌恶。

……

读你的文章,语句的清晰,文章的对称完整,行进的力量(让人感到)很舒适,也同样是美的感受,尽管文章内容是反美的。

先谈这些。

祝

好!

高星

95.8.21